新时代班主任德育教育工作的策略研究

王睿峰 李丰男 王睿娟 著

哈尔滨出版社

图书在版编目（CIP）数据

新时代班主任德育教育工作的策略研究 / 王睿峰，李丰男，王睿娟著. -- 哈尔滨：哈尔滨出版社，2025.1
ISBN 978-7-5484-7254-4

Ⅰ.①新… Ⅱ.①王…②李…③王… Ⅲ.①班主任工作 – 德育工作 – 教育研究 Ⅳ.①G451.6

中国国家版本馆CIP数据核字(2023)第100063号

书　　名：新时代班主任德育教育工作的策略研究
XINSHIDAI BANZHUREN DEYU JIAOYU GONGZUO DE CELÜE YANJIU

作　　者：王睿峰　李丰男　王睿娟　著
责任编辑：韩金华
封面设计：蓝博设计

出版发行：哈尔滨出版社（Harbin Publishing House）
社　　址：哈尔滨市香坊区泰山路82-9号　　邮编：150090
经　　销：全国新华书店
印　　刷：永清县晔盛亚胶印有限公司
网　　址：www.hrbcbs.com
E-mail：hrbcbs@yeah.net
编辑版权热线：（0451）87900271　87900272
销售热线：（0451）87900201　87900203

开　　本：787mm×1092mm　1/16　印张：13.75　字数：310千字
版　　次：2025年1月第1版
印　　次：2025年1月第1次印刷
书　　号：ISBN 978-7-5484-7254-4
定　　价：68.00元

凡购本社图书发现印装错误，请与本社印制部联系调换。
服务热线：（0451）87900279

前言 PREFACE

新时代的快速发展以及素质教育的有效落实，要求班主任在班级管理中既要关注学生的学习成绩，也要注重对学生道德品质的培养。道德素养是一个人立足社会的根本，德育是学校教育的重点内容。良好的德育对学生有巨大的影响。在学校教育中，班主任是学校德育工作的主体，但并不意味着班主任需要承担对学生进行德育教育的全部责任。良好、有效的德育工作需要学校所有教师以及家长的共同努力，如此才能避免发生学生在学校中与家中受到的教育矛盾的问题。班主任既是家长与学校沟通的纽带，也是各学科教师之间关系的纽带。因此，在教学实践中，班主任需要组织协调其他学科教师、家长之间的关系，共同开展有效的德育工作。

作为学校德育教育的重要角色，班主任应充分发挥自身的引领作用，坚持智、德、才、情的育人方向，积极配合学校的德育工作，优化德育教学。同时，班主任应该充分了解学生的家庭情况，以便结合学生的生长环境对学生进行适当的德育引导。教师还要留心观察学生的品德动态、言行作风，以便给予及时的引导。保持与学生家长的联系与沟通，与家长共同努力，帮助学生树立正确的道德观。特别是对于存在问题的学生，更需要家长的配合，共同找出问题的关键所在，寻找解决问题的方法，形成德育教育的合力，对学生的德育起到优化的作用。根据所在学校的特点，班主任可申请开办家长课堂，提升家长自身的教育素质，教给家长德育方法，形成家校互联的德育大环境，并营造浓厚的育人氛围，使学生得到熏陶，进而提升学生的品德素养。

由于地区的差异性和学生的差异性，传统德育内容已经不能满足现代教学的需求，这就需要班主任在德育教育的开展中从学生的实际出发，贴合社会现实，坚持实事求是，以新课标的要求为主要依据，制订创新型的德育计划。我们的学生因为涉世未深，所以他们不能正确认识社会中的一些不道德现象，这就需要班主任耐心地进行引导，帮助他们树立正确的是非观，告诉他们不道德的现象和不道德的人毕竟是少数，给他们传递更多的正能量。新型德育内容要注重培养学生爱国爱校、勇敢正义、诚信友爱、团结互助等高尚品质，从而促进学生的全面发展。要改变过去存在于学校德育教育中以灌输为主的教育方式。班主任应给予学生充分的信任和尊重，从情感出发，感染他们纯洁的内心世界，从而实现德育目标。

由于传统教学的落后性和社会环境的复杂性，教育界人士开始了深刻的反思，同时，学生的是非判断能力尚不成熟，这就要求班主任创新德育方法，与时俱进，从学生的实际情况出发，探索出更有效的德育教学方法，从而实现学生的全面发展。基于此，本书分 7 章，在分析新时代班主任德育教育理论框架等后，对新时代班主任德育教育工作开展现状等进行了剖析，然后提出了新时代班主任德育教育工作的策略，主要从班主任提升自身的素养、加强与学生的沟通、营造班级良好德育氛围，以及重视德育的理论与实践相结合等方面进行。

目 录 CONTENTS

第一章 导论 ... 1
第一节 研究背景 ... 1
第二节 研究综述 ... 2

第二章 新时代班主任德育教育的理论框架 ... 11
第一节 德育教育 ... 11
第二节 班主任工作 ... 25
第三节 德育教育与班主任工作的关系 ... 33

第三章 新时代班主任德育教育工作概述 ... 41
第一节 新时代班主任德育教育工作的内容 ... 41
第二节 新时代班主任德育教育工作的特征 ... 59

第四章 新时代班主任德育教育工作的现实意义 ... 66
第一节 有利于学生身心健康发展 ... 66
第二节 有利于弘扬民族精神 ... 81

第五章 新时代班主任德育教育工作的开展现状 ... 90
第一节 学习成绩与德育失衡 ... 90
第二节 德育呈现形式化现象 ... 97

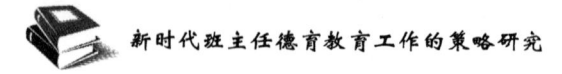

第三节　缺乏完整的德育体系和评估体系 ……………………… 113

第六章　新时代班主任德育渗透工作模式 …………………………… 124

　　第一节　建立班主任德育工作导向 ……………………………… 124

　　第二节　重视班主任师德师风建设 ……………………………… 135

　　第三节　开展家校协同育人模式 ………………………………… 146

第七章　新时代班主任德育教育工作的策略 ………………………… 166

　　第一节　提高教师自身的素养 …………………………………… 166

　　第二节　加强与学生的沟通 ……………………………………… 172

　　第三节　营造班级良好的德育氛围 ……………………………… 179

　　第四节　重视德育的理论与实践相结合 ………………………… 195

参考文献 ……………………………………………………………… 212

第一章 导论

第一节 研究背景

一、青少年发展的需要

世界形势的发展变化,对中国当代青少年的教育提出了更高的要求。对于青少年发展,这一时期,需要仔细指导和培养。《易经》当中有一句话"蒙以养正,圣功也",放到青少年身上就是通过教育,教给他们正确的思想,引导他们走正路。推进课程思政建设根本目的在于育人,培养堪当民族复兴大任的社会主义人才。

现在培养的青少年,从时间上看,正是实现中华民族伟大复兴的栋梁之才,随着身心成长、知识和技能的积累,他们的思想也逐步地走向成熟,但是这些知识、技能并不能决定他对国家、社会的贡献。他的贡献更主要的是取决于他的"舵"!船要走到正确的目的地,需要在正确的航线上航行;战士要成为"神枪手",瞄准谁的问题比枪法准更重要。因此"培养什么样的人、怎样培养人和为谁培养人"就发展成为时代之问,要把青少年培育为有家国情怀、有坚定信仰、靠得住的人,从小树长成参天大树,就要不断地纠正,从一开始就要防止它长歪。

二、专业课教师在课程思政建设过程中的现实需要

专业课教师肩负着将专业课知识与思想政治资源有机地结合的任务,承担隐性德育的重要责任,这对教师的教育教学能力提出了更高的要求。目前专业课教师队伍的学历层次不断提高,青年教师陆续加入,为培养社会主义建设者打下了坚实的基础。

同时,随着课程思政建设的不断深入,对于专业课教师的要求也在不断提高,专业课教师所拥有的教育背景、知识体系、德育素养、德育技能与课程思政建设的要求存在差距,因此提升专业课教师队伍的德育领导力,提高德育能力、德育技能,更好地完成德育职责,也就成为专业课教师队伍建设的一个迫在眉睫的问题。

第二节 研究综述

一、国内研究综述

在落实素质教育新课改的过程中，德育引起了社会各界的广泛关注。德育符合学生发展的实际需求，能够确保学生树立正确的三观。作为一种培养人的社会活动，教育是一项周期长且效应慢的繁复工程。教育的任务是提高学生素质，受教育者在教育活动中处于主体地位，教育者处于主导地位，学生就是教育"产品"，其优劣不仅决定于受教育者本身，在很大程度上更决定于教育者。班主任德育工作在学校工作中占据重要地位，是实现素质教育不可或缺的内容。作为一名班主任，在承担教学任务的同时，还肩负着育人的重担，在向学生传授知识的同时，还要对学生进行思想品德、行为习惯以及情感态度等方面的培养。

面对新时代、新形势，对德育工作来说，这不仅是机遇同时也是挑战，对班主任德育工作的研究将成为专家学者们关注的焦点。现将目前学术界和理论界的研究动态呈现如下：

（一）对德育实效性内涵的研究

多年来，我国在德育和德育实效性研究方面的著作不少。古人伏从德育活动的本质、德育的主客体关系及德育实效性等方面展开了深入的研究。沈壮海以市场经济为历史背景，以唯物史观为指导，从多角度对提高思政教育实效性进行了深入探究。此外，还有许多学者从多方面多角度对德育实效性进行研究。

戴焰军认为思想政治工作实效性是指实际的功效或实践的效果，思想政治巩固了预期目标与结果之间的相符合程度，即实施的可操作性与实施效果目的性的统一。高保全对德育实效性的解释是：学校德育既可以符合社会对学生在道德方面的要求，又可以满足学生发展的实际，并且用最小的投入实现学生最好的发展。在杜晓梅看来，德育实效性指的是教师利用德育过程对学生加以影响所取得的效果，即德育预期目标的达成度与德育任务的完成状况，最终在学生思想道德水平上体现出来，并以学生的思想道德水平是否达到社会要求来检验。葛喜平认为德育实效性是指德育过程和德育目标的关系，其本质是德育过程在实现德育目标时表现出积极属性和实际达成的效果，德育实效性的效果有正效果和负效果，我们研究的是正效果。王瑛认为德育实效性是指受教育者对预期德育目标的接纳程度。学校预期德育目标完成程度分为正实效、零实效和负实效，学生对预期德育目标的接纳程度分为正接纳、零接纳和负接纳。翟天山和杨炎轩认为学校德育的有效性是一种特性，是教育者在学校德育活动中以自己的活动使受教育者的品德发生变化，并使之与自己的教育目的相符合。戴克明认为学校德育的有效性包括德育的内在效果和外在效益。内在效果指德育是否能转化为小学生的内在品质。外在效益指通过对学生的德育教育，提高学生道德品质，促进社会文明建设。作为一种客观存在的实践活动，思政教育的有效性也就是思政教育在满足人们相应需要，实现人们相应目的方面表现出的积极特性。张平认为德育实际功能和德育期望功能的吻合度越高，则德育实效性越高。李春玉认为在一定教育阶段内，学生身上表现出来的凡是符合德育预期目标的信息和事实都可视为德育实效。

各专家学者们从不同角度对德育实效性进行了阐述，不同学者对德育实效性内涵的定义不同，尤其是在感念的外延上争议比较大，但从整体情况来看，德育实效性离不开德育预期目标这根准绳，它是期望达到的程度和实际完成程度。怎样达成预期设定的德育目标是德育实效性的研究重点。

（二）对班主任德育工作的研究

清末，京师同文馆开始了班级授课制度。受苏联班主任工作理论的影响，我国于1952年在班级授课制的基础上正式实行班主任制，班级活动的开展和管理的实施通过有一定管理能力的班主任来实现，而其中的重要部分是对学生进行道德熏陶和思想品德的培养。改革开放后，班主任制作为学校教育最基本的管理制度，得到了蓬勃发展。在广大教育实践者和理论实践者的长期探索下，开始形成、发展并逐步完善具有中国特色的、独立的班主任工作理论体系。在过去几十年间，班主任负责学生德育的模式发挥了积极作用。自从有了班主任，对班主任的研究就没有停止。班华在《人民教育》（2004年15期）刊发"专业化：班主任持续发展的过程"中谈到班主任专业化的问题。从学术期刊来看，目前专业性期刊有《班主任之友》《班主任》等杂志，除此之外，还有各类教育理论刊物，介绍了班主任工作的好方法，班级管理技巧及班主任心得体会。从著作来看，出版的优秀班主任书籍有几十种，如魏书生的《做最好的班主任》，最近出版的系列班主任丛书，如教育科学出版社的《你能做最好的班主任》，华东师范大学出版社《班主任兵法》《问题学生诊疗手册：教师专业发展》《给年青班主任的建议》《做一个专业的班主任》《优秀班主任99个成功的教育细节》等。这些有关班主任的书籍大多是经验丰富的一线教师创作的，针对班主任日常教育工作总结出大量的经验，这些书籍对提高班主任德育工作实效性研究有一定的帮助。

1. 关于班主任德育工作面临的问题研究

任娜从德育教学方式和德育观念两个维度发现了班主任德育工作的问题。首先是部分班主任仍然采用落后的传统德育教学方式，其次是班主任还没有认识到德育工作在班主任工作中的重要性。古力文从学生方面、学校方面、班主任方面论述中职班主任德育工作面临的现实问题。学生方面包括家庭环境的问题、日常生活的问题以及思想道德的问题；学校方面主要是学校对德育教育不够重视，缺乏有效的机制；班主任方面主要是人员结构不合理、岗位设置不合理。杨臻认为初中班主任德育工作的问题主要集中在德育理念、德育内容、德育理论水平等方面，并针对这些问题提出了对应的解决办法。夏伟明认为，班主任在德育教育方面存在的不足有：第一，开展德育教育的方式陈旧。第二，对于学生的德育教育不重视。第三，与学生交流较少、不了解学生。阎国培从学校的重视力度不够、教师的德育教育能力不足、教育方式老套方面探究了一些学校德育工作的问题，认为在高考压力背景下，班主任难免将主要精力集中在学生的学业成绩上，忽视了对学生思想道德的培养，在进行道德教育时，由于德育能力不足、德育方法陈旧等问题，往往收不到良好的德育效果。

从学者们的研究来看，对班主任德育工作问题的研究主要从外部和内部两个角度进行，外部问题主要从个人、家庭、学校、社会几个方面进行论述，内部问题主要集中在德育的观念、目标、内容和方法上，论述的角度不同，发现的问题也有所不同，无论从哪种角度，观念与方法都是学者们研究的重点。

2. 关于影响班主任德育工作的因素研究

许海兰论述到，高中班主任是一个班级的大家长，一方面在学生的学习问题上起到引导督促的作用，另一方面在学生的道德品质提升问题上不可或缺。分析了高中班主任德育实效性低下的原因：德育观念落后，德育工作脱离实际，德育工作方法单一。丰娴静从学生自身、社会历史、家庭三方面分析了德育工作实效性低的原因。从学生自身来看，学生获得的信息并不完全来源于课堂，也来源于大众媒体。单靠学生已形成的观念和仅有的生活经验，并不能处理众多信息；从社会历史来看，国家忽视了精神文明建设，学校教育出现"重智轻德"现象，整个社会过于追求功利；从家庭来看，家长重物质奖励轻精神鼓励。阎国培从受教育者、学校、教育者三方面分析了影响高中班主任德育工作实效性的原因。在多元化价值观冲击下，学生快速的思维发展与传统德育发展失衡；学校德育管理方式与德育工作效果不协调，高中班主任常常在班级管理中弱化了德育工作，包括学校领导在内的教育工作者对德育工作重要性认识存在偏差，过分强调学业成绩，压缩德育教育的时间。王仕魁、谢彦波、王河滨等认为小学德育实效性低下的原因体现在这些方面：第一，德育理念与学生成长目标严重偏离。第二，德育目标过于抽象，不能兼顾学生道德品质形成的规律和个人心理发展的要求。第三，德育内容与学生生活实际脱节，缺乏针对性和层次性。第四，德育方式不全面，忽略了学生的道德体验和道德实践。

查阅大量文献与资料发现，鲜有学者研究影响班主任德育工作的因素。从目前查阅到的文献来看，学者们主要从不同层次、不同角度挖掘影响班主任德育工作的因素，发现家庭、学校、社会、班主任、受教育者等方面均对班主任德育工作产生影响。影响班主任德育工作的因素既有外在原因也有内在原因，找出症结所在对有针对性地提出解决办法具有重要意义。

3. 关于加强班主任德育工作的举措研究

倪悦提议：班主任，尤其是小学班主任，应当积极思考如何践行《中小学德育工作指南》，切实做好德育工作，帮助学生树立正确的道德观，塑造健康的人格。为此，提出了三条途径以加强班主任德育工作。第一，春风化雨，润物无声。为学生建立良好的德育环境，让学生在潜移默化中受到道德的熏陶。第二，奖惩有据，制度为先。班主任要结合班级实际，为学生设计科学合理的激励措施和奖惩制度，开展有针对性、层次性、区别性的德育教育。第三，三位一体，协同合作。小学德育需要整合三方面的资源，形成家庭、学校、社会三位一体的系统，共同营造浓郁的德育氛围。贺长礼针对小学班主任德育工作存在的问题，提出了相应的解决办法：把握学生心理变化，进行心理疏导；培养班干部，发挥其榜样作用；采用多样化手段，实施人文教育；提升教师自身素质，增强职业操守。黄容姬通过三个"加强"来创新小学班主任德育工作。一是加强学生主体地位，从儿童特点和认知能力出发，通过细心观察，找到合适的德育契机。二是加强多媒体教学，利用多媒体生动活泼的特点吸引学生，从而进行德育教育。三是加强小组间合作交流，它不仅能增强学生对德育意义和价值的认识，而且能促进同学友谊，增强学生的团结协作能力。任伟为提高德育实效性提出了以下建议：第一，更新德育理念，坚持开放性德育。第二，树立现代德育目标，促进学生创新人格的形成及全面发展的实现。第三，更新德育内容，体现时代特点。第四，创新德育方法，重视道德实践。第五，加强德育工作队伍建设，培养教师能力。在刘光恒看来，班主任在学生德育教育方面应做到：转变德育观念以适应时代发展，拓宽更新德育内容以适应实际需要，探索德育新方式以提高德育成效。吕文娟认为班主任肩负着德育教育的重任，应当依据学生的年龄特征和心理特点想方设法提升德育工作的实效性，在班级内部形成良好的道德风气和学习风气。首先，高度重视德育教育，真正促进时代发展。其次，正确选择德育内容，促进学生未来发展。再次，不断探索总结方法，极力实现德育价值。秦玄则认为提高班主任德育实效性可以通过言传身教，提升个人综合能力；善于管理，创建科学的管理体系；积极开展班级活动，增强学生凝聚力这三条措施来实现。王军认为教育理念是人们对教育目的和行为的基本观点和态度，是影响德育实效性的深层次因素，提高班主任德育实效性首先要顺应时代发展，转变德育观念；其次要调整德育目标，从注重传授知识转变为注重培养学生的能力，注重培养学生的社会公德意识，注重培养学生的心理素质，注重培养学生的竞争与合作意识；再次，要拓宽与更新德育内容，德育内容的选择既要依据纲要，又要切合时代和学生的实际情况。最后，要探索德育新方法，突出隐性德育的作用，建立学生参与的德育方式，指导学生学会自我教育，加强家庭教育和学校教育的合作，建立融洽的师生关系。温雄辉认为班主任需要加强对思想道德教育的认识，通过思想道德教育内涵的不断丰富加强对德育工作的重视程度，同时还可组织社区活动或者公益活动等实践活动来激发学生的学习兴趣，此外，班主任还应在教学管理中建立科学的评价体系来增强学生的自信心。阎国培认为加强班主任德育工作要适应时代发展，更新德育内容，使德育内容既顺应大纲要求，又符合学生实际；班主任要以身作则，树立个人威信；同时要转变德育观念，将理论与实践相结合；更要加强对学生的思想引导，实现学生的自我教育。

二、国外研究综述

国外的德育一般称作"公民教育"。世界各国为了实现国家现代化，都注重公民教育，培养现代化公民。在德育模式上，一是理论教育模式，代表人物是赫尔巴特，他认为德育的最高目的是实现自由、完善、仁慈、正义和公平。强调在学生兴趣的基础上，把人们喜闻乐见并约定俗成的美德和道德规则灌输给学生。二是人本主义道德教育模式，其代表人物是马斯洛、斯滕豪斯和罗杰斯。他们坚持人性本善的观点，认为儿童天生具有优良品质，学校德育的目的就是采取各种措施，消除不良影响，激发潜能，促使儿童与生俱来的优良品德得到发展。三是社会学习德育论，班杜拉和米切尔是这一德育模式的倡导者。班杜拉在《社会学习理论》中强调观察学习是个体行为获得的基本学习方法。通过观察、模仿、认知，不断形成人的复杂行为，在这一过程中，榜样示范发挥着重要作用。许多发达国家很早就将少年儿童德育作为国家教育目标，注重培养少年儿童的思想道德素质。不同国家培育公民的内容也不尽相同，但是核心培养目标都是公民的道德、价值、知识和能力。苏霍姆林斯基在《给教师的建议》和《帕夫雷什中学》著作中，详尽阐述了班主任职责和能力的重要性，加强对德育方法的改进，使德育成为最受学生欢迎的一种教育形式。英美等国家没有班主任的专门设置，有生活指导者、学生管理员等类似的称谓，对学生的德育培养能力往往取决于学校对教师德育能力的个性化理解和其自身的教育条件，要求其具有学生心理辅导能力、优良个性品质培养能力和适应社会生活培养能力等等。除此之外，学者们对国外德育的研究还有很多，将其整理如下：

　　直到20世纪六七十年代，美国还未形成新的具有权威性的道德价值观念和道德规范体系。1983年美国教育方面的一篇题为《国家处于危机中：教育改革势在必行》的报道体现出美国政府对自身在德育教育方面的失误已经有所察觉。1991年布什政府颁布了《美国2000年的教育战略》，布什总统说：教师必须培育价值观和良好品德，给出对与错的真正意义。1994年克林顿总统又规定国家教育目标之一是对学生进行良好品德教育。美国学校德育目标是希望通过德育教育培养学生的公民意识，使学生成为优秀的美国公民。美国德育非常重视学生自信心的树立，人格的健全以及培养个人主义的价值观。坚持民主、自由、人权、个人主义价值观长期不变是其德育的核心内容。同时，美国德育注重增强学生个体的道德判断力，坚持人性本善论，道德人格教育主要通过激发和培养个体天性中的良知与善心来实现。赫斯利普在其著作《美国人的道德教育》中表示，归根结底，道德教育的任务是如何培养青少年道德当事人，使他们获得美德，并将其内化为自己的品格。美国道德教育协会前主席托马斯·里克纳教授在50年研究的基础上，总结出一套非智力因素培养方略，撰写著作《美式课堂：品质教育学校方略》。

　　除了公民教育，美国德育实践研究还包含品格教育，有学者认为品格教育的复兴，是由于人们过分强调道德认知，而忽视了道德教育中情感修养的理解和提高。也有学者认为品格教育不仅源于对美国道德衰落的判断，也在于对道德教育过程主义和相对主义的反思与批判。有些则认为品格教育的复兴反映了美国道德教育中自由主义被质疑，社群主义即将兴起的现状。

　　20世纪九90年代，英国颁布道德教育大纲，要求对学生进行道德价值观教育。英国学校的德育不叫道德教育，而叫"个人的社会健康教育"或"社会化过程"。目的是懂得如何处理人与人、人与环境的关系，如何自律以融入社会，成为社会的一分子。其道德教育的核心观念是尊重生命、公平、诚实、守信。英国人认为道德是被感染的而不是被教导的，反对对学生进行道德灌输，提倡让学生在日常生活中受道德熏陶，自主理解并获得美德。

近年来，日本致力于提高德育地位，把"智德体"培养目标调整为"德智体"。姜英敏翻译的《日本教育现状与改革方向疏见》中提到，东京大学教授黑泽惟昭探索出德育管理途径：内容上安排道德教育类课程；途径上研究如何将德育渗透在学科教学中；环境上重视学校德育环境建设。

新加坡一直把国民道德教育列为重要的兴国策略，注重学校道德教育，走德育兴国路线，经过长期努力，新加坡的德育成效被世人公认。2007年，新加坡教育部制订《公民与道德教育课程标准（小学）》，规定其宗旨为培养一个有品德、有爱心并对自己、家庭、社区、国家及世界负责的人。新加坡教育部官员岑仲坚曾说过，道德教育不仅仅是个人的善恶与发展问题，更关系到整个国家的兴衰。新加坡德育有鲜明特征：第一，德育首置；第二，重视传统道德教育；第三，传授公民知识；第四，关注国情；第五，从德育目标、德育方法、德育形式三个方面提倡三位一体教育方针。可以说新加坡德育取得成功的根本原因是其德育教育具有这些特点。

综上所述，我们发现国外也很注重青少年儿童的德育教育。德育的地位不断提升，在德育教育的具体实施过程中，我国可以结合国情，借鉴国外优秀的德育经验来加强班主任德育工作。

三、理论依据

（一）马克思主义理论论述

1. 马克思主义关于人的全面发展理论

思政课和课程思政要共同发挥作用，同向同行，协同育人。思想政治教育与学生的整体素质息息相关，是教育的本质追求。课程思政就是所有的专业课程都是教书育人的载体，把德育融入教学活动的各个环节，构建"大思政"教育模式，使三全育人成为德育的主旋律。

2. 马克思主义关于实践的理论

马克思认为实践是认识的来源，是认识发展的根本动力，是检验认识正确与否的唯一标准。实际上学科在发展的过程当中，很多都体现了实践的观点。比如在理工科的发展过程当中，经常是从实践中来，再到实践中去，从实践当中获得一个新的认识，再推动另外一个实践的发展，表现在物理学当中可以是一个从实验到理论，从理论再去指导实验的过程。开展课程思政建设也要坚持实践第一的原则，在实践当中不断深化对于课程思政的认识，提升对课程思政的认识，并且坚持深入到课程思政的实践当中来，推动习近平新时代中国特色社会主义思想进课堂、进头脑。

3. 马克思主义青年观

马克思主义青年观是马克思主义正确认识、分析及教育和引导青年的正确观点。马克思认为青年之际是其树立正确价值观的关键时期，也关系其能否获得全面发展。作为新时代的大学生，特别是处于中华民族伟大复兴的历史关口，青年大学生的未来发展一定程度上影响着社会的发展。

（二）教育部的相关文件要求

2020年4月教育部等八部门《关于加快构建高校思想政治工作体系的意见》（以下简称《意见》）提出，要健全立德树人体制机制，在文化知识和社会实践中融入立德树人，在学科体系、教学体系等各方面加以整合，加快构建目标明确、内容完善、标准科学的高校思想政治工作体系。《意见》的主要内容可以概括为"三个一系列"：第一，出台一系列配套措施，设立若干专项基金。比如，提高思政课教师和辅导员待遇，落实专职辅导员人事管理政策，促进辅导员职业发展。第二，设立一系列专项经费。比如，按照每生每年不低于30元的标准设立网络思想政治工作专项经费等。第三，设立一系列评价指标。比如，要把党建和思想政治工作作为"双一流"评估的重要指标，并建立党组织书记抓党建和思想政治工作述职评议考核制度。

2020年5月教育部印发《高等学校课程思政建设指导纲要》（以下简称《纲要》）。《纲要》指出，以"四个统一"为出发点全面推进课程思政建设工作。首先，坚持知识传授与价值引领相统一。第二，坚持显性教育与隐性教育的统一。第三，坚持统筹协调和分类指导相统一。第四，坚持总结传承和创新探索相统一。《纲要》是"课程思政之惑"的指导性纲领，这一文件是推进课程思政建设的督促令，也为课程思政的建设提供了指导性的方针、指导性的原则。对于如何有效促进课程思政指明了实现的路径，从宏观上为课程思政建设提供了解决方案。各个地方高校、各个专业课教师在贯彻落实《纲要》时，还需要根据本校的实际状况、教学特色、专业课教师的特点、教育经历等一系列情况进行开展。

四、理论借鉴

（一）隐性教育理论

隐性教育理论最早出现于20世纪60年代，由美国学者杰克逊提出。20世纪90年代，我国开始对隐性教育理论开展研究，我国对隐性教育理论内涵的研究，主要有以下几种观点：

第一种是从比较的观点出发，来探讨隐性教育的内涵。认为隐性教育是相较于思想政治教育的显性教育而言，隐性教育更多地是利用社会生活、日常生活本身就存在的形式展开的。

第二种对于隐性教育内涵的探讨是基于隐性教育的构成要素展开的，认为隐性教育不是直接显露出来的。隐性教育的施教者、教育内容、教育目标、所采用的教育形式是间接的，采用迂回的、渗透的教育方式，通过侧面、间接的形式展开教育，隐形教育构成要素具有隐藏性的特点。

综上所述，隐性教育的隐蔽性、潜隐性、渗透性特征与课程思政具有相似性。从育人角度出发，两者在育人的功能指向上也具有较大的契合性，推进课程思政建设的目标是在潜移默化的过程中，实现立德树人，是把教育的聚焦点放在教育立德树人，在这一点上，隐性教育和课程思政在育人功能上具有较高的契合度。思想政治理论课是专门针对学生展开的德育课程，具有显性特征，是显性的思想政治教育。相对于思政课的显性特征，课程思政最大的特点就是隐性教育，在潜移默化的过程当中，对学生展开德育培养。课程思政的建设就是挖掘专业课程当中的思政元素，将思政元素运用到日常教学活动中，对学生进行隐性教育，能够在思政课以外对学生开展立德树人培养。正是基于课程思政润物无声开展德育的特点，隐性教育理论也为课程思政的建设提供了指导。

（二）分布式领导理论

分布式领导理论最早发源于管理学中，逐渐地被运用到教育领域。分布式领导理论主要是基于对传统领导理论的批判而产生的，传统领导理论认为领导力的主体是领导者，只有领导者才具有领导力、才能发挥领导力。而分布式领导理论则认为，每个人都具有领导力，要从组织的整体来看，挖掘人才、发现人才，发挥每一个人的能力和特长。让领导的角色在组织成员之间动态地转换。分布式领导理论就是通过集体领导的方式来推动整体的运行，让组织的运行更加灵活高效。20世纪50年代，吉布最早提出分布式领导理论这一概念。

20世纪90年代，格隆和斯皮兰等人将分布式领导理论与教育学相融合，他们认为领导与被领导的角色是动态变化的，是相互转换的。教育分布式领导是指领导者与被领导者共同参与的、互动的一种实践活动。根据时间、情境的不同会产生角色的转换，承担责任也会有所不同。在我国，对分布式领导理论的研究尚处于初期阶段，主要的论点有以下几个：金建生认为，分布式领导理论需要组织成员拥有共同信念，在共同信念的指导下，调整成员之间的行为来产生互惠影响，达到协同合作的目的。金建生认为，分布式领导要实现领导的基本功能需要联合作用，金建生强调分布式领导是一个整体的概念。张晓峰将分布式领导理论定义为动态的过程。他认为，分布式领导是在一个组织或多个组织成员中，根据工作情景的不同而动态地承担领导的角色，发挥领导作用。

分布式领导理论从管理学引入到教育领域之后，学者根据教育领域的特征，对分布式领导理论的内涵进行了一系列的界定。Fullan, Hall & Hord, Heck & Hallinger 认为分布式领导在于强调教师作为领导者所具有的影响。他们认为学校实现可持续性变革的关键在于学校组成人员之间的分布式领导。分布式领导需要在课堂上实施这些具体变化的教师来承担和负责。Harris 和 Muijs 认为，分布式领导关注的重点并不是正式的领导职位、领导角色，而是每一个组织成员所具有的丰富的知识、专业技能和工作经验。分布式领导要求组织内部成员都要为组织的运转提供他们的知识、想法、创意、经验和技能。Donaldson 认为，领导力并不局限于校长或学校的管理者，而应当是由所有人共享的。在分布式领导理论的情景当中，每一个组织成员、每一个教师都承担着相应的领导职责，扮演不同的领导角色，为学校发展、教育发展和学习改革提供自己的专业技能、专业知识、观点和看法。

分布式领导理论对于专业课教师在课程思政建设中提升自身的德育领导力具有指导意义。分布式领导理论是在肯定校长领导力的基础之上，提倡教师应当具有不同的领导能力，提倡的是学校的组成成员、所有教师都参与到学校建设、学校治理中，能够为三全育人建设发挥自己的力量，同时也能促进教师自身的专业发展。表现在课程思政建设上，就是专业课教师参与立德树人，参与课程思政建设，促进教师本身的德育素养、德育能力的提高。分布式领导情景下，每一个教师都具有领导力，都可以成为领导者。借鉴分布式领导理论，在课程思政建设中考虑不同主体应当具有的不同的领导能力。如教授、专家的"学术领导力"，专业课教师的"课程领导力""德育领导力""教学领导力"，行政管理人员的"管理领导力"，让学校组织成员都能够成为课程思政建设的中坚力量，在共同愿景的指导下，实现教育资源共享，并且通过彼此之间的协作以及个人魅力影响周围其他教师产生相应变革，会起到带动其他教师提高专业化水平的作用。

（三）教师专业发展理论

全球性的教师专业化运动在不断地向前推进，世界各国都在积极探索教师专业化问题，因此，对专业教师德育领导力的研究离不开教师专业发展的大背景，教师专业发展理论对专业课教师德育领导力研究具有重要的理论借鉴意义。对教师专业发展内涵的理解有以下几个观点：国外学者哈格里夫斯认为，教师专业发展不仅仅是教师专业知识和技能的发展，同时也促进了教师的价值观和道德情感的发展，哈格里夫斯是从智力与非智力两个维度界定了教师专业发展的内涵。伊文思对教师专业发展的内涵界定是从态度和功能两个方面展开的，态度上是指教师的职业动机、职业情感的发展。功能上是指教师的生产性发展。我国学者卢乃桂认为，教师的专业发展贯穿于教师职业发展的全过程，既有职前教师培养，还有在职教师培训。他对教师专业发展的定义是从教师专业水平和教师道德水平两个层次上进行的。叶澜认为，教师专业发展是教师职业成长的需要，是教师内在专业结构的不断适应和完善的过程，是一个教师职业发展的过程。袁祖荣认为，教师专业发展是教师要终身学习，是不断学习理论知识、不断实现自我的过程，认为教师专业发展具有终身学习、全面学习和开放学习的特点。教师专业发展具有自主性的特点，是一种内源性的发展。教师专业发展强调的是教师自觉地意识到自身发展的意义，教师的发展事关教育事业发展。作为一种内源性发展，教师作为个体就应当根据自身特点的不同，结合自身发展的需求，制订有关专业发展的计划，通过不断的自我反思、自我学习、自我调控来完善专业知识结构，提高专业素养。

通过以上对教师专业发展理论的梳理，可以发现，教师是一门专业性的职业。成为一名教师，从师范教育到初入岗位成为新任教师，再到成为多年教龄的专家型教师。整个发展过程都体现了教师专业技能的不断提高，体现了教师的专业发展。这为专业课教师德育领导力的提高提供了一定的理论借鉴意义。专业课教师是作为课程思政建设的重要组成部分。作为一名合格的课程思政建设者专业课教师首先应当具备扎实的专业知识，同时，随着课程思政建设的不断深化，专业课教师原有的德育素养、德育能力不适应当下课程思政建设的需要，这就对专业课教师的德育能力提出了更高的要求，专业课教师要不断地开展自主学习。学习最新理论知识，转变思想观念，不断地自我反思、自我调控。

第二章　新时代班主任德育教育的理论框架

第一节　德育教育

一、德育

德育概念作为德育教育最基础的理论知识，在理论界并没有统一的定义。而且，这一概念的多元化导致了德育理论界思想的混乱，阻碍了德育理论及其实践工作的开展和深入发展。

（一）德育概念的渊源

德育（主要是指道德教育）一词在 18 世纪七八十年代已经形成。英国学者斯宾塞在《教育论》一书中，明确把教育划分为智育（intellectual education）、德育（moral education）和体育（physical education）。由此开始，德育逐渐成为教育领域的一个基本概念和名称。该词在 20 世纪初传入我国，1912 年，南京临时政府颁布了道德教育的教育宗旨，并以实利主义教育、国民教育辅之，兼以美感教育完成其道德教育。这一宗旨的实施标志着德育一词开始成为我国教育界通用的名称。从德育在近代中国的建立与发展来看，我国和西方一样，德育在建立之初也仅仅有道德教育的意思。1928年唐钺先生在《德育大辞书》中明确指出，德育为教育之一方面，以儿童之道德心之陶冶为目的，是德性之熏陶。同年，王克仁，余家菊等在《中国教育辞书》中也指出，道德教育，训练道德品格之教育也，亦称德育。但是，建国以来，由于受到道德和政治不分家这一思潮的影响，人们开始把社会上的各种意识都归入道德，德育也被赋予更多的政治含义。由此，德育开始不能再简单地被认为是道德教育的简称。

此外，我国学者黄向阳在其《德育原理》中使用"德育即道德教育"这一命题，并且他用整整一章篇幅来对这一命题进行论述。黄向阳对我国过去半个世纪德育概念的外延的演变进行了研究，认为存在如下三个阶段的变化：第一个阶段是从"德育即政治教育"发展到"德育即思想政治教育"；第二个阶段是从"德育即思想品德和政治教育"发展到"德育即思想、政治和品德教育"；第三个阶段是从"德育即社会意识教育"发展到"德育即社会意识与个性心理教育"。以上这些对德育的界定都是一种颇具特色的"大德育"，"大德育"虽然"大"，但它的基本格局不外乎"政治教育""思想教育"和"道德教育"三大块。

（二）德育范式的类别

从目前的著述来看，关于德育概念的定位主要存在两种流派：一种是主张大德育的概念，另一种是主张正本清源，把德育仍看作道德教育的同义词，指培养学生品德的教育。

1. 大德育范式

（1）大德育定义概要

德育是教育者按照一定的社会要求，有目的有计划地对受教育者的心理施加影响，以培养起教育者所期望的思想品德。思想品德就其内容来说，包括人们的政治立场、世界观以及道德品质等方面。因而，我们所说的德育，包括对学生的共产主义的思想教育、政治教育和道德品质教育。

一般来说，德育是教育者和受教育者传习一定的社会意识、社会规范，形成受教育者一定品德的活动。具体来说，德育是教育者根据一定社会或阶级的要求和受教育者品德形成发展的规律，在教育者施教传道和受教育者受教修养的相互作用过程中，将一定社会或阶级的思想政治准则和法纪道德规范转化为受教育者思想、政治、法纪、道德品质的活动。

胡守棻这样定义德育概念：将一定社会或阶级的思想观点、政治准则、道德规范转化为个体思想品德的教育活动。赵翰章也认为，德育的实质归根结底就是把一定社会的思想观点、政治立场和态度以及道德规范转化为受教育者个体的品德。刘惊铎同样把德育定义为："德育就是一定社会的教育者运用该社会的品德规范，有目的、有计划（有组织）、自觉、系统地培养受教育者品德的教育。"具体分析来看，德育包括思想教育、政治教育和道德教育等一切专门培养人的品德的教育。"德育也可以叫作品德教育，人们习惯上又叫思想品德教育。王道俊、王汉澜定义德育是教育者按照一定社会或阶级的要求，有目的、有计划、系统地对受教育者施加思想、政治、道德影响，通过受教育者积极的认识、体验、身体力行，以形成他们的品德和自我修养能力的教育活动。

简而言之，德育就是教师有目的地培养学生品德的活动。鲁洁和王逢贤认为，德育是教育者根据一定社会和受教育者的需要，遵循品德形成规律，采用言教、身教等有效手段，通过内化和外化，发展受教育者的思想、政治、法制和道德几方面素质的系统活动过程。以上这些，都是国内学者对德育的大德育概念的界定。

（2）大德育存在的合理性

从内容上可以说，德育是思想教育、政治教育、法纪教育、道德教育的总称。德育即品德教育，包括思想、政治、法纪、道德等品质的教育。所以，把德育作为一种"大德育"来看待，已成为国内学界的一种传统。他们认为，"大德育"存在的合理性在于：道德教育、政治教育和思想教育是密不可分的，在学校生活中绝对独立的道德教育是不可能存在的，因为道德教育必然要与思想教育和政治教育发生某种联系，而且它们之间没有严格和明确的界限；在学校生活中并不存在纯粹的道德教育，各种政治思想因素必然要渗透到道德教育中去；另外，"大德育"界定与当前国际教育改革的趋势是吻合的，在德育过程中要保持所谓的"价值中立"和"政治中立"是虚伪和根本不可能的。还有德育专家认为，把德育看作是思想教育、政治教育、法制教育、道德教育的总称，外延宽广，涵盖齐全，界限明确严整，可以减少歧义。如果在德育决策和实践中通用这种广义的德育概念，使德育各个构成部分都能得到实施，坚持德育的全方位教育，就能充分发挥其间的互补功能，相互促进，减少内耗，全面提高德育的质量。总而言之，把德育界定为"大德育"是学界的一种主流范式。

2. 小德育范式

（1）小德育定义概要

有的学者也认为不要过于宽泛地定义德育概念。比如，钟启泉与黄志诚认为，德育是培育人的德性的教育，即通过培养道德情感、道德判断力、道德实践动机与态度，提高道德实践的能力与素质的教育，谓之德育，一般与道德教育同义。班华也认为，德育即育德，即有意识地实现社会思想道德的个体内化，或者说有目地促进个体思想品德社会化。檀传宝也是把德育定义为教育工作者组织适合德育对象品德成长的价值环境，促进他们在道德认知、情感和实践能力等方面不断建构和提升的教育活动。简而言之，德育是促进个体道德自主建构的价值引导活动。

（2）小德育存在的合理性

在持小德育观点的学者中，有些学者认为道德是思想品德的简称。另一些学者认为从今天心理学的角度来分析，德就是内在的认识、情感和外在行为（包括意志）等方面的统一体。认同德育是教育工作者组织适合德育对象品德成长的价值环境，促进他们在道德认知、情感和实践能力等方面不断建构和提升的教育活动这一德育概念。

第一，英语中 moral 意思之一为 principles of behaviour in accordance with standards of right and wrong，是关于人们行为对错的准则，并不包括政治教育和法制教育。在当今全球化的时代背景和德育学术背景下，小德育的定义有利于我们同国际教育界接轨，在同一语义背景下去讨论研究德育。

第二，把德定义为思想品德，这反映了德育工作者职责的本质和核心内容，这更有利于我们明确德育的方向，加强道德在其他意识形态教育中的基础和核心的作用。

第三，把德育概念的范围定义在道德教育，也给政治教育等其他教育一定的发展空间，符合教育研究中意识形态概念不断细化的趋势。

有研究者认为，小德育的概念不仅与我们中国传统文化中的德的内容相吻合，也符合国际发展的趋势，不能把德育的概念无休止地泛化。世界不断在发展，人类精神、文化方面的问题也逐渐引起人们的重视，信仰、心理等精神层面新的问题不断引起人们的关注，我们不能把新出现的所有精神层面的教育全部笼统地归于德育。

二、德育教育概述

德育就是道德教育（moral education）的简称，其"德"指称道德，为历史形成的含义；"育"的重点在于培育，德育教育就是对于人的道德的培育，学校德育教育则是培养学生道德品质和道德行为的教育。

在中国传统文化中,"道"原本具有路的意思,最早出现于《周易·履》,有"履道坦坦"之句,《说文解字》曰"道,所行道也",后引申出社会发展或万物运行的规律、规则,有道理的意义,《老子》中通篇所提倡的"道"便是此意。"德"原谓"直心为德",包含德行、节操的意义,也含有品行的动词指向。《礼记·乐礼》"礼乐皆得,谓之有德;德者,得也","德"为依循社会规律或规范而进行的受到普遍认可的行为,"德"以"道"为原则,有"道者人之所蹈,德者人之所得"(《黄石公三略·下略·卷三》)的关系,道为德之根本,德为道之外显,道德就是指社会生活中,依靠社会集体认知或个人行为规范协调人际关系,尤其是对于法律、权利之外的人际关系进行协调的一种行为准则。这种行为准则表现为社会集体认知的行为规范即社会公德和个人相对稳定的人格表征即个人品德。

道德作为调节人的行为准则的特性使其具有了道德教育指向个体行为的特性。道德教育与学校德育教育的关系错综复杂,道德教育就其重要性来说,是整个社会秩序正常进行的必要依据,因而其是一种社会责任,学生作为社会的一个群体,社会对其具有进行德育教育的义务,学生的道德发展也主要是在社会活动中得到认知与形成。同时,学生的活动范围主要发生在学校,所得价值体系及行为观念更多地来源于书本及教师的间接经验,这使得学校成为学生接受德育教育的主要渠道,德育课程成为其德育价值体系形成的主要方式。德育教育是学校教育的所有教育行为的灵魂所在,对学校、教师及学生的行为具有价值指向的作用,它是学校教学目标的最高追求。

在中国传统教育中,德育教育一直是学校教育最为注重的地方,《孟子·滕文公上》就强调"学则三代共之,皆所以明人伦也",其中的"人伦"便是获得公众认可的道德体系。在学校德育教育中,中学德育教育因为针对对象为性格知识体系建构及性格形成关键时期的青少年,因而具有更为关键的作用,可以说,其是学校德育教育最为重要的阶段。

三、学校德育

学校是培养人的教育机构,培养学生的德育意识和德育行为是学校的重要任务之一。班主任在班级管理中具有特殊的不可替代的地位,是贯彻学校办学思想和全面负责一个班学生的思想、学习、生活等工作的教师,担负着多种责任,发挥着特殊的作用,班主任工作的优劣直接影响到学生的成长。

(一)学校德育概述

任何与德育有关的问题,都应当从德育的概念界定入手,而长期以来在德育的概念这一问题上争议不休,没有形成一个固定的认识。这就造成了对德育理论的探讨不能深入,也在德育实践上造成了不必要的混乱。

1.学校德育的任务

学校德育的任务是根据教育目的确定的,是为实现教育目的服务的,它服从于人们的社会使命。因此,我国学校德育的任务是以社会主义思想和道德规范教育青少年,引导他们主动积极地进行社会实践，逐步养成高尚的社会主义品德，成为全面发展的社会主义国家的公民。我国德育的具体任务如下：第一，逐步提高学生的道德修养能力和形成社会主义的道德观。第二，培养学生坚定的政治立场和高尚的道德情操。第三，养成学生良好的道德行为习惯。

2. 德育对象

德育对象是德育过程中所有因素作用的焦点。学校德育对象就是学生，是受教育者。他们是学校全部德育工作的出发点和落脚点，也是我们研究学校德育问题的焦点，一切教育活动若是不从德育对象出发，是不人道的，也是不科学的。德育对象一直都是道德生活的主体，并一直以自己的方式生活于道德之中，理解、掌握、运用着道德规范。这就意味着教育工作者必须首先认识到受教育者本身具有与生俱来的道德禀赋，德育过程或价值引导情境中，"学生的道德学习过程并不是由外而内，而主要是由内而外的一个过程"。

因此，从根本上来说，德育对象的道德发展是一个起因于受教育者个性的阶段性特征和心理变化的过程。这就要求德育工作者要掌握一定的心理学知识，了解学生不同年龄阶段的个性心理特征和不同的气质、性格与学生道德形成的关系等，进行有针对性的因材施教。因为许多道德问题往往与学生的心理问题，尤其是与个性及其发展的阶段性联系紧密，如青少年的吸烟、早恋等问题就与他们的心理发展阶段有关，中学德育必须针对这一中学特有的现象，根据学生个性实际，采取相应的、有针对性的方法进行德育，塑造出具有健全人格的人。

3. 德育主体

谁是德育主体？在教育和德育理论中争议较大。20世纪80年代以来，在我国内地存在着"单一主体论""双主体论""主体转化论"等。不同主体论的出现，最主要的是关注我国教育活动中忽视学生主体的理论和实践所带来的问题，从而对单一主体中教师主体的怀疑和否定的结果，其实质就是反对传统观念中的"教师中心论"，虽有积极的意义，但是，他们对教师作为教育活动单一主体的怀疑及否定本身也存在着问题。如视学生为单一主体，固然有尊重学生，符合教育规律的一面，但是由于学生只在学习过程中是主体，而在全部教育过程中学生的主体作用是建立在教师主体作用发挥的基础上的事实，使这一理论难以成立。

德育主体是指与德育对象即受教育者（学生）相对应的德育施教者——教育者。只有人才能教育人，换言之，即只有自身受过教育的才能教育人。这条原则对道德教育来说尤为重要，因为社会学习理论早已提示，教育者的人格是中学生进行价值学习的关键性中介，离开作为德育主体的教师和其他教育工作者谈学校道德教育是不可思议的事情。德育主体有两种形态：专门德育工作者即德育教师以及非专门德育工作者即德育教师以外的其他任课老师及教育者。

（二）德育的目标和内容

人类活动的最大特点是它的目的性和意识性，这也正是人和动物的分水岭。作为人类自身的再生产的教育和德育活动，当然也有自己的目的。德育目标所要解决的是德育所要培养的人应当具备什么样的品质的问题。

1. 德育目标的涵义

德育目标是德育活动预先设定的结果，是德育活动所要生成或培养的品德规格。德育目的是以德育工作的最终结果体现于受教育者身上的品德来衡量的。德育目标制约与影响德育的全过程，决定着德育的内容、方法、途径等的选择与确定。和其他教育目标一样，德育目标具有方向性、预见性、超前性等特点，在德育活动中发挥导向、选择、协调、激励、评价的功能。所不同的是，与智育、体育等其他教育活动的目标相比，它具有鲜明的社会性。

2. 确定德育目标的依据

（1）时代与社会发展需要。不同的发展时期有不同的社会思想道德行为准则，同时也有反映不同时代特点的新的要求，德育目标的确立要考虑社会发展的新的要求。

（2）国家的教育方针和教育目的。德育目标是教育目标的组成部分，而教育目标与国家的教育方针、教育目的是一致的，它是教育目的在各级各类学校的具体化，因此，德育目标的确立必须依据教育方针、教育目的中对学校德育要达到的结果的总的规定。

（3）社会生产力发展水平和科学技术发展状况。社会生产力发展水平和科学技术发展程度，是确定德育目标的物质基础和经济条件。也就是说，社会生产力和科学技术的发展水平不同，对受教育者的质量标准和规格要求也就不同。

（4）经济制度和政治制度。德育目标作为一种社会意识形态，也同样受着占有物质生产资料的统治阶级的支配。所以德育目标是受一定社会的经济、政治制度制约的，不同社会性质的教育必然有不同的德育目标。在阶级社会里，德育目标是具有鲜明的阶级性的。

（5）受教育者身心发展的特点与规律。任何社会的德育目标都是把一定社会的思想道德要求传授给年轻一代，并以此指导学生的行为。而只有依据教育对象身心发展特点与规律确立的德育目标才是与他们主体发展需要相适应的目标，在这样的目标指导下的德育工作才能被学生自觉接受。

（6）民族文化及道德传统。德育目标具有国家性和民族性等特点，不同的国家、不同的民族，有不同的文化、不同的道德传统，对所培养的人的思想、道德行为规范也有不同的要求，制定德育目标时，要植根于民族传统，发展民族文化，体现民族特色。

（三）学校德育过程与原则

德育过程是德育活动的客观程序与工作流程。德育过程理论是对德育活动程序及其规律性的认识，也是一个关于德育全局的认识。加强德育的针对性和实效性，探求德育过程的规律性，并在此基础上总结出行之有效的德育原则是非常必要的。

1. 德育过程的含义

德育过程是以形成受教育者一定的思想品德为目标，教育者与受教育者共同参与的教育活动的过程，教育者根据社会对年轻一代的德育要求以及学生思想品德形成的规律，对受教育者施加教育影响，通过受教育者能动的认识、体验、践行，从而形成受教育者的思想品德，发展其品德心理、培养品德能力的教育过程。

德育过程与思想品德形成过程的联系与区别。联系：德育过程与思想品德形成过程是教育与发展的关系。德育过程的最终目标是使受教育者形成一定的思想品德，但在受教育者思想品德形成过程中，德育过程并不是唯一的影响因素，除此以外还有环境等的影响；但德育过程能最大可能地按预定的目的、计划，形成受教育者的思想品德并尽可能地协调家庭、社会的影响，促进受教育者品德的发展。区别：一是它们活动的范畴不同，德育是教育的组成部分，它的实施属于教育活动的范畴；思想品德是人的精神素质的组成部分，它的形成属于人的素质发展的范畴。二是活动的形式不同，德育过程只是受教育者思想品德发展的外部条件，思想品德形成则是在外部影响下，受教育者内部自身运动的过程。

2. 德育过程的规律

学生的知、情、意、行诸因素统一发展的规律。知，即道德认识；情，即道德情感；意，即道德意志；行，即道德行为。人们在行动上对他人、社会和自然所做出的行为反应，是人的内在的道德认识和情感的外部行为表现，是衡量人们品德的重要标志。道德行为包括一般的行为和经多次练习所形成的道德行为习惯。道德行为受道德认识、情感和意志的支配、调节，同时又影响道德认识、情感和意志。

3. 德育原则

德育原则是思想品德教育必须遵循的基本要求。它是德育规律的反映，也是德育经验的概括，更是制订德育计划、选择德育内容和方法、组织德育过程的依据。我国学校的德育原则，是以马克思主义为指导，依据我国教育目的，批判地吸取了宝贵的历史遗产，反映德育过程的规律，总结了社会主义学校的德育经验而提出的，既反映德育的一般原理，又体现当前我国学校德育的一些特殊规律。

（1）方向性与现实性相结合的原则

方向性与现实性相结合的原则是指在德育过程中，既要坚持社会主义的政治方向，又要从社会主义初级阶段的现实出发，按现行的方针政策要求学生，把德育的方向性和现实的可能性结合起来。

（2）理论与实践相结合的原则

理论与实践相结合的原则又称知行统一原则。指在德育过程中，要做到系统理论教育与实际锻炼并重，提高思想认识与培养行为习惯结合。

（四）学校德育的途径与方法

德育是培养人的德性的活动，要想取得预期的效果，就必须选择适当的德育途径，采用有效的德育方法，科学地组织德育过程，以实现预定的德育目标。

1. 德育的途径

学校为了向青少年学生施加教育影响而组织进行的各个不同方面的活动和工作都是德育的途径。我国中小学德育的途径有：政治课与其他学科教学、课外活动与校外活动、劳动、共青团与少先队活动、班主任工作等。班主任可采取各种形式，如班会、班干部会议以及组织各种集体活动，进行系统的集体教育。

2.德育的方法

德育方法是为达到既定德育目标，教育者、受教育者共同参与德育活动所采取的各种方法的总称，包括教师影响学生、促进其思想品德形成的方法和学生在教师指导下自我教育的方法。德育方法是德育活动目标达成的中介，德育方法的选择受教师和学生因素的影响；受教育过程其他要素的影响，主要指德育目标、德育内容和德育手段的影响。德育方法要以德育目标为最根本的选择依据，还必须考虑具体的教学内容，并选择教育方法。

（1）说服教育法

说服教育法是通过摆事实、讲道理，使学生提高认识，形成正确观点的方法。说服包括运用语言进行说服的方式（主要有讲解、谈话、报告、讨论、阅读报刊书籍等形式）和运用事实进行说服的方式（主要包括参观、访问、调查等形式）。运用说服教育法要注意以下几点要求：

明确目的性。说服要从学生实际出发，注意个性特点，针对要解决的问题，有的放矢，符合需要，切中要害，启发和触动他们的心灵，切忌一般化，空洞说教。

富有知识性、趣味性。说服要注意给学生以知识、理论和观点，使他们受到启发，获得提高，所选的内容，表述的方式要力求生动有趣，喜闻乐见。

注意时机。说服的成效，往往不取决于花了多少时间，讲了多少道理，而取决于是否善于捕捉教育时机，拨动学生心弦，引起他们的情感共鸣。

以诚待人。教师的态度要诚恳，深情，语重心长，与人为善。只有待人以诚，才能打开学生的心灵之窗，使教师讲的道理易被学生所接受。

（2）榜样示范法

榜样示范法是以他人的高尚思想、模范行为和卓越成就来影响学生品德的方法。榜样包括伟人的典范、教育者的示范、学生中的好榜样等。运用榜样示范法要注意以下几点要求：

选好学习的榜样。选好榜样是学习榜样的前提。应从时代需要和学生实际出发，指导他们选择好学习的榜样，获得明确的前进方向与巨大动力。

激起学生对榜样的敬慕之情。要使榜样能对学生产生力量，推动他们前进，就需要引导学生了解榜样；了解所学习榜样的身世，艰苦奋斗的经历，伟大卓越的成就，崇高光辉的品德，特别是了解那些感人至深、令人敬佩之处，使他们在心灵上对所学榜样产生羡慕、敬佩之情。

引导学生用榜样来调节行为，提高修养。要及时地把学生的情感、冲动引导到行动上来，把敬慕之情转化为道德行动和习惯，逐步巩固、加深这种情感。

（3）实际锻炼法

实际锻炼法是有目的地组织学生进行一定的实际活动，以培养他们的良好品德的方法。锻炼包括：练习、制度、委托任务和组织活动等。运用锻炼法要注意以下几点要求。

坚持严格要求。进行任何一种锻炼，如果不严格遵守一定的规范和要求，而是马马虎虎，那就会变成形式主义，不可能使学生得到锻炼和提高。

调动学生的主动性。只有激发学生的主动性、积极性，使他们内心感到锻炼是必要的、有益的、有价值的，他们才能自强不息，自觉严格要求自己，获得最大的锻炼效果。

注意检查和坚持。良好的习惯与品德的形成必须经历一个长期的反复的锻炼过程。前紧后松，一曝十寒，时冷时热，都无益于品德的培养。所以对学生的锻炼，要强调自觉，但又不能放松对他们的督促、检查，还要引导他们长期坚持下去。

（4）陶冶法

陶冶法是通过创设良好的情境，潜移默化地培养学生品德的方法。陶冶包括：人格感化、环境陶冶和艺术陶冶等。运用陶冶法要注意以下几点要求。

创设良好的情境。这种环境包括：美观、朴实、整洁的学习与生活环境；团结、紧张、严肃、活泼、尊师爱生、民主而有纪律的班风、校风。

与启发说服相结合。通过创设情境陶冶学生，不仅与教师对学生的说服教育不矛盾，而且能够更有效地发挥情境的陶冶作用，不仅要让创设的情境自发地影响学生，还需要教师配合以启发、说服。

引导学生参与情境的创设。良好的情境不是固有的自然存在的，需要人为地创设。但这绝不能只靠教师去做，应当组织学生为自己创设良好的学习与生活的情境。

（5）品德评价法

品德评价法是根据一定的要求和标准，对学生的思想言行作出判断，是对品德发展的强化手段。品德评价法通常包括表扬奖励、批评处分、操行评定等方式。表扬奖励是对学生的良好思想、行为做出的肯定评价，以引导和促进其品德积极发展的方法。批评处分是对学生不良思想、行为做出的否定评价，帮助他们改正缺点与错误的方法。表扬一般可分为赞许和表扬两种方式，赞许是教师对学生一般的好思想、好行为表示的称赞或欣赏，多以口头表示或点头、鼓掌等动作表示。奖励一般包括下述几种：颁发奖状、发给奖品、授予称号。处分分为警告、记过、留校察看、开除学籍等几种处分。运用奖励与处分要注意以下几点要求：

公平、正确、合情合理。做到当奖则奖，当罚则罚，奖励与处分一定要符合实际，实事求是，不主观片面。

发扬民主，获得群众支持。奖惩由少数人决定，难免主观武断，出现差错，得不到群众支持。只有发扬民主，听取群众意见，才能使奖惩公平合理，富有教育意义。

注重宣传与教育。进行奖励与处分，都是为了教育和提高学生，不只是教育被奖惩者，也是为了使全体学生受到教育。所以要有一定形式与声势，在一定范围内宣布，并通过墙报、广播、橱窗等加以宣传，以收到更好的教育效果。

四、德育的教育依据

（一）中国传统道德观

中国被称为礼仪之邦，中华民族优秀传统道德观是中华文化的重要组成部分，源远流长,历久弥香。"道"和"德"二字在中国古代很早就有,"道"最初的含义是道路、途径,后来引申为道理、规范。"德"字出自《荀子·非十二子》,意思是人们共同生活的准则、规范和品行。中国传统道德观自产生以来一直对人们的生活和行为产生重要影响,中国传统道德观包括以下几个方面:

1. "仁者爱人"的人本主义思想

儒家思想是先秦诸子百家的学说之一,在百家争鸣中位于主导地位。儒家思想开端于孔子,后经儒家弟子的不断发展与完善逐渐形成儒家思想体系,成为中华传统文化的主流,影响深远。儒家道德观的主要内容是"仁、义、礼、智、信",孔子提出"仁、义、礼",孟子将其延伸为"仁、义、礼、智",董仲舒随后补充为"仁、义、礼、智、信",此为"五常"。孔子对"仁"的权威定义是"爱人","仁"的核心是仁爱,指人在社会交往时要心存善念,仁爱是一切道德的核心和基础,统治者要仁治,仁治是民心所向,只有仁治才能实现社会安宁与和谐。除了儒家的"仁者爱人",墨子的"兼爱非攻"学说也体现了人本主义思想,墨子主张人与人之间平等相爱,推崇节约,反对铺张浪费。墨家"兼爱非攻"思想主要包括两个方面,首先是爱无等差,墨子否定等级制度,主张人与人之间的平等关系;其次是追求和平,反对发动不义之战。无论是儒家的"仁爱"思想,还是墨家的"兼爱非攻"学说,都体现了人本主义思想。

2. "天下为公"的爱国主义思想

中国传统道德观提倡爱国主义,爱国指的是热爱国家和民族。"先天下之忧而忧,后天下之乐而乐""国尔忘家,公尔忘私"这一系列的名言就是对爱国主义思想的诠释。自古以来,在爱国主义思想的影响下,中国涌现了许多民族英雄,如文天祥、戚继光、林则徐等,这些民族英雄是人们歌颂的楷模,正是有许许多多这些乐于为国家和民族奉献的英雄,才能使我国在历经风霜与磨难之后仍屹立于世界优秀民族之林。

3. "和为贵"的中庸思想

"不偏不倚,谓之中","中"指的是适中、中和。《道德经》中的"持而盈之,不如其已"一章讲述的是人生真谛,即不可太过追求名利,自满、逞强、贪心常会带来祸患。水满则溢,月满则亏,凡事要把握"度",不可太少,亦不可过多。儒家经典《尚书》中的"满招损,谦受益"也体现了中庸思想。中庸是儒家思想中道德行为的最高标准,是人与人、人与社会、人与自然相处的原则和方法,更是中国传统道德观要求人们为人处世的准则。

4. "以义统利"的义利观

"义"指的是大局利益,"利"指的是个人利益。在中国古代,义利之辩从未停止,在人们对义与利的追求上,儒家思想的"以义统利,利为义上"的义利观对人们的影响最深。"君子喻于义,小人喻于利",孔子通过君子与小人对义利的选择,凸显出义利的差别。孟子对义的推崇更甚,他在《鱼我所欲也》中说"生,我所欲也;义,亦我所欲也;二者不可得兼,舍生而取义者也"。孟子认为义是比生命更重要的存在,后世在传道时也一直强调"重义轻利",这是中国传统道德观一个重要的思想。中国传统道德观是中国人几千年来的智慧结晶，是中华文化的重要组成部分，在历史的长河中一直影响和指导着中国人的生活和行为，在思想道德品质的形成过程中发挥着不可替代的作用。小学班主任在对学生进行德育教育时重视中国传统道德观的作用，对培养学生良好思想道德品质，传承中华文化具有重要意义。

（二）道德发展阶段理论

劳伦斯·科尔伯格是西方德育教育领域举足轻重的人物，有"现代道德认知发展理论之父"之美誉。杜威的进步主义德育研究以及皮亚杰的儿童道德认知发展理论为科尔伯格提供了理论基础，基于前人的研究，他提出了道德发展阶段理论，包括三水平六阶段，该理论成为西方学校德育研究中最具影响力的理论基础，至今仍被各国德育教育研究者和工作者广泛应用和实践，也为我国德育教育实效性高低的判断提供了依据。科尔伯格以海因茨道德两难问题为切入口，根据儿童对道德的选择与判断，提出了著名的三水平六阶段理论。

1. 前习俗水平

通常 10 岁以下的儿童处于前习俗水平。这一水平的儿童遵守规范，但还没有自己的主见，主要依据当前的结果与自己的利害关系对道德进行判断。前习俗水平的两个阶段是惩罚与服从定向阶段、相对功利定向阶段。

2. 习俗水平

处于这个水平的通常是 10~20 岁的儿童，能理解维护家庭、集体、国家期望的重要性，认为这本身就是有价值的，而不大理会这些行为的直接后果。这时他们能够将自己视为社会成员，思考道德问题也能考虑社会因素，可以了解、认识社会行为规范，并遵守执行这些规范。这个水平也包括两个阶段，分别是社会习俗定向阶段、秩序和法规定向阶段。

3. 后习俗水平

20 岁以上的部分成年人处于后习俗水平。处于该水平的个体能自觉遵守道德规范，行使权利和义务，并以此来衡量行为的道德价值。认识到法律的人为性，并能考虑人类正义和个人尊严，将其内化为个人内部道德命令。这一水平已经超越现实道德规范的制约，达到完全自律，所以只有少数成年人能达到。这一水平的两个阶段为社会契约定向阶段和普遍道德原则定向阶段。我国传统的德育主张以教师为主体，学生为客体，教师有目的、有计划、有组织、系统地对学生思想、道德、政治方面施加影响，并且一贯采用知识灌输的方式，没有突出学生的主体地位。道德认知发展阶段理论告诉我们，对学生的德育教育应该从学生的认知水平出发，不可揠苗助长，也不可停滞不前，应该因时制宜地对学生进行德育教育，并且采取合适的教育方法，这样才能提高学生对德育接纳并内化的程度，从而提高学校德育实效性。

五、德育评价

（一）德育评价概念的界定

1. 德育评价与品德评价

素质教育中所倡导的德育是指将现行主流的社会政治观念、思想道德意识、法律法规以及心理素质等行为意识，通过一定的教育教学方式，内化为学生个体的思想道德意识、政治法律观念和心理素质，从而展现出学生个体内在的世界观、人生观和价值观。只有实行公正客观科学的学生德育评价，强调评价在实际中对学生所表现的道德行为实践的检验以及督促的作用功能，才能真正实现德育评价作为德育活动科学开展的"守护神"。

就当前整体有关德育方面的研究来看，有关德育的本质、德育的载体、德育的过程以及模式等的研究时间较长，研究资料、成果也较为充分，而有关德育评价的研究相比之下起步较晚且相关研究资料并不充分。其中，不乏也有研究者在研究过程中对德育评价功能的认识还处于模糊的状态，而造成这种认识模糊的原因之一就是概念的混淆，这是对德育评价概念界定的第一个需要特别注意的问题，错误地将品德评价与德育评价概念的内涵以及外延看成是一个事物的两种叫法，明显忽略了二者实质上的区别，容易导致对德育效果最终目标评价和德育过程评价的错误判断。

德育活动本身的评价以及对德育活动的结果的评价是德育评价的两个主要方面，但是学生品德发展却不能完全反映德育活动的成效，不应当成德育评价的唯一标准。开展德育活动旨在促进学生品德的发展，但由于人的思想品德发展呈现出明显的复杂性、长期性、内隐性以及不确定性，从科学的角度来说的确很难加以清晰、准确测量和标准评价。如果简单地将学生德育的"成绩"作为衡量德育活动实效的唯一标准，就会让德育变成学生用来把自己与别人进行攀比的手段，导致德育活动进行的反向结果。而这种典型片面的重结果轻形成过程的评价模式将严重误导德育活动的发展方向。因此，要确保德育活动的有效实施以及德育评价的研究走上正确的道路，就必须坚持德育活动本身的评价和学生品德横、纵向发展的评价相结合以及德育结果的评价与德育过程评价相结合的评价模式。

2.德育评价概念

当前，教育研究者有关德育评价内涵的探讨中，大多认为，德育实质上属于一种社会实践活动，其存在的社会价值就是为了培养和塑造一代符合当下社会主流意识形态的新人，以及能够适应未来政治、经济以及文化发展需要的新一代。

而德育评价的工作重点就是评判德育活动所产生的社会价值，保证德育活动的进程和方向，以及衡量德育活动中期望的社会价值的实现程度。德育评估就是依据一定标准、程序和技术手段对德育过程及结果进行评述和估量。

其一，"过程"主要涵盖两个方面：德育活动的时间跨度以及德育活动开展的方法和途径；其二，"结果"是指德育的物化体现，不仅包括德育对象的发展结果，也包括德育活动在其他各方面所产生的效力。例如是否能够提升学校、院系、班级的沟通能力，以及学生之间的团队精神；其三，"评述"基于一定的德育目标，强调运用定性的评价方式对德育对象所达到的德育成果进行描述；其四，"估量"则侧重于运用定量的评价方式来衡量德育目标的实现程度。学者张涛、刘济良则认为，德育评价是指依托德育活动的过程中系统收集的大量相关的信息以及数据，按照一定的德育目标和科学的评价标准，运用现代技术手段，对德育活动影响下学生已产生的和可能产生的有关的道德行为以及思想态度等方面的变化，从社会价值的角度进行综合客观的评判，以衡量德育活动对德育对象所产生的效力以及社会价值。与此观点相似的，中山大学教育学院的葛桦教授也认为，对德育本身价值的评价以及对德育工作全过程的评价是德育评价的两大主要构成部分，德育评价应按照德育内在的价值标准，不仅要对德育对象的思想政治、道德心理、行为态度等发展变化及构成该变化的种种因素进行价值判断，还要对德育工作进行价值判断。而这种德育价值评价的关键就在于如何建立以及建立怎样的德育价值评价标准。

从上述各教育学者有关德育评价概念的界定可以看出，对于德育评价的内涵，目前理论界的认识基本上还是保持一致的，认为德育评价属于一种价值判断的手段，主要针对的是德育活动的社会价值的判断和评估。因此，笔者认为，德育评价的概念可以理解为基于社会对青少年德育工作的要求和目标，运用定量与定性分析相结合的方式，对青少年德育工作的实际效果进行估量和评价，通过客观公正、科学合理的德育评价进一步提升青少年德育工作的效果。

（二）德育评价的必要性

人的思想、道德的认知是非常复杂的，目前我们对道德的认知和理解也只能是冰山一角，并没有得出一个标准确切的结果，在对于道德的实质以及如何构成等问题尚且不完全清楚的前提下，更谈不上对德育工作的精确测量了，目前世界上还没有任何人、任何测量工具能够准确或基本准确地测量一个人的道德水平。难道就因为德育工作的效果我们无法准确测量，而该放弃对德育工作不断完善的追求了吗？我们都知道，当前我国青少年德育旨在通过将现行的社会政治思想、道德价值观念、法律法规和心理品质等要求，通过一定的教育方式呈现出来并逐步内化为学生个体的价值观念和行为习惯，由此全面展现出属于学生独特的人格魅力和精神。只有注重体现对学生现实实际道德行为的检验，构建公正科学客观的学生德育评价体系，德育评价才能真正发挥出应有的作用和功能。

1. 符合当前我国德育发展现实的需要

近年来，我国青少年德育工作的开展受到了国家和社会的高度重视，德育工作各方面的实效性也着实得到了提升，但从现实需要和长远发展来看，依旧需要得到改进和创新。马克思主义指导我们在工作中必须树立"实践是检验真理的唯一标准"的工作心态，而德育评价的开展正是为了能更好地检验德育工作开展的实效性，从科学的角度来评判德育活动方向和目标的正确性。尤其是当前我国德育工作存在一些误区和不足，更需要通过德育评价对德育活动进行反馈和分析，进而弥补缺陷、改进不足。

2. 能够充实德育理论体系的发展

整个德育大体系，是由许多模块组成的：德育目标、德育方法、德育过程、德育内容以及德育评价等。纵观我国对德育各方面相关理论的研究，德育评价还处在较为薄弱的地位。事实上，由于德育评价地位的特殊性——德育实践活动的开展需要根据德育评价所反馈的结果来进行相应的调整，进而也就能够影响德育实践活动中进行的理论研究。因此，可以说德育评价在一定程度上可以更好地迎合德育理论研究的发展需要，充实德育理论体系。

3. 有利于推动我国学校德育现代化进程

我国的教育方针政策明确指出，要培养德、智、体、美、劳全面发展的社会主义建设者和接班人。这就强调了在素质教育理念盛行的当下，对学生的教育应以德育为首，以学生发展为本，根据不同学龄的学生身心发展的特点，提高德育工作的灵活性以及针对性，增强德育的实效性和时代性。同时，各学校也应做到紧密结合德育工作的实际，以"德育的实效性研究"为目标和要求，要以学生的心理、生理以及思想品德发展在不同时期呈现出的不同特点为依托，科学制定学生德育管理和评价体系，为实现教育的终极目标以及积极主动探索和研究新时期的学校德育工作，起到保证和指导的作用。因此，作为德育活动中重要的环节之一——德育评价，即如何评价学生的德育状况，就是广大德育工作者将要面临的新课题，但同时这也是推动学校德育现代化的一项极其重要的措施。

（三）德育评价的基本功能

对于德育评价的功能，现代德育评价理论中普遍认为，评价最主要的功能并不只是为了检验结果，而更多的是为了掌控方向、调整进程。本质上来说，德育评价的功能不是单一的，而是多种功能的统一，但作为德育评价目标的体现形式，德育评价最主要的功能还是为了能够调控教学过程及时进行改进，关注点放在对教学过程的调控而不是对教学结果的判定。当然德育评价的功能也像教育评价的目标一样，要根据不同教学实际的需求，突出其中的某种功能和作用。当前学术界对德育评价功能的认识，大致可以归纳为以下几点：

1. 教育管理功能

评价结果是教师教学质量高低、教学目标是否完成的体现，同时通过对评价结果的分析能够反映出教学过程中出现的问题和不足。一方面有助于教师对后续教学活动的开展进行相应的调整和修改，另一方面也有助于学校加强对教师进行有针对性的管理与帮助，例如对教师的奖励与惩罚，人事调整等都可以以此为依据。学生学习的评价结果，是针对学生学习的效果的反馈，教师和学校可以根据评价结果对学生进行公正合理的管理与帮助，如课后学习指导、选拔或淘汰、毕业或推迟毕业等。

2. 教学指导功能

教师通过教育教学评价，了解其教育教学活动的效果，针对学生学习的实际情况，及时地调整教学方式与方法，选择最适合学生发展的教学方式方法。这种反馈指导功能既可以让教师了解自己教学中存在的问题，从而更好地反思自己，也可以通过反馈的结果更好地了解和激励学生。综合起来看："通过教学评价提供的反馈信息，可以使师生明确教学目标；教学目标的实现程度，教学活动中所采取的形式和方法是否有利于促进所规定的教学目标的实现；积累资料以便提供关于如何才能更顺利地达到教学目标和修改教学目标本身的依据。"

3. 教育导向功能

传统的教育评价，侧重人才的选拔，考什么，教师就教什么，学生就学什么，这是多年来形成的定势。我们应充分利用这一传统资源，改革评价的内容和方式，将教师的教和学生的学引导到注重能力发展、注重学习过程、注重个性发展的方向上。

4. 教育激励功能

成功的体验是激励学生努力学习、激发学习动机的有效因素，教师在自己的教学活动中，应当适时对学生学习的主动性、学习过程的方法、个性的发展、创新能力的发展等方面做出定性评价，这无疑将会激励学生产生非常强烈的求知欲，并在持续评价活动中，得到有效的保持、巩固和发展。期中、期末等阶段性定量评价，也将对学生学习动机的激发起到作用，并且公正、合理的评价对于教师自身而言也是一种激励，它可以促使教师扬长避短，激发教师的教学积极性。

5. 教学科研功能

德育评价已成为教育科学研究中不可或缺的重要工具。作为一个完整的教学活动的重要组成部分，德育评价在整个过程中起着十分重要的作用，有效实施德育评价能对教学活动产生积极的影响。但同时，德育评价是针对青少年德育工作的结果所进行的反馈，因此，德育评价的功能更多的是针对青少年德育工作实施的。

第二节 班主任工作

一、班主任的概念辨析

班主任形象与班主任素质、班主任角色是非常容易混淆的概念，因此，有必要从语义、内涵、内容及侧重点等方面对概念进行区分。

（一）班主任的概念

班主任不只负责本学科教学，而且全权负责管理一个班级学生的思想、学习和生活等工作，同时班主任还要协调其他科任老师的教学工作。班主任是负责学生各方面的引路人，也是班级的组织者和指导者，更是家长和社区的中坚力量。

（二）班主任形象与班主任素质

《现代汉语词典》中"素质"一词的解释有三种："事物本来的性质；素养；心理学上指人的神经系统和感觉器官上的先天的特点。"素质是个体的生理因素和心理因素的总和，既包括目前已经具备的"静态素质"，也包括不断发展和变化的"动态素质"。素质既可以针对个体而言，又可以针对某一群体而论。研究者将素质与教师这一职业相结合，指出教师素质指的是教师在教育教学活动中表现出来的、影响教学效果和学生身心健康发展的心理品质的总和。教师素质具有时代性、稳定性和形成多因素性等特征，是教师各种素养的集合，既包括内在的静态素质，也包括外显行为的动态素质。

基于教师素质的概念，结合班主任的特征，有学者指出班主任素质指班主任在教育教学和班级管理中，履行班主任职责时表现出的、对教育过程和效果带来影响的各种素质（如心理素质、文化道德素质等）的总和。

(三)班主任形象与班主任角色

"角色"一词源于戏剧理论,原指演员根据剧本在表演中所扮演的舞台人物,美国著名心理学家 G.H. 米德首次将角色的概念引入到社会心理学的研究中。纽克姆认为"角色是指个人作为一定的地位占有者所发生和出现的行为";而林顿在《人格的文化背景》一书中指出"角色指不同行为的期望和规范"。"班主任角色"的概念多由"角色"或"社会角色"等概念推演而来,或在"角色"这一概念前加上"班主任"进行限定,或将班主任作为社会角色的一种进行研究讨论。

李涛认为班主任角色指教师在学校教育关系中所承担的"班主任"这一特定身份,由此产生并规定的行为规范与行为模式。杨岚也认为班主任角色是指班主任在承担这一角色时享有的要求他人进行某些活动的权利和需要履行的义务。班主任角色的定位在已成文的法律法规和政策中也有明确规定。概括地说,班主任角色具有三层含义。第一,班主任角色即班主任在社会群体中具备的身份和地位;第二,班主任角色即对班主任的行为期待;第三,班主任的行为表现也是班主任角色的体现。

(四)班主任形象的基本结构与要素

根据大量的关于教师形象的相关研究,结合班主任相关政策法规的规定,本书将从外在形象和内在形象两个方面对班主任形象展开研究,其中外在形象包括仪容仪表、言谈举止两个要素,内在形象包括个性品质、知识素养、教学能力、班级管理、沟通协调、道德情操六个要素(图 2-1)。

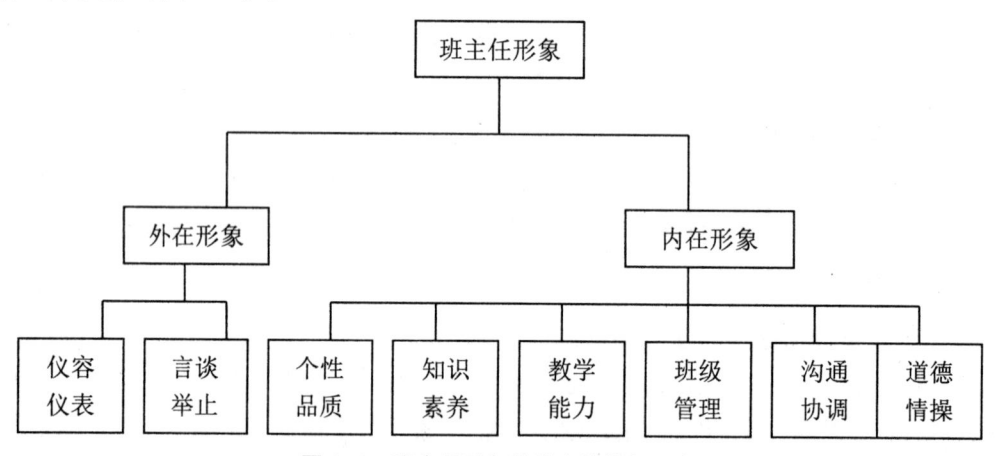

图 2-1 班主任形象的基本结构与要素

仪容仪表指人的外观、外貌,指班主任的服饰、发型、妆容等方面。仪容仪表具有很强的外显性,是班主任给学生留下的第一印象。班主任要注重自身的仪容仪表,做到整洁美观、大方得体,这样能够在学生心中产生难以忘怀的魅力。

言谈举止指班主任的言语谈吐和行为举止。言语谈吐是指为达到目的进行的谈话交流,行为举止是指在特定场合的各种活动中的动作,包括微笑、坐姿、站姿等。班主任要做到为人师表,言谈举止稳重大方、文明有礼,做好表率。它与仪容仪表共同构成班主任的外在形象,有学者指出,教师的外在美、风度美、仪态美对于学生具有很强的吸引力和感染力，教师可以通过外在形象展现个人魅力，为建立良好的师生关系打下坚实的基础。

个性品质是一个人特有的能力、气质、性格等心理特性的综合体现，是班主任形象的核心特征。班主任积极的心态、责任感、自信心、热情、幽默感、友善和公正等个性品质对激发学生的学习动机具有重要作用。教师的个性品质特征对于学生的个性发展具有引导作用，会对学生的成长发展和学校教育的效果产生深远影响。

知识素养也是内在形象的重要组成部分，是班主任开展教育教学活动的基础，教师知识可分为学科知识、教育知识和通识知识等三个部分。教师作为知识的传递者，必须要掌握广博的知识，具备丰厚的知识储备和宽广的视野。

教学能力指班主任作为学科教师为达到教学目标、顺利开展教学活动表现出的行为特征，包括一定的表达能力、课堂组织管理能力、完成某一学科教学活动必备的能力等。拥有过硬的教学能力，掌握科学的教学方法，可以增加班主任的人格魅力。

班级管理是一种组织活动过程，以班集体为基础展开活动，是教师和学生之间的双向活动。班主任在管理班级的过程中，工作核心是建立良好的班集体，良好班集体的创建是班主任工作成果的体现。班主任在有效开展班级日常管理工作的基础上，还要开展丰富的班级活动，促进学生的全面发展。

沟通协调是指班主任要做好家校沟通的桥梁，还要经常与其他任课教师联系。与任课教师加强联系可以更加全面地了解学生；加强与家长的日常联系，通过家校协作更好地促进学生发展，形成教育合力。

道德情操是班主任内在形象的又一重要体现。具体表现在班主任首先要具备普通公民应具备的基本道德素养，如热爱祖国、遵规守纪等；其次，班主任还要具备教育情怀，如热爱教育事业，尽职尽责，关心和爱护每一位学生等。班主任的道德品质会对学生产生潜移默化的影响，因此班主任要注重自身道德情操，做好示范和榜样。

二、班主任管理工作的现状、目标与内容

（一）当前我国班主任班级管理工作的现状

我国尽管较早提出了班主任的班级管理理论，管理方式也在不断更新，与时俱进，且很多教育家们也在大谈他们的理想化班级管理模式。但一种新观念、新方式能付诸实践并普及也需要一线班主任教师们根据当地、本校的实际情况不断摸索、尝试。因为班主任的班级管理不是公式，可以任意套用。目前主要有以下三种管理类型出现，使学生的健康成长受到严重影响。

1. "保姆型"

教师对任何事都亲力亲为，对于班级的规章制度的制定及各种班级管理往往由教师一人承担，基本不问学生意见，学生在教师的眼里永远仅仅是一个不懂事的孩子。

2. "管家型"

在这种管理方式下，教师对学生实行"专制统治"，教师在班级中拥有较为绝对的领导权，为限制学生的不良行为制定了许多的规章制度，按照条规条款处理学生，而不是去

引导学生遵规守纪。在这种环境下学生常常被压得头不敢抬，大气不敢喘，学生处于一种战战兢兢的状态。

3."放任型"

对班级建设班主任不做全盘的规划，也没有制定明确的班级管理目标，班主任的班级教学活动也很随意，活动的制定缺乏针对性、目的性。故而，在这种管理方式下，学生放任自流，班级组织纪律松散，学生往往因为没有受到教师的正确引导而发生各种问题，正常教学活动无法正常进行。

这三种类型的班主任管理方式，都不能对学生的民主意识和独立意识予以培养。在班级里许多学生往往无法感觉到班级的吸引力，体会不到主人翁的责任感，也更得不到愉快的情感体验，更谈不上对知识的认真学习。以上这些典型的班主任管理，都可以以班级管理中的"人治"予以归纳，我们的班主任也许是对我们的学生太不相信，对他们的能力予以低估。这样的班级管理，忽略了学生是班级管理的主体，班主任只把学生看成"管理和教育"的对象，"我的班级"是班主任共同的想法，班主任往往仅仅按照自己的主观愿望和自己的灵感和想法对各种班级事务进行处理。但从心理学的角度讲，青少年处在心理上的成人感与半成熟现状之间的矛盾期、心理断乳与精神依赖之间的矛盾期、心理闭锁性与开放性之间的矛盾期、成就感与挫折感的交替期。这正是需要用"情"去真正地研究、引导学生，正视他们出现的问题和所犯的错误，帮他们分析出现的问题，正视出现的挫折和矛盾的心理。然而，现在的班级管理却让学生失去了发言的权利，对班级事务管理的参与机会也很少，那还怎么去谈学生对学习的积极、主动参与，对问题独到的看法，更何谈对学生创造能力和创新能力的培养。在这样的应付、被动、服从的状态下，长此以往，再有兴趣、再想学的学生也会被拖得身心疲惫、厌倦至极。以上这种管理的局面既不利于班主任进行班级管理、教师的日常教学，也不利于学生的全面健康发展，更不利于国家对创新人才的培养计划的实现。

（二）班主任班级管理工作的目标

随着《国家基础教育课程改革纲要（试行）》的颁布和实施，给班主任班级管理也提出了新要求。新课程改革的思想主要突出以下两个方面：首先要培养学生的创新能力；其次，要突出学生个性的发展。因此，班主任班级管理的改进也应该突出以下三个方面。

1.突出学生人格个性的培养

在班级中，学生素质、水平不尽相同，正如十个指头，有长有短一样。我们需要因材施教，发挥不同学生的优势和特长，正确对待个性化差异，充分关注每一个学生，对个性化独立发展能力予以培养，这些是班主任班级管理方式中的主要目标。作为班主任甚至所有教师应清楚，尊重差异既是对资源的保护，也是给学生今后能有更多自我发展和自我选择出路的机会，更是为学生主体性的发挥和个人人格的完善创造先决条件。

2.突出学生创新能力的培养

创新能力是21世纪最为重要的能力之一，新课程改革突出了学生创新能力的培养。因此，在班主任班级管理方式上，班主任老师应该更加突出对学生创新能力的培养。以此为准则，通过什么样的管理方式有助于突出学生的主体地位、创新能力的培养。正确对待学生个体的差异性、完整性、成长性。班级管理活动的中心就是一切为了培养学生的创新能力。

3. 营造民主、和谐、自由的班级氛围

长期的综合的熏陶往往是学生健康成长赖以生存的环境。"近朱者赤，近墨者黑"，学生的健康成长需要健康的氛围、环境。学生创造性和个性得以充分发挥的前提，是学生的"心理自由"和"心理安全"；学生独立个性的发展除了良好的环境外，还需要好的养料和气候，那就是民主、和谐、自由的氛围。具体来讲，班主任在班级管理上，首先应淡化教师权威，避免高高在上；努力形成能让学生大胆发表不同见解的氛围并形成机制，鼓励学生积极参与、深入思考，不惧权威，勇于革新；着力培养不轻信、不盲从，敢于批评争论、质疑的良好习惯，不能解决矛盾时，允许不同意见、多元思维的存在。"失败是成功之母"，鼓励学生勇于在探索中犯错，宽容大度，懂得包容。鼓励学生事事敢为人先，标新立异不一定就是哗众取宠，也可以是个性和创新能力的体现。全方位营造一种能让学生感到心理自由和心理安全的管理环境和教学环境，要尽可能地使方方面面的细节对学生创新能力培养、个性的形成、健康成长、全面独立发展均有所助益。

总之，在新课改理念下，班主任在班级管理的改进中，应树立一种崭新的理念；最终目的：班级管理是为学生综合素质的提高、全面健康发展服务；是给予了学生更多自由选择的机会、一个相对自由活动的空间、一种自主合作自由发言的新型班级活动模式。同时，一种和谐、民主、自由的班级氛围是班级管理者的新目标新追求，班级管理者应该对学生的主体地位予以尊重和突出，让学生自由发展自己的个性。在新课改背景下，班主任班级管理的新特征应予以真正体现。

（三）班主任班级管理工作的内容

班主任作为学生发展的引路人和学校工作的主力军，在学生成长和学校发展中起着重要的作用。作为未来的教师，应该了解班主任工作的内容，掌握班主任工作的方法，以备在未来能够成为一名合格的班主任。班主任作为班级的精神核心，对班级的建设起着决定性的作用，在建设班集体过程中，班主任要做好以下几方面的工作：

1. 了解和研究学生

班主任要实现对本班级规范化、科学化的管理，提高工作质量和效率，首先要全面正确地了解和研究学生。俄国教育家乌申斯基说："如果教育家希望从一切方面去教育人，那么就必须首先从一切方面去了解人。"学生是班集体的主人，但学生的发展又存在着差异，班主任要教育好学生，就得先了解和研究学生，这是做好班级工作的先决条件。了解和研究学生的内容主要有两个方面。

一是了解和研究班集体，包括集体的基本情况，如总人数、性别结构、生源状况、年龄分布等；班级的基本情况，如学生思想品德表现、班级取得的成绩与存在的问题等；班级的其他方面，如学生生活社区环境、学生家庭条件、学生在校外的表现等。

二是了解和研究学生个人,包括学生的基本情况,如姓名、性别、年龄、健康状况等;学生的家庭情况,如父母的文化水平、职业、经济状况等;学生的思想品德和学习情况,如遵规守纪、文明礼貌、集体观念以及学习成绩、学习态度、兴趣特长等;学生的个性情况,如智力特点、情感意志特点、性格和气质类型等。

2.组织和培养班集体

全国优秀班主任魏书生老师在《班主任工作漫谈》一书中写道:"班级像一座长长的桥,通过它,人们跨向理想的彼岸;班级像一条挺长的船,乘着它,人们越过江河湖海,奔向可以施展自己才能的高山、平原、乡村、城镇;班级像一个大家庭,同学们如兄弟姐妹般互相关心着、帮助着;互相鼓舞着、照顾着,一起长大了,成熟了,便离开了这个家庭,走向了社会。"以上对班集体生动形象的比喻,深刻说明了班集体对学生的成长和教育具有十分重要的作用。建设好班集体,是班主任的一项重要工作,也是班主任最基本的任务。

(1)班集体的形成和发展

班集体不是自发形成的,它有一个发展过程。一般认为,刚组成的教学班,经过班主任长期系统的组织培养工作,由松散的学生群体转变成为紧密健全的班集体,大致要经过组建、初步形成和形成发展三个阶段。

(2)组织和培养班集体的要求及方法

良好班集体的组织培养,虽然会因学校、教师、学生等条件不同而方法各异,但是,班集体的形成和发展仍有一定规律可循。

确立目标。班集体的奋斗目标是指全班同学共同具有的期望和追求,是班级各项活动所要达到的预期目的的总概括。确立班集体奋斗目标,就是要让班级全体学生明确班集体的发展前景,知道共同的努力方向,并为目标实现统一行动。班集体的奋斗目标是班集体形成的条件和发展的动力,与学生一起制定班级目标是班主任创建班集体的首要工作。建立班委会。班委会是班主任做好各项工作的有力助手。

建立一个勤奋学习、团结友爱的班集体,必须组建好班级的领导核心,挑选能团结同学、办事认真、关心集体、乐意为班级服务的积极分子来参与班级领导工作。建立班委会,应遵循四个原则:第一,民主性原则;第二,用其所长原则;第三,教育与锻炼兼顾的原则;第四,关心爱护与严格要求相结合的原则。

培养正确的舆论和良好的班风。正确的舆论,就是根据是非标准所做出的符合客观事实的意愿和态度。它是衡量集体觉悟水平的重要标准。形成正确的班集体舆论,有利于促进团结、鼓舞学生的上进心,发扬正气,有利于班级良好人际关系的建设和组织机构的健全与完善。班风是班级成员的思想、言行、风格、习惯等方面表现出来的班集体特有的一种精神面貌,是班级"个性特征"的体现。良好班风有很强的制约功能和教育功能,并主要以舆论或规范的形式体现。良好班风是班集体构成要素长期相互作用、不断发展的结果,是班集体形成的综合标志。

组织开展班级活动。一个良好班集体的建设必须通过各种活动来实现。集体活动也是学生个体实现全面发展的一个重要途径，有利于培养学生良好的思想品德，特别是有利于小学生道德内化，促进其道德认识转化为道德观念；集体活动也有利于拓宽学生的视野，丰富多彩的班级活动是班级建设的必要条件，是班级目标实现的保证，是全面育人的途径。班级活动范围广、形式多，其中最主要的、经常开展的班级活动有教学活动、主题性活动、少先队活动和社会公益活动等等。

3. 做好个别教育工作

苏联教育家苏霍姆林斯基曾经说过，每一个学生都各自是一个完全特殊的、独一无二的世界。要让不同的学生都有所提高、有所发展，班主任必须根据学生的个体差异，采用不同的方法去做好学生的个别教育。这里着重从类别上分析对优秀生和后进生两类学生的教育工作。

（1）优秀生的教育工作

优秀生一般指在班级中德、智、体、美诸方面发展比较好的学生。这类学生在班集体中是骨干，是班主任和教师的得力助手，在同学中有威信、有影响。因此，优秀生的培养和教育对班集体建设关系重大。要做好以下几方面工作。第一，加强理想教育。优秀生一般都具有言行一致的健康人格，有积极向上的生活态度，有强烈的求知欲和创新精神。但是，班主任仍不能忽视对他们进行学习目的的教育，使其端正学习动机，树立为祖国、为人民发奋学习的志向，不断向他们提出新要求，引导他们向更高的目标前进。第二，客观评价。优秀生不是完人，也需要一分为二地看待。班主任要看到他们优秀的主流，肯定成绩，创造条件扬其所长。同时，对优秀生的缺点及不良倾向，班主任也不能袒护、迁就，应及时教育引导。特别是优秀生优越感强，容易产生骄傲自满，处理不好与一般学生的关系。班主任要经常教育他们在成绩面前看到不足，在表扬中看到差距，能够正确地评价自己和他人，搞好同学间的人际关系。

（2）后进生的转化教育工作

后进生通常是指那些智力发育正常，有品德不良行为或学习成绩差的学生。按类型划分，后进生主要有四类：学习成绩差的后进生，纪律差的后进生，学习成绩和纪律都差的"双差"后进生，学习或纪律时好时差的准后进生。后进生人数虽少，而对班级的消极影响大，如果不做好后进生的转化工作，班级正常教学秩序以及生活常规就会受到影响。转化后进生，首先要了解后进生。后进生的形成原因十分复杂，从外因看，主要有家庭和社会的不良影响，有学校教育的失误。从内因看，中小学生社会阅历浅，知识经验少，是非能力差，意志薄弱等，这些都很容易成为后进生接受消极影响的内部动因。针对以上特点，班主任做好后进生的转化教育工作要注意三点。

第一，以爱动其心。无数转化后进生的教育经验表明，教师只有用一颗热爱学生的赤诚之心去对待后进生，与其建立起融洽的关系，才能感化后进生。后进生在自己的成长过程中，受排斥、被讽刺、遭冷眼的体验较多，他们内心更需要温暖，需要爱。班主任从思想上、学习上、生活上去关心和爱护，让他们感悟到教师的爱心和期待，从而点燃起希望之火，自觉将教师的爱转化为积极向上的内部动力。

第二，以理服其人。后进生除了具有一般学生的特点外，还有许多特殊之处，如自尊心特别强，思想、行为的情绪性色彩明显，意志和毅力薄弱，是非观念模糊，学习态度不端正等。作为后进生，他们自己也知道存在的缺点和不足，但他们不一定都清楚地意识到这些问题的性质和危害，更难独自找到摆脱这种处境的方法。班主任做后进生的转化教育工作，决不能一概地因事论事做简单处理，要针对问题引导学生去明察问题，分析根源，清楚性质，明白危害，改过自新。

第三，以智导其行。后进生形成原因错综复杂，可以说，后进生的转化教育工作是集科学性和艺术性为一体的工作，它要求班主任既要注重科学性，又要注重艺术性。后进生的转化教育是一个渐进的教育过程，其中难免会有反复和冲突。对此，班主任在转化教育过程中，要利用教育智慧，善于捕捉后进生身上的闪光点，及时给予表扬鼓励；对过错反复现象，要耐心说明，持之以恒，善于在反复中抓教育，帮助他们总结经验教训，增强与诱因做斗争的抵抗力。

4. 营造优雅的班级环境

班集体是学生在学校生活中的"小社会"，是社会影响学生、帮助学生进入社会的通道之一。在依靠集体、通过集体教育学生的诸多因素里，班级环境建设仍然是一个重要的育人因素。班主任作为班集体的总设计师和管理者，如何创造性地构建富有个性的、生动活泼的班级环境，是其一项重要工作。

有特色的班级环境，对学生具有潜移默化的教育影响和感染力，而且这种作用是深层次的，它可能使学生终身受益，也可能让学生终身缺憾。苏霍姆林斯基说："无论是种植花草树木，还是悬挂图片标语，或是利用墙报，我们都将从审美的高度深入规划，以便挖掘其潜移默化的育人功能，并最终实现连学校的墙壁也在说话的远大目标。"建设良好的班级环境，首先，要从教室布置开始。教室是班集体学习生活的主要场所，布置要考虑学生的年龄特点和学习特点，一般来说，要简洁高雅，不宜花哨杂乱。班训、班徽或者治学格言可悬挂在教室的醒目之处，精选的名人画像、名言警句、奖状奖旗可安排在教室两侧。这种环境时时刻刻发挥着提醒学生、教育学生和鞭策学生的作用。其次，要办好班报，班报是班级重要的传媒，在班集体建设中既有以正压邪的舆论宣传作用，又有交流思想、交流学习经验的沟通作用。在办班报过程中，学生的主人翁意识和创造力、想象力都会得到培养。再次，是建好图书角、生态角。图书角就是班级"小图书室"，班主任可动员和鼓励学生将自己喜爱的书报拿到集体来与同学交流共享，这是培养奉献精神、进行集体主义教育、调动学习积极性的有效途径。建设生态角是教室的绿化工程，班主任要组织学生利用教室空闲地或者窗台栽种少量适宜室内生长的花草，用以调节教室气氛，美化学习环境。生态角的建设，除有利于学生身心健康的调适外，还有利于强化学生的环境意识、现代生态道德意识。

5. 做好班主任工作计划和总结

班主任工作计划的制订和总结，是班级工作不可缺少的环节，是班主任工作达到预定目的的重要保证。

班主任工作计划的制订，要根据教育方针、中小学培养目标、教育政策和法规，要与学校工作计划和本班实际相联系。计划要全面，目的要明确，条理要清楚，阐述要简练，操作要可行。计划一般分为学期和月（周）计划。学期计划的内容包括班级学生基本情况分析，班级工作的指导思想和班级共同奋斗的目标，教育工作的内容、主要措施及时间安排等。月（周）计划是学期计划的细化，主要包括具体活动的内容、基本要求、组织措施和完成期限等。

班主任工作总结是班级工作过程的最后一个环节，它既是对工作计划执行情况的检查，也是对工作质量的全面评估，以便总结经验教训，不断改进工作方法，提高工作效率。要使总结客观真实，班主任应注意日常班级管理和活动资料的积累。总结也不是平时工作的简单复述，要有事实、有分析，善于把感性经验上升为理论，不断探索班级教育的规律，为今后进一步做好班主任工作打下良好基础。

第三节　德育教育与班主任工作的关系

一、班主任在德育教育中扮演的角色

德育是学校教育的中心和统帅。教育规律表明，德是学生个性的主导因素，对智、体诸多方面的发展起不可忽视的作用。而作为学校教育的基本单位——班级，更应该发挥德育的基础作用，加强班集体思想建设，坚持把德育放在首位，只有这样，才能创造出一个个优良的小环境，从而形成大环境——中学整体德育工作的新局面。

一个班集体，往往是由思想品德、学习成绩、劳动观点、身体素质等各方面存在着诸多差异的几十名不同的个体组成。要想建立一个优秀的班集体，达到整个优化的目的，必须重视规章制度的建设，狠抓学生的养成教育。用规章制度来约束其言论、指导其行动；用正确的思想理论，来教育其思想，用健康的活动来陶冶其情操。

班级是学校教育教学工作最基层的组织单位，而班主任则是这个单位的教育者、领导者与组织者，班主任是学校贯彻全面发展方针、提高教育质量，完成学校各项教育任务的重要力量，更是学校思想品德教育的主力军。因此，班主任在学校教育教学工作中具有举足轻重的地位和作用。

（一）班集体的组织者和领导者

班主任的地位决定了班主任是班级集体的组织者和领导者。班主任必须意识到一个良好班集体的形成与有效的领导是分不开的。作为班级的组织者、领导者，必须具有良好的

领导方式和领导作风,才能更好地体现领导职责。

1.保持良好的班级气氛和风尚

良好班风与气氛的形成与班主任的领导方式有密切的关系,班主任切不可以领导者面目自居,而要把自己看作是班集体的成员之一。在班级管理中和学生建立良好的师生关系,才会表现相互间的信任和真诚,有了这种信任和真诚,在班集体中才会产生出一种祥和的气氛,有利于学生的学习。

2.具有良好的领导方式

班主任应采取什么方式领导班级,是关系到班级集体的形成与发展的大事。领导方式,一般说来有两种:一种是通过监督来领导;另一种是通过集体成员的共同关心、参与来实现领导。两种领导方式的效果是不一样的,参与型的领导对集体的管理是采取积极的、民主的、实事求是的、与时俱进的手段。在班级管理中,班主任要置身于班级集体之中,关心集体,培养集体,通过集体的共同努力,推进集体向前发展,这就需要努力执行参与型的领导方式。

(二)文化知识的传播者

教师是知识的传播者。而班主任更要用渊博的知识、扎实的专业功底和精湛的教艺去征服学生。一个班主任如果连他任教的课程都驾驭不了,那么,他将失去教育威信,得不到学生尊重。教育实践表明,要扮演好这一角色,必须具备丰富完美的德、识、才、学,掌握并精通教学的技能、技巧,诸如启发激励学习、组织安排教学、评定学习结果等等。

1.要把知识传授给学生,就要调动学生学习的积极性

教学的效果在很大程度上取决于学生是否具有学习的积极性。学习积极性包括学习动机、学习兴趣和学习时的注意等因素。班主任在激励学生学习时,就必须掌握唤起学生学习动机和兴趣的方法。要善于利用各种方式对学生进行学习目的的教育,使学生产生对学习的需要和兴趣;要善于以适合学生特点的教学方法吸引学生,创设学生学习的条件,提高学生的学习兴趣;要善于利用学生原有活动动机的转移,使学生产生学习需要;要善于通过给予学生适当的鼓励,运用学习竞赛激发和培养学习的动机和兴趣;要善于开展多种课外活动,发展学生的学习兴趣。与此同时,还必须掌握注意的规律,有效地组织学生的注意。例如,教学环境布置得体,教学内容具体丰富,教学方法灵活多样,教师的讲授富有情感,课堂师生互动,以及学生的参与等。

2.要把知识传授给学生,还要有效地组织教学

首先,要了解和研究学生,确切地掌握每个学生已有的知识水平,以便在教学中做出正确的安排,在新课程背景下,采取适当的学习方式。

其次,要深入钻研课程标准,根据课程改革要求,了解所传授知识的范围、深度和体系,在认真研究课程标准的基础上,根据课程标准的要求和学生的实际情况组织教学,重点教学生怎样学,授人以鱼,不如授人以渔。这就要求教师既要了解学生,转变教育观念,又要掌握现代化的教学技术。

（三）学生灵魂的塑造者

班主任工作的立足点是塑造学生的灵魂。班主任工作是一项特殊的劳动，每天要在处理大量具体事务工作和日常班级管理工作中，渗透思想品德教育，有意识、有目的地塑造学生的灵魂，使学生受到教育、培养和锻炼。班主任工作的重要作用和意义在于按照新课程标准的培养目标，通过集体引导促进全班每个学生逐步完成他们社会化和个性化的过程，使他们成为当今社会需要的合格公民，成为社会主义现代化的建设者和接班人。班主任的人格、性格、道德、学问、态度、言行等，对学生的个性发展、品德行为的形成起着潜移默化的作用。班主任要扮演好学生灵魂的塑造者的角色，需要具备多种教育能力和教育技巧，要做到：

1. 热爱学生、关心学生

没有爱就没有教育，有了爱生之心，才会倾注满腔热情。一个班主任如果不爱自己的教育对象，自然不能很好地忠于职守。现代心理学揭示了情感对人的行为具有动力的功能，当人的情感在高涨的情况下，可以满腔热情、全力以赴去达到预定的目标。有了爱生之心，班主任才会经常观察和分析每个学生的特点，摸清每个学生的个性特征以及这些特征形成的原因，并掌握打开每个学生心灵的钥匙。反之，如塑造工作离开"爱"，一切都将变得苍白无力，不爱学生也就没有真正的教育。

2. 以人为本，从学生实际出发

学生的各种变化，必须引起班主任的高度重视。要塑造学生的灵魂，须从学生的思想实际出发，用真诚坦率、民主平等的教育态度去缩小与学生相处的心理空间，促进学生身心的全面发展。

班主任是班集体直接而具体的管理者、领导者，因此要创建良好的小环境，应特别重视班主任的师表作用。班主任在政治思想、道德品质、文化知识、民主意识、接人待物、气质风度、仪表语言、工作作风等许多方面都会成为学生仿效和学习的对象。因此，班主任要首先做好修身自律，还应扮演好几种角色。

作为班主任，在接纳新生之后，要尽快熟悉全班学生的基本情况，尽快叫出新生的姓名，使学生对班主任自然就多了份亲近感，少了份陌生感。有时候可根据学科的特点，如英语课，把每个学生的名字和英文全部叙述一遍，使学生们觉得他们已在老师的注视关切中了，也让他们在心理上对班主任产生尊敬和信赖，这样就可在短时间内建立一种平等、相互信任、相互关注的师生关系，对于单亲家庭的学生，更应该关心他们的生活，对他们多一份爱心，多一些谈心接触的机会。感情上贴近他们，精神上支持他们，学习上帮助他们，尽可能地传递给他们来自班主任的温暖，使他们感到并不孤单，养成良好的心理素质和健全的性格。

寻求科学的教育方法，管如严父。现在的学生，独生子女多，以"我"为中心的"自由"意识膨胀，周围的人往往是溺爱多于管教，对这样的学生如果运用强硬的手段去教育，意志薄弱的学生往往受不了，甚至出现问题。如果对他们的缺点、错误，先让他们自己写出说明书，说出自己当时为什么要这样做，再由此而引导他们认识到其错误所在，让其自我反省，自我战胜，增强自律意识和是非观念，从而达到教育的目的。在生活和学习中，抓住小错不松手，大错自然不敢抬头，要经常进行公德教育，让他们正确认识自己与别人和集体的关系，找准自己在班集体中的位置，培养他们对集体的荣誉感、责任感，树立整体意识，严格自律，塑造自我形象。经常口头询问、电话谈心，使师生之间亲如朋友。班主任一声和蔼可亲的问候，作业本上一两句鼓励的批语，胜过许多空洞的说教，这样学生就愿意与老师说实话、亮思想。只要投入真情就能换回真情，以理解换回信任，班主任如果赢得了学生，也就等于赢得了教育的成功。

二、班主任在德育建设中应具备的素质

进入知识经济时代，社会对高素质人才的需求越来越强烈，素质教育替代应试教育成为历史的必然。身处一线的班主任在推进素质教育的过程中，发挥着至关重要的作用，他们素质的高低直接关系到素质教育的成败。

（一）爱的能力修炼

爱需要一种能力，什么能力呢？这个能力不是说我爱我的爱人，我爱我的学生，是让你所爱的人爱你，这是爱的能力。

怎样做一个学生精神生活的真正的关爱者？一直以来我们总说爱是无私的奉献，强调爱的付出，这当然是对的，但这是不是就是爱的全部？如果我们付出的爱总撞不开学生的心扉，总消融不了学生心中的块垒，总激不起学生心海的涟漪，总不能让学生的心田开花结果，那么，我们是否应该反思一下我们的爱？爱是一种情感的交流，爱需要得到回应，爱要呼唤起爱。所以，爱是需要一种能力的！

只有你爱的学生反过头来爱你了，这个教育的奇效才会发生，有很多学生因为喜欢某一个老师而喜欢他的课；因为爱某一个老师而不厌学。因为爱这个老师而奋发向上。

有人说，教师是人类灵魂的工程师，教师是在学生心灵深处耕耘的人。你要想打动他，就要经常地去动其心，要让学生的心灵受感动。那怎么才能感动他呢？今天的学生可和过去的不一样。今天的孩子，他一方面是物质生活的富翁，另一方面是精神生活上的乞丐。他渴望得到尊重、平等、民主、理解、信任。所以，教育家爱默生说过一句话："教育成功的秘密在于尊重学生。"谁掌握了这把钥匙，谁将获得教育上巨大的成功。以爱动其心，以言导其行。严格的要求不仅仅就是训斥，严格，一样可以温柔地去表达，可以用尊重、民主、平等、信任的方式来表达，这是一条教育原则。

当老师取得学生的信任、爱戴之后，他们总会对老师的话言听计从，也会时常观察老师之行、之颜。一位教育家说过："老师的世界观，他的品行，他的生活，他对每一个现象的态度都是这样或那样地影响着全体学生。"班主任尤其如此。

所以，作为班主任，更应该严格要求自己，检点言行，处处都要以身作则，不能表里不一，凡是要求学生做到的，首先自己必须做到。因为班主任时刻都和学生在一起，其道

德思想、言行举止无一不影响着他们。

（二）班级管理执行力的修炼

应该说班级管理执行力的修炼是提高班主任工作水平最具实际意义的内容之一。什么是班级管理执行力，就是班主任把对班级建设的"高端愿望解码成细节要求，并在日常管理中予以落实"的一种能力。任何一个美好的宏图，任何一个远大的目标的实现，最终必定落实在细节上。老子说："天下难事必作于易，天下大事必作于细。"讲的就是这个道理。在这个世界上，最难完成的事情和最容易完成的事情都是同一件事，那就是简单的事情。而成功就在于简单的事情重复。把每一件简单的事做好就是不简单。说它不简单，是因为追求完美的细节，是需要高度的责任心、敬业精神和严谨求实的态度，它要求你必须付出数倍于别人的努力，才能取得超越他人的成绩。这种能力主要体现在以下几方面：

1. 能否制订出一套好的班规

简单地说，"好"的标准是我们制订的班规是具体可行的，既有利于班级建设、学生的发展，又得到学生的欢迎。一条好的班规，一定是在老师的启发下，学生自己定出来的。

2. 能否建立起全班的职责系统

在这个系统中，除了班委骨干外，还要尽量明确每位学生在班级中的位置和责任，使学生体会到自身的价值和尊严。为调动每一个学生的积极性，就要使每一位学生都可以在班级中找到一个合适的位置，担负一项具体的工作，人人都为集体做贡献，人人都意识到自己是班集体中不可缺少的一员。这种广泛的参与过程，使学生在集体中找到自己的"位置"，觉察到自己的利益所在，从而形成责任意识。

3. 能否对人、事、制度进行有效的整合

建立起完善的"班级自主管理和监督"体系、绩效评估体系，形成"人人有事干，事事有人干，时时有人干"的机制。

（三）捕捉教育时机的能力修炼

善于捕捉教育时机，就是善于在正确的时间、正确的场合，选择正确的对象、讲正确的话、做正确的事。善于抓住教育时机，要善于小题大做。捕捉的教育时机主要有哪些呢？

"首次效应"时。如第一次报名时与学生的对话，第一堂课与学生的交流，第一次批改学生的作业，第一次开展集体活动……所有的第一次都是新的起点，抓住新起点，班级就会有新景象，教育就会有新效应。

闪光点出现时。渴望表扬是人的本性，当取得成绩并得到师长的充分肯定时，就会自然地产生一种积极向上的信念，也会觉得自己的价值得到了别人的理解和肯定。

遇到挫折时。学生遇到挫折时，如果思想再受到压抑，就很容易产生感情障碍。这时，学生们最需要老师的无微不至的关怀、理解和鼓励。

出现错误时。出现了错误，常常又是一个有利的教育时机。所以当学生出现错误时，老师不要简单粗暴地呵斥一顿了事，而应引导学生去发现事情中隐含的积极因素。

社会有热点话题时。要准确了解和掌握学生的思想动态，从理论与实践结合方面给予恰当指导和引导，如开展主题班会、举行小小辩论会等。

各类活动时。每次活动对班级建设都是一把双刃剑，如果组织得当，它是进行纪律教育、热爱集体教育、团结互助等教育的很好机会；组织不当，敷衍了事，可能造成集体性自尊心的伤害，乃至影响班主任和学生的感情。

（四）后进生转化能力的修炼

要创建优秀班集体，必须关注后进生，把眼睛盯在最后一名学生身上，不让一名学生掉队。做到严爱优等生，博爱中等生，偏爱后进生。转化后进生是班级管理的重头戏，然而，后进生的教育经常令班主任头痛不已。可以说，转化后进生是班级管理"永恒的主题"，是班主任工作能力的重要体现。做好后进生转化工作，要做到以下几点：

1. 尊重学生，师生平等

尊重学生，建立平等的师生关系，并且帮助后进生和班级同学建立和谐关系，这样可赢得后进生的信任，增加心理相容性，帮助他们解除顾虑，同时大胆吸收这些后进生参与班级管理，让他们在管理中克服自身不良的行为习惯，促使他们从不好的习惯势力的束缚中解放出来，逐渐培养起良好的行为习惯。

2. 热情鼓励，激发上进

要善于从后进生身上了解他们的志趣和个性特征，观察发现他们时隐时现的闪光点，及时了解、掌握后进生的内心世界和行为表现，激发其上进心和积极性，作为教育转化他们的突破口和推动其前进的动因。

3. 善于家访，巧用合力

学校与家庭的合力作用是毋庸置疑的，要努力使学生的家长也能更全面地了解孩子，主动与老师共同商讨教育孩子的方法，密切配合学校的工作。

4. 在教育转化工作中应耐心期待他们的转化

后进生的转化不可能一蹴而就，在转化过程中，后进生故态复萌，出现多次反复，是一种正常的现象。"反复抓，抓反复"，因势利导，使后进生保持不断前进的势头。对这项艰苦的工作，教师一定要有满腔的热情，必须遵循教育规律，如果没有一个长期、耐心教育转化后进生的心理准备，教师很容易丧失对他们的信心，甚至认为他们已经"无可救药，没有希望了"。要知道"一锹挖不出一口井来，一口吃不出一个胖子来"，雕刻一座石像尚需很长的时间，更何况是塑造人的灵魂呢？

三、班主任工作的德育效能

（一）班主任工作德育效能的内涵

要理解班主任工作德育效能的内涵，首先要了解什么是德育效能。前文在界定效能时曾提到效能的概念主要起源于学校效能的研究，随后将效能应用到教育管理学研究的各个方面。将德育效能概括为通过德育活动对个体发展和社会发展所应起到的作用和影响与实际产生和出现的结果之间的有效性程度。

班主任工作作为学校德育实践的重要组成部分，它的效能自然也离不开"育人"。借鉴专家学者们对效能的理解，再结合班主任工作的内涵，笔者认为班主任工作的德育效能是指班主任通过各种教育活动培养和提高学生的思想政治品德素质所产生的功效和作用。本书主要探讨德育的个体性正向效能。

（二）班主任工作德育效能的具体表现

班主任工作德育效能实现的过程就是以显性或隐性的方式引导学生树立科学的价值观念，提高学生思想意识，培养学生良好的情感、态度和道德行为，促进学生的精神健康发展。

1. 价值导向效能

导向一词有两种意思，一是指引导方向；二是指使事物向某个方面发展。班主任工作的价值导向效能是指在工作中，班主任利用启发、动员、教育、监督、批判等手段，帮助学生树立正确的人生目标和价值取向，在学习中对社会主义核心价值观产生情感上的认同，进而为形成社会需要的正确价值观打下基础。

随着经济的全球化，受西方文化思潮的影响，人们的思想意识多样化，价值观念呈现多元化发展趋势。因此，班主任工作的价值导向效能不仅表现在正确引导学生的价值观和人生观，以形成自我激励和自我约束的能力上，"更重要的是它能有效地促进学生的道德概念和理念的生成，并促进具体的道德概念向知识型的道德概念转化，形成系统的由道德概念、范畴、命题所组成的道德知识体系和规范体系"，从而使得学生能够对"道德价值做出正确、深刻、稳定的态度反应"。

班主任在工作中能够帮助学生澄清模糊的价值判断，纠正片面或错误的价值观，建构正确的价值观。生活在信息化社会当中，学生每天都会接收到不同的信息，他们在学习生活中会对身边的人和事有自己的思想观念和认识，由此形成自己的价值观念。由于自身思想不是很成熟，加之现阶段自制力不强，所以有时候也会受不良信息的影响，形成错误的思想观念和价值取向。在这种情况下，班主任可以通过个别谈话及时了解学生的想法，并对学生的某些错误思想严肃批评的同时加以引导。其次，班主任可以根据班级内部发展的情况，通过策划班队课，在班级内部形成良好的价值导向。另外，班主任可以通过组织实施与学生心理结构和生活历程相匹配的实践活动，让学生从实际生活出发，通过活动体验使他们对价值的认知转为价值信念，形成自身正确的价值观念。

2. 精神激励效能

精神激励，是管理学术语，就字面意思而言即为内在的激发和鼓励，具体是指利用外部刺激使人的积极性与创造性得以调动和激发。班主任工作的激励效能，主要是指通过班主任工作，包括班主任的情感激励、榜样激励、奖惩激励等形式，调动学生的积极性、主动性和创造性，使学生不断形成内在驱动力从而努力完成各项任务和促成各类目标的实现，提升其学业和发展。

具体而言，在情感激励方面，班主任首先要关心学生的学习生活，特别是要关注学生的精神需求和心理健康，让每一位学生都能感受到班主任的关心和爱护，特别是班级当中诸如家庭经济困难、学业困难、人际交往困难的学生，班主任必须充分尊重和了解他们的情感需求，在关心关怀当中获得学生的认可和接纳，形成融洽的师生关系和班级氛围，这样才能调动学生积极的情感。在实施榜样激励的时候，班主任要善于发现能让学生产生共鸣且发生在身边的好人好事，同时在介绍榜样事迹时，要注重分析榜样之所以成功的路径和方法，注重细节和微小事件，让同学们能感知到自己通过一定程度的努力也能赶超榜样，这样才能起到真正的教育效果。奖惩激励是指班主任能够及时地对学生日常正确或错误的行为进行褒奖、鼓励、批评或惩戒，唤起学生的进取心和羞耻心，激发学生学习与发展的动机和力量。

3. 行为规范效能

规范一词既可解释为明文规定或约定俗成的标准，也指按照既定标准、规范的要求进行操作，使某一行为或活动达到或超越规定的标准。班主任工作的行为规范效能是指班主任按照道德、规章制度等准则，对学生的言谈举止和日常行为习惯进行教育引导，告知学生能做什么，不能做什么以及如何做，逐渐培养学生形成良好的道德品质和行为习惯。

班主任工作的行为规范效能主要体现在以下方面：一是班主任在班级建设管理当中通过校园规章制度以及与学生共同制定班级管理规定即"班规"的教育和执行，以强化管理的方式约束和规范学生的学习生活、集体活动和日常习惯等方面，让学生能够懂得规则意识的重要性，进而内化为自身的道德品质。二是班主任在班级建设管理当中通过营造良好的班级文化氛围间接对学生进行道德规范。良好班级文化氛围能够潜移默化地对班级每一位成员产生影响，无形之中有利于提高班级成员的凝聚力和向心力，激发和调动班级成员的积极性和主动性，启发和引导班级成员形成合乎规范的行为习惯和促进道德的发展。

4. 人格塑造效能

人格是指"个体在行为上的内部倾向，表现为个体适应环境时在能力、情绪、需要、动机、兴趣、态度、价值观、气质、性格和体质等方面的整合，是具有动力一致性和连续性的自我，是个体在社会化过程中形成的给人以特色的心身组织。"班主任工作的人格塑造效能是指通过班主任"心灵的呼应、精神的对话、人格的感召、心灵的滋润"循序渐进地帮助学生树立健康高尚的人格。人格塑造效能是基于价值导向、精神激励和行为规范效能而提出的。

俄国著名教育家乌申斯基说："在教育中一切都应以教育者的人格为基础，因为只有人格才能影响人格，只有人格才能形成人格。"而且从时间上来说，班主任是学生在校期间相处时间最长的教师；从亲密程度上来说，班主任是学生在校期间最重要的"他人"。由此可见，班主任的人格对塑造提升学生的人格至关重要，班主任在工作当中应该以身作则，以自己良好的品德作风、高尚的人格魅力去影响学生人格的形成。

第三章　新时代班主任德育教育工作概述

第一节　新时代班主任德育教育工作的内容

要顺利地开展德育工作,首先要明确德育目标,只有明确德育目标才能有目的、有计划地对学生进行德育教育。

一、爱国主义教育

爱国主义是中华民族优良的历史传统,是千百年来巩固起来的人民对祖国的一种深厚的感情,也是当前全国各族人民和海外侨胞凝聚的重要的精神力量。詹万生曾将爱国主义教育内容划分为对三种实体的热爱,分别是自然实体纬度、人文实体纬度和政治经济实体纬度。

(一)对学生进行爱国主义教育的必要性

我国是一个具有高度爱国主义优良传统的伟大国家。数千年来,中华民族在这块土地上繁衍生息,用劳动和智慧建设着这块土地,用汗水和鲜血浇灌着这块土地。中华民族才生机勃勃,忆往昔峥嵘岁月稠,看今朝重任于肩须奋斗。青少年是祖国的未来和希望,从小培养他们的爱国主义情操,在他们的思想中注入爱国主义营养,才能使他们真正了解祖国,热爱祖国;才能"为中华之崛起而读书";才能为祖国繁荣昌盛奉献毕生。因此,爱国主义既是一切教育的基础,又是一切教育的归宿。从青少年自身修养、人格塑造方面来讲,爱国主义教育也是必修的一课。当前青少年正处在复杂多变的国际、国内环境中,目睹或亲身经历了各种各样的事情,或多或少地烙上了社会上好的或坏的印记,这就需要从小对他们施行爱国主义教育。以史为鉴,以革命先辈为榜样,增强他们的民族自信心和自豪感,从而塑造其坚强的意志品质和良好的人格素养。良好的教育是社会精英成长的基础。

(二)对青少年进行爱国主义教育应遵循的基本原则

"无规矩不成方圆"。要实施爱国主义教育并取得成功就必须遵循一定的原则。

1. 要有丰富的内容

"知之深,爱之切"。在教育过程中,没有丰富的知识内容,就无法唤起学生的爱国之情。想要激发学生的爱国之情,必须展示祖国可爱之处,如辽阔疆域、壮丽河山、悠久历史、灿烂的文化、优秀的社会主义制度等都是可取的素材。

2. 注重情感的引发

知识是情感的基础，但知识不等于情感，这就需要抓住学生情感，"以情诱情，以情激情"。这一过程是在教育过程中完成的。因此这就要求班主任本身具有良好的素质，有一颗爱国心，并且善于捕捉身边事件，适时适当地教育学生。

3. 爱国主义需要用行动来表现，在行动中形成爱国信念

青少年好动，善于表现，对此，班主任要及时纠正，恰当引导，激发学生的热情。学生的热情一旦被引发，就需要表现和表达。

4. 要长期坚持，扎扎实实地进行

班主任工作的特点是长期性、广泛性与针对性，爱国主义教育也是如此。"十年树木，百年树人"，不是几个报告、几次主题班队会就能解决问题的。爱国主义必须长期开展，同时由于学生年龄不同，对知识的接受能力也不同，这就需要班主任坚持具有针对性的长期教育。

（三）对青少年进行爱国主义教育应注意的问题

教育有法，但无定法，在爱国主义教育中应注意方式、方法。班主任在教育过程中针对实际情况灵活运用。

1. 应结合现实

我们进行爱国主义教育的目的，就是培养学生的爱国情操，树立他们的远大志向。只有结合现实的爱国主义教育，才是有意义而又有效的教育。

2. 形式要多，方式要活，内容要实

在现实教育中要让学生看得见，听得到，摸得着。空洞的报告、讲故事、演讲是不够的。比如：考察金牛山遗址的家乡历史教育，培养学生爱家爱国的自豪感；观看历史影片进行国耻教育；举行知识竞赛的国策教育；座谈交流的国情教育等。在教育过程中，班主任要了解学生心理，恰当选用教育方式，才能取得良好效果。

3. 爱国主义教育应融于各种教育之中

在集体主义教育、遵纪守法教育等一系列教育活动中，都可以进行爱国主义教育。即使在言谈中针对个别学生，同样可以进行教育，其中最为重要的是坚持教育的长期性和针对性。此外，进行爱国主义教育还应伴随社会的发展，增添新的内容。

二、道德教育

道德教育是德育的基础，主要内容包括个人品德教育、社会公德教育和职业道德教育。旨在对学生进行基本伦理道德教育和基本文明行为训练，使他们养成良好的行为习惯。

（一）良好班级道德教育环境建设的现实意义

德育环境是学校道德教育建设的重要内容，它不仅直接影响着学校德育文化的优化和

德育氛围的营造，而且对青少年品德的形成发挥着越来越重要的作用。由此，加强学校德育环境建设，对于充分发挥和有效利用学校环境所蕴含的积极的道德教育因素，对于形成独特的学校文化，对于改善儿童良好品德的养成条件，对于提高学校道德教育的实效，都有着不可忽视的现实意义。

德育环境是指学校在对学生实施德育的过程中，对于道德教育活动及其成效起着某种制约性乃至决定性影响的诸多外在条件。德育环境既是关涉学校道德教育活动及其效果的外在条件，也是关乎个体品德生长的客观条件。这些条件既有社会的、家庭的，亦有学校的。换言之，社会环境、家庭环境和学校环境是影响道德教育的活动过程和个体品德建构的主要德育环境或制约德育环境建设的主要因素，这些外在因素共同构成了学校道德教育的教育生态环境，也成为影响个体品德建构的基本空间。这里，我们主要从学校环境的视角展开讨论。

学校道德教育活动的有序、有效进行，需要和谐、优良的外部环境的制约或支撑。而在影响学校德育环境建设的因素中，班级环境建设无疑是最直接、最主要的因素。在道德教育实践领域，对儿童的品德教育主要是通过"班级"进行的，班级德育是学校德育的基础和日常道德教育活动的基本体现。学生学习、生活在班级之中，受到班级组织及其活动的日常的、直接的影响。班级环境的好坏直接关系到学生的品德进步与德性发展。可以说，无论对学校道德教育的理论建设还是对提高学校道德教育的实践绩效而言，班级环境建设都是一个不可忽视的重要变量。班级建设就是通过各种方式和途径对影响个体品德生成的外部因素进行过滤、筛选、消化、整合，形成班级文化氛围，使之具有健康的发展目标、舆论环境、行为规范、人际关系和心理氛围。班级环境建设有利于营造学生丰富、充实的班级生活，使之成为每一个学生参与其中、生活其中进而促进其品德生长与德性发展的"有机土壤"。良好的班级环境有助于道德教育实现由外在控制向内在控制的转化，从而为学生形成自律心理机制和促进"他人标准"与"自我标准"的统一创造优良的外部条件。因此，抓好班级道德教育环境建设，是学校德育环境建设的重要任务，也是学校德育工作的重要内容。

（二）班主任参与班级道德教育环境建设的理论依据

班主任是本班学生的直接教育者、组织者和指导者。班主任的中心工作之一，就是对本班学生进行有计划的、经常的思想品德教育和组织管理。一个班级学生的思想品德面貌和水平，在一定程度上取决于班主任工作的计划、组织与引导。优秀的班主任通常是塑造优秀班集体的最基本的前提，有经验的学校领导者，都习惯于选派最优秀的教师担任班主任工作。班主任不仅是学校教育政策和教育计划的贯彻者、实施者，也是班级活动的组织者，学生品德健康发展的引领者。班主任在学生品德成长的过程中，起着"导师""人师"的作用，并具有协调本班各科教学的教育工作和沟通学校教育与家庭教育、社会教育之间联系的纽带作用。班主任在德育环境中，特别是在班级道德教育环境中发挥着核心作用，是学校教育中任何其他教师所无法替代的。

1. 班主任是班级德育工作的主要设计者

学校教育活动的一个根本特性就是具有明确的目的性与计划性，这是确保任何一项教育活动取得预期成效的基本条件。班主任工作亦是如此。班主任若要在学生的思想品德发展过程中发挥引导、促进作用，也必须注重自身工作的目的性、计划性。可以说，班主任是班级德育工作的总体设计师。因此，班主任要根据其职责、任务和本班的具体情况，引导学生并与学生一同设计班级德育的总体目标、阶段目标、具体活动的目标及其实施方案。有无明确的目标，目标设计是否科学、合理、可行，都直接影响着班级德育工作的质量，影响着学生品德发展的进程。对班级德育工作的整体设计，也是班主任自身的精神风貌、道德修养和精神追求的综合反映，是实现道德教育过程中师生道德共进、共同发展的内在要求。

2. 班主任是班级德育工作的具体落实者

班主任既是班级德育工作的总体设计师，又是总体设计得以实施的具体落实者。要建设、经营一个优秀的班集体，班主任必须引导学生通过开展各种生动活泼、行之有效的道德教育活动，来引发学生的道德感悟、道德体验、道德意识，提高其道德行为能力。应当充分发挥班集体特有的舆论作用，激发学生的道德冲动、道德信念，培育其稳定优良的道德行为习惯。生动有趣、形式多样的班级道德教育活动，可以提高学生的自我管理、自我服务、自我教育的水平，使学生真正把班级的总体设计变成自己的内在需要和内在动力，从而促使学生在班级活动中以及通过班级活动形成良好的品德，获得精神的成长。具体有效的班级德育活动，促使学生意识到自己是集体的一员，每一个人都应为班集体的建设尽一份责任，每一个人都应努力把班级建设成一个学习和成长的好地方。要实现这些目标，没有班主任的具体引领和创造性活动的开展，是无法企及的。

3. 班主任是德育工作经验的提升者

班主任德育工作相当繁杂，既包括经常性的德育工作，如日常思想教育、道德教育、爱国主义教育、学习动机教育、纪律教育、行为规范教育、劳动教育等，又包括各种突如其来的临时性工作，如班级发生的思想、道德、纪律等问题，都需要班主任予以及时、妥善处理；既包括定期的或周期性的工作，如每学期末对每个学生的操行评定、三好学生的评选和奖励工作，又包括临时的或应急的一些无规律性的工作，如配合社会重大事件的时事教育和国情教育，还包括一些时效性很强的工作，如入学常规教育、毕业班的理想教育、思想工作职业意识教育，等等。班主任工作可以说是学校教育工作中最繁重和复杂的工作，也是最富有挑战性的工作，这对教师的人格魅力、组织能力、交往能力、处理复杂问题的能力、研究学生的能力等提出了更高的要求。而要从容不迫、积极应对这些挑战，需要班主任养成对本班开展的班级德育工作经验进行及时总结和理论提炼的习惯。它不仅有助于未来班级活动的有效开展，有助于更好地经营班级，也有助于教师自身素质的全面提升，有助于其自觉地通过教育现场加强自我教育。这应当成为当前教师教育的一项重要任务。

此外，班主任在营造班级道德教育环境过程中所表现出来的自身的行为品质和道德修养也是学生效仿的榜样。班级是学生学习、成长的直接环境，而班主任是班级工作的组织者和领导者，班主任与学生有着最频繁的接触，班主任的形象最容易成为学生直接学习的榜样。班主任的言行、举止、服饰、爱好以及治学态度、工作作风等都在潜移默化地对学生产生着影响。教育实践证明，班主任的工作自始至终是以自己的人格魅力塑造学生的人格，用自己的心灵铸造学生的心灵的工作。这既是教育的魅力所在，又是班主任教师葆有自我完善、自我进取的动力所在。

（三）班主任参与班级道德教育环境建设的基本内容

班主任受学校的委托，全面负责教育和管理一个班级，是学校对学生进行教导工作的依靠力量和基层骨干。学校对全校学生进行的思想品德教育，主要是通过班主任把全体学生组织和发动起来，把班级的德育力量组织和协调统一起来而开展的。班主任也可以采取协商对话的形式，及时、通畅地做到上情下达，下情上达，彼此沟通，相互理解，共同搞好班级德育工作，使全班学生提高觉悟，掌握本领，练好身体，在德智体几方面都生动活泼地得到发展。班主任要卓有成效地参与班级道德教育环境建设，应从如下几个主要方面入手。

1. 班主任对学生的品德指导

品德从本质上讲是实践性的，品德是人的生活本身的需要。品德的养成，并不只是靠课堂教学活动，也需要在现实生活中养成。因此，学生的品德发展，不能仅靠品德课和相关学科课程的教学，还必须有生活的支持。学生的品德发展是通过生活实践获得一定的道德认识、体验一定的道德情感、操练一定的道德行为实现的。在学校道德教育中，班主任对学生践行道德行为、学会过有道德的生活，起着重要的指导作用。在班级道德教育环境建设方面，班主任工作应当突出三个方面的内容。

（1）强化学生在品德课上获得的道德知识

首先，班主任在班级活动管理中的言论，要有利于强化学生在课堂上获得的道德认识；其次，班主任在与学生的日常交流中，要引导学生提高道德认识；最后，创设有利于提高学生道德认识能力的情境。在品德教育中，学生道德发展、道德学习是一个自主构建的过程，是一个与学生的主题活动息息相关的过程。现代道德教育的理论与实践证明，道德发展的过程实际上是学习者通过自己的智慧努力，不断建构关于道德生活的认识，从而达到自主、自觉的过程。因此，班主任要创造一个有利于学生思想品德成长的环境，给学生以发展道德认识的机会，发展他们对道德的理解力，为学生提供丰富的社会道德经验。

（2）丰富学生的道德情感体验

人的品德是认识、情感与行为的综合体，情感在其中发挥着重要的作用。由于品德课的作用主要在于道德认识而非道德情感方面，因而，必须通过班级生活和各种道德主题活动来发展、丰富学生的道德情感体验。引导学生体验道德情感，就要在班级创造一种由所有成员共同建构的道德情感的氛围。首先,班主任自己要成为学生体验道德情感的对象。情感是在人与人的交往中产生的,班主任是班级生活中学生最重要的交往对象,因而班主任自己就应当是一个充满道德情感的人,要让所有的班级成员在自己的身上体验到深刻的道德情感。其次,班主任要创设一个有着浓厚师生情谊和生生情谊的班级。在班级中,学生的情感体验对象是所有的班级成员,因此,班主任要把班级建设成一个有着浓浓情意的班级。在这个班级里,不仅班主任关爱学生,任课教师也关爱学生,学生之间同样相互关爱。

（3）引导学生的道德行为,使之养成好的道德习惯

道德行为不可能在课堂上养成,因此在班级生活中指导学生道德行为的践行,使学生的道德行为习惯化,成为班主任的重要任务。养成学生的道德行为,需要在班级生活中按照道德行为规范的要求,创造出一种优良的行为环境,以使学生产生遵从道德行为规范的团体压力。引导学生的道德行为,可以采用榜样示范的方法。榜样只有可敬、可信、可亲,才能使学生感到榜样的权威性、真实性和感染力,才能使学生向往榜样,仿效榜样,把榜样的言行当成自己的言行准则。班主任的品格和作风对学生的品德发展也是一种榜样。班主任接触本班学生的机会比较多、时间比较长、领域比较宽,师生关系也比较密切,学生也都在自觉或不自觉地学习和效仿班主任的思想品德和作风,因而班主任对本班学生的影响和教育的效力也比较大,其威信越高,教育影响也越大。

2. 班主任对各种道德教育力量的协调与统筹

（1）协调与任课教师之间的关系

任课教师是本班德育工作的重要力量。要使任课教师明确班级德育工作的目的和要求,按照学校统一的德育计划和班级德育工作的实际教书育人,并加强彼此间的联系,就需要班主任来协调。班主任要协调任课教师之间、任课教师与学生之间、任课教师与其他教育力量之间的关系,增强任课教师对班级德育工作的责任感、自觉性和主动性。班主任与任课教师搞好关系至关重要。在一个班级中,虽然同时任课的不同教师的教育对象相同,但他们所教的学科却不同。要使他们有共同的目的和要求,有统一的德育工作计划,加强彼此间的联系,这需要班主任参与协调。

当然,教师集体的形成与任课教师对班级德育工作的责任感、自觉性和主动性也是分不开的。在班级德育工作中,不仅需要任课教师彼此间的一致性和协调性,还需要任课教师与其他教育力量保持协调性和一致性,这些也要靠班主任进行组织上的联结。任课教师要提高教学效果,全面提高教育质量,还必须调动本班学生的积极性,使师生之间相互配合,相互支持。沟通师生之间的关系,既需要靠师生双方的努力,更需要班主任的中间调节。班主任应主动向任课教师全面介绍学生情况,包括思想品德、学习等。反映本班学生的合理要求,介绍本班学生对任课教师的积极评价;支持和帮助任课教师为搞好教学和教育而采取的教育措施,监督和指导学生完成任课教师分配的任务;要向学生多介绍任课教师高尚的思想品德和为搞好教学而付出的辛劳,在学生中有意识地树立任课教师的威信。

（2）协调与家长之间的关系

班主任还是学校与家长沟通的桥梁。学生所接受的家庭道德影响，是构成班级德育的基础，如果这种影响和教育是正确的，就能够为班级德育打下良好的基础，进而使班级德育工作开展得更顺利、更有成效；反之，就会给班级德育工作带来困难，影响教育效力，甚至会成为学校德育工作的障碍。因此，班主任必须通过各种方式促使家庭德育与班级德育保持一致，取得家长的支持和配合，把家庭教育与班级教育结合起来。促使家庭教育与班级德育保持一致，是班主任的一项重要工作，班主任必须做好家长工作，全面介绍学生在校的表现，还要听取家长对学校工作的意见和要求，共同研究教育学生的措施和方法，使家庭教育与班级德育工作密切配合。

此外，班主任还要了解和分析社会上存在的对学生品德生成与发展的各种有利和不利的因素，以便做出有效的选择、预防和应对，同时还要取得社会有关方面的支持，以共同做好学生的德育工作。总之，班主任应当利用自己的角色，主动争取各种教育力量的配合，控制教育的最佳条件，实现学校德育、家庭德育、社会德育的统一。从这种意义上说，班主任是各种教育力量和影响的不可替代的控制者和协调者。

（3）班主任的组织工作

班主任通过组织各种活动，如组织主题班会、报告会、参观、访问、旅游、调查、劳动、阅读书刊等，直接影响着学生的品德成长与进步。组织和协调班级各方面的教育力量，是班主任工作的常规内容。班级各方面教育力量作用的发挥，关键在于各方面教育力量方向的一致性和行动的协调性。而这种方向的一致性和行动的协调性，又取决于班主任的协调工作和组织工作。因此，班主任应指导和帮助本班学生组织、开展富有道德内涵的主题活动，以使其将教育与自我教育有机结合起来。要充分发挥班级学生组织的教育作用。班级学生组织既是班级德育工作的对象，又是班级德育工作的教育力量，应充分发挥它们在自我教育中的作用。班主任对学生组织的指导和帮助要热情、耐心、细致，要尊重它们的独立性、自主性、平等性。班主任对学生组织自发举行的教育活动，要积极支持，帮助设计，提供方便。同时，要主动向学生干部介绍班级德育工作的总体安排和学生的思想表现，并提出要求，以取得认识上的一致和行动上的相互配合。

三、劳动和社会实践教育

劳动教育是让青少年树立起劳动观点和劳动态度、热爱劳动人民、养成劳动习惯的教育。主要内容包括：热爱劳动和劳动人民的教育，社会主义劳动态度和珍惜劳动成果的教育，艰苦奋斗、勤俭建国的教育，勤奋学习、为参加现代化建设做好准备的教育。青少年的社会实践活动源远流长。根据当下社会实践的内容和形式，可以将其分为社会训练、社会考察、社会服务和社会研究四类。

（一）社会训练

社会训练是学校根据青少年学军、学工、学农的需要开展的实践活动。

军训活动的主要内容涉及军事理论课、军事技能训练和军事知识讲座等，时间通常为7~14天。学生军训在时间安排上一般与大学教育相结合，在组织训练上可以以部队（武警、基干民兵）为主，学校给予保障。在军训过程中，班主任要把军事化管理和日常行为规范教育相结合，把学习人民解放军的光荣传统与树立良好班风、学风相结合，保证军训质量的提高和军训效果的巩固；要注意引导学生在日常艰苦的训练中锻炼自己的意志力，在学习人民解放军光荣传统的过程中提高热爱祖国、保卫祖国的意识；同时也要注意关心学生的身体健康，引导学生养成良好的生活习惯，学会安排好自己的生活。

学工学农实践活动包含体验、欣赏、学习、探索与行动等一系列实践活动。这些活动旨在使学生通过参加或者经历工农业生产，了解社会主义事业的发展，了解生产劳动实践，了解人与自然相互依存的关系，养成保护环境、爱惜资源等好习惯。随着工农业生产日趋集约化、机械化、自动化、信息化，这几年在学工学农实践活动中，学生越来越难介入具体工作，学生劳动实践的时间明显减少，班主任在这种情况下要有意识地引导学生在观察、体验中了解自己在社会中的角色与定位，体会自己与社会和他人的关系，提高交际能力，养成关注社会、服务社会的意识，发展服务社会的能力。

（二）社会考察

为了提高学生社会考察的效果，班主任要充分发挥学生的主动性，让学生在事前对考察对象做一些调查研究，通过书籍、网络了解这些考察对象的背景和历史，缩短与考察对象的距离，为考察做好思想铺垫。班主任还可以把这些社会考察与二期课改的研究型课程、探究型课程有机结合，让学生在考察中体验，感悟人生的真谛。在每次考察以后，要组织学生撰写考察报告。考察报告是一种延伸教育，可以进一步巩固和扩大教育效果。从社会考察的实际情况看，对于一些文化内涵丰富的考察场所，如博物馆、科技馆、名人纪念馆等的考察，还需要利用社团小组的形式，激发学生的研究兴趣。在全校、全年级进行集体考察时，由于参观人数多，往往会影响这些场所原有的宁静氛围，在人声鼎沸的情况下，参观的学生通常很难进入角色，更不可能进入追思历史、退向明天的境界。因此，班主任不妨组织学生进行一些专题考察，这样容易取得事半功倍的效果。

（三）社会服务

社会服务从本质上讲是一项社会公益事业，它以青少年学生自愿参与为前提，以志愿服务为手段，为社会提供服务和帮助，推动公民思想道德建设的发展。社会服务是一项致力于创造美好明天的行动，是为社会增光添彩的活动，更是增强青少年社会责任感的良好载体。许多学生通过社会服务活动积极参与社会、了解社会、服务社会，并在社会服务中体验、在体验中感悟，从而获得良好的情感。班主任在组织社会服务过程中，要克服为活动而活动的思想，努力创设贴近学生生活实际的服务活动，让他们在活动中学会观察、发现、思考、归纳、提升，真正使为他人服务、为社会服务成为青少年学生宝贵的人生体验。班主任在组织这类活动时要注意以下几个问题：

1.活动形式集中与分散相结合，连续性与阶段性相结合，形成多层次、多结构的活动形式，以满足不同层次学生参加活动的需要。

2.努力拓宽社会服务的活动领域，力求建立一些长期的服务网点，如见习居委会主任、见习楼长等。

3.服务和育人相结合，让学生在服务中践行公民道德，不断锻炼青少年学生的社会实践能力，不断提高他们的社会责任感。

4.积极开展服务创优活动，用青少年喜闻乐见的形式，倡导服务社会多做贡献，从身边开始，从现在开始。

5.加大宣传力度，提高社会服务的知名度，让学生分享为社会服务的快乐，进一步强化为社会做贡献的意识。

（四）社会研究

青少年的社会研究主要是应用性研究，侧重分析解决社会生活中的具体问题。通过组织学生开展社会调查研究等方式来了解不断出现的新现象和新问题，并尝试运用已经学到的有关理论对这些问题做出科学的解释和说明或提出解决问题的方案和政策性建议。

社会调查是一项政策性非常强的活动，班主任在组织学生开展这方面研究的时候要特别注意以下几点：

1.帮助学生确定研究目的、研究对象和研究内容，要在国家法律法规允许的范围内进行，不涉及公民的隐私，避免研究产生不必要的法律纠纷。

2.指导和帮助学生使用数理统计的方法对调查研究对象进行科学分析。

3.注意研究对象的典型性，避免选用不适当的事例，防止不科学的结论出现。

4.把研究重点集中在与自己生活、学习有关的领域，解决自己的问题。

5.要注意研究的事实和深度，对研究要形成一些预设或假想，让学生围绕研究学会观察，特别要关注问题的细节。

6.引导学生查阅文献资料，学会实地考察，懂得研究现象的社会背景和历史沿革。

7.引导学生把研究过程和结果写下来，学着撰写研究报告。

四、理想教育

理想就是人生的奋斗目标，是人们对未来的向往和追求。理想问题是人生价值的一个重要侧面。理想教育主要包括：共同理想教育、个人理想教育，并引导学生将对理想的追求落实到行动中。

（一）理想教育的具体内容

1.立志教育，贡献社会价值

理想教育的内容较多，教师要做好启蒙阶段的工作，用榜样示范、主题活动等方式引导学生强化目标意识，拓展理想教育的内容，让学生深化对理想信念的认同感。立志教育指的是引导学生树立远大理想，认识到要利用现在的时光积蓄力量，锻炼自己，将来更好地贡献社会，体现人生价值。

2. 挫折教育，培养坚强意志

挫折教育也是理想教育的重要组成部分，因为一个人在树立理想之后，不可能一帆风顺，成功达成愿望，在此过程中必然会遇到各种困扰，如果轻言放弃，那么很可能最终一无所成。因此，教师要展开挫折教育，让学生坚定信念，并从失败中获得启迪，得到继续前进的勇气。在"中国革命者的意志力"主题学习中，学生将历史和理想教育结合在一起，他们搜索史料，了解中国革命过程中遇到的各种困难，体会革命者的理想，认识到他们为了拯救国家、民众而付出了艰辛的努力，甚至牺牲了自己的生命。学生再联系自己的实际生活，思考在自己的人生中遇到了哪些困难，自己如何面对困难，并探讨如何才能培养坚强的意志力。如有学生提出了自我暗示法，用榜样的力量给自己鼓励。鼓励他们交流互动，相互鼓劲，逐步消除挫折的困扰，形成坚强不屈的精神。在挫折教育中，学生认识到任何事物都是在矛盾中发展的，人生也是一样，必然会遇到各种困扰。在逆境的时候要保持信心和意志力，变得坚韧不拔、积极进取，这样才能更好地造福社会。

3. 初心教育，懂得脚踏实地

初心指一定要铭记自己当初由于什么原因而树立了人生理想，在经历重重困难实现愿望的过程中，不能忘记自己的初心，要懂得脚踏实地，继续朝着自己的人生理想迈进。这能让学生时刻保持纯真之心。我引导学生结合社会生活中的真实事件展开讨论。如某些明星在成名后，忘记了初心，一心想着赚钱，但是忘记了要为艺术而献身的初心。还有一些身居要职之人，在功成名就之后忘记了要当人民公仆，做出了违法乱纪之事，他们也忘记了初心，必然会遭受法律的制裁。学生可以上网搜索相关的事件，分析事情原委，并揣摩主人公的内心想法，思考他们为何会忘记初心，然后对照自我，端正想法，时刻提醒自己不忘初心。在一番引导后，学生认识到要脚踏实地工作，不能好高骛远，在得到点滴成绩后不能骄傲自满，而要思考如何回馈国家和人民。立志教育、挫折教育、初心教育体现了人生实现理想的三个阶段。在最初阶段，学生要立下志向，认识到自己要为什么而奋斗；在奋斗的过程中，他们面对挫折，要勇往直前，不能轻言放弃；当他们初步实现理想后，要不忘初心，继续奋进。这样才能让学生更好地实现理想。

（二）理想教育的基本原则

1. 主体性原则，加强实践体验

少年是国家的未来，新课程要求培养有理想、有道德的时代少年。青少年阶段是人生理想形成的重要时期，所以教师要把握住该阶段学生好奇心强、喜欢参与实践活动等特点，结合他们的认知特点设计教学策略，优化理想教育。青少年阶段的理想教育要注意体现出主体性原则，教师要调动学生学习的主动性，促使其认知进步、全面发展。如在"我的未来不是梦"主题活动中，我让学生先自主收集资料，了解古今中外的名人分别有哪些梦想，并阅读马丁·路德·金发表的演讲《我有一个梦想》。然后他们要和同伴互动讨论，说说如何才能设定符合自身特点的梦想。他们讨论后认为梦想要体现出时代性、适宜性、进步性等。最后组织学生参与演讲活动，他们要自主写作演讲稿，写下自己的梦想，并思考该如何实现梦想，通过演讲比赛，和他人交流，得到他人的鼓励和启发。这样的实践活动将主动权、选择权都留给了学生，能体现出主体性原则。教师要设计一些能激发学生主体性的活动策略，如引导他们参与交流讨论，鼓励其自主收集资料，参与调查，引导其投入实践活动中。这些方法都体现了学生的主体性，能增强其实践体验效果。

2. 差异性原则，尊重个性心理

不同学生之间存在个体身心差异，这是班主任在开展理想教育的工作中需要关注的问题。教师可以先了解一下学生的性格特点、意志力、专注力和应对力，然后根据他们的个性心理特点设计教学策略，这样才能使沟通和引导更有效。在收集学生信息，进行分类甄别方面，我采用了观察法和调查法，一方面，仔细观察每一个学生的具体表现，分析他们的性格特点，是否有远大的理想；另一方面，设定了调查表格，让学生填写表格，看看他们能否正确认识自己。在差异性指导方面，我将学生分成若干不同的类别，并分别引导。对性格内向的学生，引导他们自主搜索拓展资料，了解名人的理想，并试着了解他们实现理想的艰辛道路。对于性格活泼的学生，则组织他们参与到实践中，如调查研究各种不同的职业，结合自身特点选择不同的职业，参与角色扮演，体验该职业的辛苦。班主任要花一定的时间和精力去了解学生的实际情况，并根据其心理状态和个性特点设计合理的教学策略，给予有针对性的建议，帮助学生树立理想。

3. 适度性原则，融入日常活动

适度性原则指的是要做到适可而止，避免灌输过多的知识，说教成分太重。教师可以将理想教育融入学生的日常生活中，在不知不觉中加以引导，这样才能减少他们的压力，避免产生负面效果。如果能将理想教育融入一日生活的方方面面，那么学生就能在不知不觉中接受教育。在早自修阶段，我会给学生推荐一些名人传记，鼓励他们自主阅读，在了解名人事迹的过程中，他们自身也会得到感悟，想要树立理想；在升旗仪式中，给他们讲述革命烈士的故事，让他们受到感染，逐步树立起要建设祖国、报效国家的想法；在课堂教学中，也可以将理想教育融入各种学科中，如在语文课中开展和"理想"有关的诗歌诵读活动，在道德与法治课程中思考人生，进行未来规划等。我还将理想教育融入生活点滴中，如在吃饭的时候，给学生讲述"粒粒皆辛苦"的道理，并给他们介绍袁隆平的人生理想。这样就起到了在不知不觉中渗透教学的效果。德育工作要做到"润物细无声"，要避免直接灌输知识，因而要采用暗示性的方式，在不知不觉中渗透。这样才能避免用力过猛，能避免学生产生消极情绪，有助于培养他们的理想。

五、心理健康教育

心理健康教育是指通过对学生进行心理健康知识的教育和训练，培养学生良好的心理素质，预防心理障碍和心理疾病的发生，促进学生身心全面和谐发展。

（一）心理健康教育的结构与功能

系统的结构与功能是系统科学的基本范畴，任何系统都有一定的结构。系统的结构是系统保持整体性及具有一切功能的内在根据，也是系统内部各组成要素之间在时空方面有机联系与相互作用的方式或顺序。

1. 心理健康教育机制

心理健康教育体系是指在一定的教育思想指导下所确立的多种层级、多种类型的教育目标和工作组织与工作机制及其纵横联系构成的整体。构建心理健康教育体系，以马克思主义的科学世界观为指导，应坚持以马克思主义关于人的全面发展的理论和我党的最新理论为指导，在教育实践中坚持正面引导，用中华民族的优秀传统、社会主义核心价值观来引导学生，培养学生积极进取、乐观向上的精神，为他们接受进一步的思想道德教育创造健康的心理条件。心理健康教育是一项科学性、实践性很强的教育工作，应遵循以下一些基本原则，如根据学生心理发展特点和身心发展的规律，有针对性地实施教育；面向全体学生开展心理教育活动，提高心理素质；根据学生的实际需要开展多种形式的辅导；充分启发和调动学生的积极性等。

2. 心理健康教育主体

学生主体论是近年来受教育人本论思潮的影响，我国教育界所提出的一种新观点。它不只肯定学生在教育、教学过程中是主体，而且还进一步肯定学生是教育过程中的唯一主体。随后，教育理论界又出现了"二元主体""双中心"的点，即将学生和教师并列为主体，近年来出现的"无主体"的观点认为，与其强调师生均为主体，不如平视双方均非主体。由此可见，教育主体观演化的过程实际上正是我们探索教育规律的过程。

马克思主义的主体观是经过实践检验的科学的世界观，它是在同唯心主义和旧唯物主义的斗争中形成的新唯物主义的交往实践主体观。在马克思主义的交往实践主体观中，主体不再是以个人的素质和潜能作为建构的唯一依据，而主要是以社会角色作为依据，"有个性的个人"转变为"偶然的个人"，它借助于支配物的权力而成为交往关系被认为很特别。教育主体始终是教育实践关系中的主体，教育主体结构实质上就是交往关系结构。师生之间正是在教学实践活动中形成了"教师—教学活动—学生"的总体架构，即"主—客—主"教育主体结构。师生作为共存的个体教育主体，共同指向教学活动，并与教学活动形成"主—客"关系结构。教学活动作为师生主体间的中介化客体，它是被多极主体共同规定的，是被改造、被作用的对象，师生在教学活动这个中介的基础上形成了"主—主"关系结构，作为共存的教育主体，他们彼此间相互作用，双向建构。

师生无疑是教育过程的主体，但作为心理健康教育，学生的心理健康发展过程与其生活环境、家庭背景等都有着密切的联系，因此在教育过程中还不能忽视另一个主体——家长。而实现心理健康教育目标，我们可以充分调动三大主体，分别是：学生、教师、家长。

（二）心理健康教育的德育功能

1. 完善功能

心理健康教育的德育完善功能优化了学生的认知"初级结构"，完善了中学生思想品德进一步发展的心理基础，使得心理健康教育在观念、方法、内容上，对学校德育具有更趋完善的作用，弥补了传统德育方法、德育内容和德育过程的不足，提高了德育效果。

（1）德育方法的完善

心理教育与传统德育不同的原则和方法顺应共同的育人规律。心理教育与传统德育是两套不同的方法体系。心理教育针对个人，以个别辅导和干预为主，集体辅导为辅，重视当事人自己发现问题，自己寻找帮助和解决问题的自主建构；德育则以集体教育为主，以个别工作为辅，倾向于主动提供教育的价值引导。心理教育多借助心理学方法，如测量、训练、精神分析法、行为疗法、人本主义疗法、认知疗法、催眠法，甚至必要时佐以药物治疗，较少涉及价值判断；而德育多使用一些传统方法，如正面灌输法、说服教育法、榜样示范法、对比教育法、情感陶冶法、个别教育法、修养指导法、批评教育法、实际锻炼法等，每一种方法都具有明确的价值导向。但是，无论心理教育还是德育，其教育对象是同一的，都是活生生的人，都必须遵循一系列育人的规律。所以我们在了解评价教育对象的心理状态和思想水平时，必须通过观察法、问卷法、访谈法，这样既可以把握学生的心理状态，也可以了解其思想状况。另外，在实施方法上，由于教育对象是同一的，其意识结构也是同一的，所以无论是心理教育，还是德育，都要通过对人的认知、情感、意志、行为等不同方面施加影响，从而达到教育目的。因此，当我们深入分析两套方法体系时，发现其差异背后又存在着许多联系，如心理教育中的认知疗法与德育中的说服教育；正面引导行为疗法中的奖惩法、模仿法与德育中的表扬批评法、榜样示范法；心理教育中的脱敏法与德育中的行为实践法等等，都颇为相似。

心理健康教育丰富和改进德育方法，传统的德育方法主要是靠说服教育、表扬、批评、榜样激励、实践锻炼来提高学生的认识，培养良好的思想品德，增强是非辨别能力。而心理健康教育的开展方法主要是心理咨询、心理训练、角色扮演、共同探讨，从而补充了德育方法，增添了个性化色彩。目前，学校的德育主要是知识型德育，学校德育的学科化、知识化、课程化，从德育本身的特点及人的发展规律来看，这一形式很难达到实现德育目标的目的。我们知道品德形成包括道德认知、道德情感、道德行为，但审视一下当今青少年的素质状况，不难发现不少学生或轻或重地患有"认知、情感、行为失调症"，德育忽视了学生的情感体验。在教育过程中，我们可以通过专题讲座，把班会课上成心理辅导课、讨论课；成立心理辅导室等途径，多渠道、多形式地对学生进行心理辅导工作，重视情感的激发，使学生动心、动情，使学生的心灵和行为沿着我们的德育指向顺畅发展。通过充分运用情感因素，学生在知晓道理的同时，大大激发了他们的心理感应，引起了学生心灵深处的共振，唤起了学生情感的共鸣，基本达到了驱动学生道德行为和品质的形成的作用。在民主、平等、对话的氛围中，在热情、激烈的讨论中，教师们真正进入学生的内心世界，倾听学生的心声，做学生的知心朋友和引路人，使学生感到心理自由和心理安全。

（2）德育内容的完善

德育内容有两种功能：一是满足社会需要的功能，二是满足个体需要的功能。但传统德育只注重满足社会需要，片面强调社会规范的要求，并没有真正以学生的心理实际需要为出发点。在内容上的不足还表现为对大中小学生和成人的许多要求是"上下一般粗"，缺乏层次。依据学生的认知规律，先讲个人与家庭的关系，与同学、朋友的关系，然后再讲与社会的关系，而现在的德育内容安排并非如此。学校道德教育缺乏针对性，老师讲的学生不爱听，学生想听的老师不讲，教师费了九牛二虎之力却收效甚微。为了达到师生互动，增强德育的现实性和时代感，在德育工作中引入心理健康教育，才能将德育的内容具体化、人格化、形象化，让德育变成学生的一种需要，使德育目标转化成学生的行动，使德育的外因转化成学生的内在动力。

心理健康教育丰富了德育的内涵，德育工作的开展要在尊重、理解学生的基础上进行，而心理健康教育强调要给予学生更多的尊重、理解、支持和信任，关注学生的处境、感受和痛苦。由此，心理健康教育丰富了德育的内涵，扩充了德育内容。如中小学的德育内容比较关注的是社会对学生的政治思想、道德规范方面的要求，而对于如何强化学生的心理健康，如何引导学生适应社会生活，如何充分发挥学生的主动精神，如何开发创新意识等却重视不够。传统德育的内容侧重于思想层面，以思想意识的发展为教育主线，往往忽略了心理层面。心理健康教育的内容正好弥补了这一不足，使德育内容更细致、更有预见性和科学性。因此，开展心理健康教育实际上是扩充了德育内容。

（3）德育过程的完善

思想道德素质的形成，只有通过主体对外界教育信息能动的认识、吸收与内化才有可能实现。

传统德育往往忽视学生主体的道德生活需要，甚至无视学生的主体地位和主体性发展，使学生长期处于被动从属的地位。在学生形成如遵纪守法、尊老爱幼、团结奉公、大公无私、先人后己、热爱集体、忠于职守、艰苦奋斗、严于律己宽以待人、己所不欲勿施于人等品质的过程中，其德育过程为：激发道德动机——获得道德认识——产生道德情感体验——表现道德意志行动——形成道德行为习惯。只有形成了道德行为习惯，社会的道德要求才能内化为个体的道德品质。在德育过程中，心理教育可以促进德育目的的实现，心理教育可以帮助学生学会社会交往，形成良好的人际关系氛围，体验亲情、友情、师生之情，因而有利于他们先人后己、尊老爱幼等道德行为的形成；心理教育可以培养学生良好的个性品质：自觉性、自制力、有恒心、有责任心、谦虚谨慎、与人为善等，心理教育通过改善学生的心理状况，使他们保持一种主动接受教育、积极完善自我的良好精神状态。

思想品德的形成是在学生已有认知图式的基础上，结构不断优化的过程（认知图式就是认知主体在长期的实践活动中，逐渐构建而成的、具有相对稳定性的意识因素的总和）。在现实的德育活动中，学生还是以自己内在的认知图式为基本依据，决定着德育内容的取舍，决定着自己是同化、顺化还是拒斥德育内容，决定着中学生能否自觉地选择正确的德育信息，拒绝错误的德育信息。人的心理方面存在着无限的冲突和矛盾，只有冲突、矛盾解决了才能保持身心平衡，才能使人进一步。道德情操是用一定的道德标准评价人的行为时产生的内心体验。符合道德标准便产生积极的情绪体验，不符合道德标准便产生消极的情绪体验。当个人的需要违背国家利益、集体利益、道德标准时心理会产生冲突，解决冲突的办法就是通过心理健康教育制止不正确的需要和愿望而保持良好的动机，从而提高自己的思想境界，激发高尚的道德情操，为德育教育目标的实现提供了强有力的保障。同时，学生的道德认知过程与道德情感过程是有机的统一体。无论是在学习活动的哪一阶段，学习的准备阶段，还是进行阶段、结束阶段，学生的道德认知过程与道德情感过程都是相互交织在一起的统一的整体过程。在心理健康教育中，教师所关心的是学生良好心理品质的形成，良好个性的完善，增强认识世界、改造世界的能力，会学习、会生活、会做人、会创新、会工作，这有利于树立以德育为首的教育教学观念，促进德育工作的新的发展。诚然，心理健康教育提高了学生的德育功能，促进了学生整体素质的发展。利用心理健康教育帮助内化德育目标，变"外求、他塑"为"内求、自塑"，学生的发展，归根到底是一个内因建构、生成的过程。

2. 引导功能

（1）引导知、情、意、行的德育心理过程

青少年对德育信息的接受并不是简单的机械的过程，而是在一定需要的驱使下带着某种情感进行的，需要和情感构成了中学生思想品德形成过程中的动力系统。同时，对于道德而言，道德教育过程就是培养人们知、情、意、行的过程。其中，道德教育就是要达到知、情、意、行的统一，培养道德情感是德育当中一个重要的方面。而在我们日常的道德教育中，我们侧重于道德教育的社会性功能，忽略了道德教育的个体功能，更忽略了个体道德培养的知、情、意、行的过程，往往是从大、空的角度来对学生进行说教，从而使道德培养的实效大打折扣。

道德教育就是要达到知、情、意、行的统一，培养道德情感是德育当中一个重要的方面。道德行为产生的认识仅仅停留在知、情、意三个方面，缺乏对驱动德育行为的内驱力的研究。而心理健康教育则在无意之中培养了学生的道德内驱力，起到了促进德育行为的动力功能，即引导功能。如在认知心理品质方面体现为培养学生注意专心、观察主动、思维独立等良好习惯；在情感心理品质方面体现为培养学生的责任感、集体主义情感、爱国主义情感和人道主义情感等社会情感；在意志心理品质方面体现为培养学生独立果断、坚韧、自强不息等顽强意志；在个性心理品质方面体现为培养学生崇高的理想、坚定的社会主义信念、正确的人生价值观和科学的世界观等健康人格。之所以心理健康教育具有引导功能，是因为心理健康教育的内容主要包括心理实质、认识过程、情感过程、意志过程和个性心理、心理健康等方面的内容。这些内容中蕴含着丰富的德育内容，具有极大的德育价值。从结构上来看，人的思想政治观点和道德品质也是由认识、情感、意志、理想、信念、世界观等心理成分构成。而人的许多良好的个性特征如爱祖国、爱人民、爱集体、爱劳动等，又构成学校德育内容的重要组成部分，通过对学生心理的调整，增强学生的自我控制和自我监督，从而规范自己的行为，符合社会的规范。在这里，心理健康教育起到了引导中学生养成良好德育行为能力的功能。

（2）引导德育构建道德情感

作为心理学的一个重要的方面——情感，与道德情感有着共同方面，通过有效的心理健康教育，能使中学生以明确的目的、饱满的热情投入德育活动之中，进而为德育工作取得实效提供了心理条件。心理研究表明：积极的、肯定的情感及移情能力有助于亲社会行为的养成和提高。这种情感称之为道德情感，对道德行为起着推动力作用，即积极的情感能增强人的活力，驱动人的积极性；消极情感则减弱人的活力，阻抑人的行为。

注重对学生健全人格的培养。从道德的角度看，人格是个人在一定社会中的地位与作用的统一，是个体做人的尊严、责任、价值以及相应品质的总和。它相当于人的道德"品格"或做人的"人品"。人格是人的各种素质在人身上的综合反映。人格满足人的自我实现的最高目标，是道德品质、情操、智力、能力、体魄等因素的综合体现。对于人格的培养，主要注重以下几个方面：

首先，重视自我价值感的形成。自尊、自信是良好心理素质的基础标志，缺乏自尊心主要是后天造成的。健康的情绪是学生保持身心健康和行为适宜的重要条件，所以要从学生的自尊、自信抓起，培养学生形成正常的自尊心，教育他们自觉爱护自己的名誉。

其次，健康稳定的情绪的训练。在教学中要有意设置情境，通过案例再现、同学自己介绍等多种形式来引导学生剖析、挖掘其深层内涵，让学生在分析过程中懂得要适度表达和控制自己的情绪，进行自我稳定心理训练。

再次，陶冶积极向上的情感。情感是构成人格稳定而独特的心理因素。中学生的情感带有很大的波动性，教师要充分利用教材赋予的人物的积极因素，引导学生体验共鸣，在潜移默化中受到感染。

最后，磨炼坚定的意志。意志是人们为了达到有意识提出的目标而克服前进道路上的障碍所做的持续努力，对个体的学习、工作有着巨大的影响。

3. 调整功能

（1）学生个体行为的调整

所谓自我，是就人的精神而言，更接近人的精神方面。自我意识是指个体对自身的意识。自我意识表现为自我概念、自我评价和自我理想的辩证统一。中学生正处于青年期，这个时候是自我意识迅速发展和确立的阶段。学习如何认识自我和理解自我，这直接关系到健全人格能否建立。青年期自我意识的确立，是在自我明显分化的基础上完成的。对于青年期的中学生而言，如果在主体我与客体我分化的基础上，能够形成新的认知水平上的协调统一的自我，那么就能建立良好的自我意识，反之则可能出现自我意识的混乱，主要表现在两方面：一种是过高的自我评价，另一种则是过低的自我评价。过高或过低的自我评价往往导致个体自我意识确立过程中的过分自负或过分自卑这两大心理缺陷，处于这种意识状态的中学生，在把理想我与现实我进行比较时，对理想我期望较高，又无法达到，对现实我不满意，又无法改进，在心理上的一个特征就是自我排斥。

从道德的准则来看，激烈的心理冲突往往会外化为不符合社会的道德要求和规范，而通过心理健康教育，注意培养学生的自我意识，可以调整学生的外化行为。

首先，正确的自我概念形成。在正确认识、客观评价自己的基础上，增强自信心，正视自己的缺点与不足，了解自我完善的必要性与可能性，增强自我完善的自觉性。

其次，掌握选择目标的原则和方法，学会为自己选择正确的理想目标，制订合理的发展计划，提高自我设计的科学性与合理水平。

最后，掌握自我调控的方法，在此基础上增强自我调控的能力，提高实现目标、执行计划的自觉性与坚持性水平。此外，心理教育可以帮助学生学会社会交往，形成良好的人际关系氛围，体验亲情、友情、师生之情，因而有利于他们先人后己、尊老爱幼等道德行为的形成；心理教育可以培养学生良好的个性品质：自觉性、自制力、有恒心、有责任心、谦虚谨慎、与人为善等，心理教育通过改善学生的心理状况，使他们保持一种主动接受教育、积极完善自我的良好精神状态。

心理健康教育工作和活动都要首先从学生的实际状况和需要出发，以学生现实生活和存在的问题为基准，以达到学生心理健康水平和心理素质提高为目的；尊重学生主体地位，发挥学生的主体作用，鼓励学生自我选择和自我指导，促使学生自知、自觉、自主，不能采取强制手段，也不能替代学生解决他们自身存在的问题。正确引导学生去正视现实中的不合理，教会学生在这种不合理中如何调适自己的心态，这样既满足了学生的好奇心，同时对于有不良问题倾向的学生可以明显地感受到舆论的压力，而对于有正义感的学生更能树立社会的责任意识。

（2）对学生综合评价的调整

心理健康教育帮助教师树立正确的学生观。传统德育工作，教育者习惯用统一的标准要求学生，往往把学生出现的不良问题视为思想政治问题，缺乏对学生的尊重。如在学习方面，我们常把成绩不好说成是不用功，其实这是学习心理障碍问题。特别是青春期问题，过去动不动就把青春萌动期的一些行为说成是道德问题，其实常常是青春期心理、生理的正常反应，这使我们在教育上产生了很多错误。通过进一步学习心理健康教育的理论，加强心育，不仅让学生正确地认识自己，更重要的是能够使教师们正确认识学生，懂得学生是独立的人，有自己的人格尊严，任何有损人格尊严的教育都会伤害学生的心理；同时学生还是孩子，孩子有孩子的身心特点，在成长过程中难免会出现这样或那样的问题，但大多是心理问题。认识到这一点，在教育、教学过程中教师就对学生少了一些训斥和责骂，多了一些关心和理解；改变了过去那种轻易就把学生的违纪行为、性格内向、异性同学接触过多简单地归结为品行差的做法。学校作为教育单位，既要向学生传播知识，培养良好的行为，为祖国培养更多的有用之才，更要关注学生的内在的发展需要，在德育工作中引入心理健康教育，把知识性德育努力内化为品质性德育，做到既关注学生的技能发展和身体健康，又关注学生的人文精神和道德品质的发展。德育与心理健康教育协同发展才能更好地把握品质形成的内化规律。

4. 发展功能

（1）个体社会化的发展

任何品德的形成都是学生主动、积极内化的产物，因此可以说品德形成的关键在于主体的自我投入，在于学生对品德形成过程的参与程度，在于学生对教育影响的自我消化能力。当今多样化的社会生活中，影响学生道德品质发展的因素日益复杂，心理健康教育着眼于学生自我认知能力的完善，着眼于学生自我教育能力的提高，从而为良好品德的形成提供了心理能力。

在对心理健康教育德育功能的理论指导下，我们可以充分地发挥其动力功能，帮助学生树立正确的自我意识，通过自我调节、自我控制，从而让自己的行为在与社会的道德规范不一致的情况下，能通过自我控制，自觉地调整自己的行为方向，使其符合社会的规范，从而达到相应的道德要求。促进人格完善，使人人都有创造力，都有创造的可能性，只是在程度上有所不同而已。而创新意识与创造力不同，它并不是自然产生的，也不是人人都有的，却是人人都可以培养的。科学的心理健康教育要关注学生创造力的开发，更要关注创新意识的培养。人格包括个性倾向性和心理活动特征两方面。前者是推动人从事各种活动的动力系统，如人的需要、动机、兴趣、信念、价值观等等；后者指的是个体在进行各种心理活动时表现出来的个人特点，如智力品质、性格、气质特点等等。一个人的人格怎样，其心理生活也就怎样。心理健康教育要把学生培养成为自我满意的人，就不能不把关注的焦点始终放在健全人格的培养上。心理健康教育既要针对学生的个体差异，优化智力品质，完善性格特质，又要在引导需要、校正动机、培养兴趣、发展正确的价值观等方面发挥应有的作用，进而综合地促进其健全社会人格的形成和发展。

（2）学生情感的发展

培养学生的情绪和情感有助于道德情感的养成（道德情感本身就是高级形式的情感），而且对道德认识、道德意志、道德行为都有积极作用。也就是说，在不同的情境中，学生会产生不同的情感体验，也就是我们说的移情作用，这种体验会影响人的行为，对学生道德品质的培养有着重大的意义。例如：教师情感的亲近功能，这是指教师对学生的亲切之爱，对学生情感施于影响的效能。老师热爱自己的学生是一种美德，它是教育成功的基本条件，是师生之间建立友谊和信任的基础。中学生对老师的爱的反应是很敏感的，对师爱有时候会比父母的爱更渴望。他们经常会怀着紧张的心情关心着老师对自己的态度和评价，期待能得到老师的关爱。老师的一个期待鼓励的眼神、一个和蔼亲切的微笑，握握手、拍拍肩、摸摸头等小动作，都可以传递对学生的关心爱护。让学生能感受到老师的爱，师生之间建立良好的关系，互生好感，互相尊重，这是助学成功的重要条件。融洽健康的师生关系，往往能够使学生的情绪稳定，这有助于学生道德情感的发展，因此我们要通过亲近关心学生，使其产生情感共鸣，从而向教师所希望的目标发展，树立符合道德教育所要求的道德情感。

心理健康教育工作开展的一个重要前提，就是大多数学生的心理是健康的或基本健康的，心理调节能力是由多种能力组成的。从理论上说，思想品德的形成是在学生已有认知图式的基础上结构不断优化的过程。所谓认知图式，"就是认知主体在长期的实践活动中，逐渐构建而成的、具有相对稳定性的意识因素的总和"。心理健康是健康人格的基石，发挥心理健康教育对德育的奠基性功能还表现在其可以为德育提供较准确的信息，如通过心理咨询的手段和方法，掌握学生的内心冲突、危机、行为障碍和人格特点，分析学生人格中的积极因素与消极因素，使德育工作更具有针对性。

第二节 新时代班主任德育教育工作的特征

德育理念的丰富在学校的实践中成了理念基础，从德育实践的方面来看，有生态德育、叙事德育、校本德育、活动德育、网络德育、欣赏型德育等样式，更加丰富了我国的德育实践，深化了德育理论，拓宽了学校德育工作的道路和视野。德育是继承性与时代性相统一的，德育一直以来继承着中国的优秀文化，推陈出新，去其糟粕，取其精华，要结合当今的时代特性找出适合当下的德育工作方式。要兼顾人本性与科学性，德育工作本身就是在尊重人的情况下开展的，通过一系列的学科教育赋予科学色彩。

一、新时期班主任工作的特点

（一）复杂性

当前社会经济不断发展，人们的生活水平逐渐提高，学生的成长条件日益优越，加上计划生育基本国策的实行，大部分学生都是独生子女，在家中受到全家人的关心和爱护，容易养成以自我为中心的不良习惯，在与班级其他同学相处时容易引发冲突，这就要求班主任要切实做好统筹管理工作，帮助学生处理好相互之间的关系。在新的教育背景下，班主任工作包含学生思想工作、班级管理工作、班级活动的组织工作以及沟通协调工作等，是十分复杂的。

1. 工作任务的复杂性

这首先源自对班主任工作教育性的确认。当前不乏从管理学、社会学、心理学视角对班级工作的研究，但是，从教育学的立场出发，班级建设是一项教育实践活动，班主任工作是具有教育性的工作。于是，价值取向、育人目标、育人资源开发、工作质量等一系列问题开始出现。这必然要求班主任工作凸显其专业性，特别是在当代背景下，基于班主任工作状态之现实，促成班主任工作从"班级管理"的定位转向"班级建设"的定位，从"规范学生"的重心转换到对"成就学生"的关注，从"学校的班级"之自觉到凸显"学生的班级"之意识，都在呼唤着班主任工作的专业性。

其次是当前班主任工作任务实现所依赖的关系的复杂性。就其内部关系而言，涉及班主任工作内容，班主任与学生的复杂关系，涉及班主任工作与学科教学工作在多重意义上的相关但又并未协调、整合的关系处理。就外部关系而言，班主任工作与年级工作、学校工作的整合，班主任工作与外部社会资源开发之间的内在融通，都有一系列的具体问题存在。尽管问题的解决需要多方力量的介入，但不可否认的是，这类工作任务的实现，必须面对这些复杂的关系。

2. 主体的复杂性

这主要指班级建设中学生的复杂性和班级的复杂性。就学生而言，从学生的发展状态看，千差万别，但在班主任工作中，需要面对多元差异，追求综合互动和共同发展。从学生的成长历程看，班级生活时时影响着他，而且具有相当程度的不确定性。

从学生成长的影响源看，不仅直接受到家长、社会的影响，班级内部的正式组织、非正式群体、班主任等，都是其关系人。更重要的是，其自身的主动性、成长自觉，是最根本的影响因素。而这一自身因素，又需要在班主任工作中加以保护、培养、发扬。就班级而言，绝不仅仅是组织建设、管理制度的问题，而且还由班级文化、班级日常交往、班级主题活动等构成。班级有其初建、成长、更新、分化的复杂发展过程，并具有内在的复杂性。班级又存在于年级、学校生态中，受到多种因素影响。

上述主体因素，加之班主任自身作为一个"人"所具有的全部复杂性，都使得这一工作充满不确定因素，需要判断、选择、策划、组织、反思、重建，需要有高度的理性力量加以保障。

3. 实践过程的复杂性

基于上述工作任务、主体的复杂性，班主任工作实践本身的复杂性，就进一步清晰化。班主任工作的实践过程，是一个需要清晰起点但没有终点的自组织过程。它不是一个个没有关系的片段，而是迫切需要增强全程意识，形成长程视野和长程教育系列。它需要不断清晰起点，追求新的发展，并使之成为新的起点，由此不断提升实践的质量。班主任工作的实践过程，是一个自主开发育人资源，实现班级日常生活之教育价值的过程。相对而言，班主任工作并没有直接的教材可用，所有的教育资源，就内在于班级生活之中，需要班主任和学生一起去发现、去开发、去创造。

班主任工作的实践过程，是充满互动性和不确定性的过程。班主任工作实践过程受到诸多主体、诸多因素的制约、影响，而其对于教育价值的实现，并不具有确定性。无论是一次主题活动的开展，还是班级文化的创建，抑或对学生干部的培养，都在时间中展开，都充满着复杂性。

（二）创新性

21世纪的中学生不再是一个等待灌水的空瓶子了，而是一扇扇等待开启的大门，国家需要培养高素质的，具有创新精神和实践能力的人才，对班主任工作的开展就提出了更高、更新的要求。

1. 班主任工作创新的重要性

班级和班集体是在我们日常生活中班主任老师常用的两个概念。这两个概念的含义既有区别又有联系。班级是一个表示整体的名词，它是与个别教学相对的。班集体是在班级组织的基础上建立起来的。它以班集体荣誉为导向，经过以班主任为主的各种教育力量的培养而形成正确的发展目标，使班级具有较强的核心与骨干力量，促使班内良好的纪律、舆论、班风的形成等，能够使班级全体学生在德智体等方面的素质不断地提高。

众所周知，影响班集体建设的因素是多方位的，有目标要素、组建机构要素等，而班主任是这些要素的首位要素，起核心作用，他担负着组建班集体的责任，如班集体凝聚力的形成、班规的制定，班集体奋斗目标的制定，班集体学风与舆论的形成，班集体成员的个性发展水平等。所以班主任在筹建自己的班集体时要用自己的创新方式，形成独特的班集体，形成具有自己特色的管理模式。

2. 班主任要具有艺术性和知识性

教书是一门职业，教书育人却是一项伟大的事业。在日常生活中教师的工作是烦琐的：迟到早退现象、打架骂人事件、学生两性关系的处理，这个学生不及格、那个学生得满分，你瞪我一眼、我撇你一嘴，班内卫生被扣分等现象，每一件单独看来都是微不足道的，可是每一件事都可能成为学生变化的关键因素，每一件事情的处理方式都可能会影响他的一生。处理得好，一件琐碎的小事可能会成为学生成功的基石，学生脚踏着这块基石，一步步向前，在自己人生的某一时刻登上自己事业的巅峰；处理不当，学生有可能会因此陷入困境。因此教育方式和教育途径，处理问题的策略，应是多变的，必须量体裁衣，因人而异，像艺术一样变化无穷。

能否顺利地进入学生的内心世界是决定教育成败的关键，在这个意义上讲班主任工作的艺术性成了干好班级工作的试金石。所以要求班主任老师在"一则、二感、三言"的基础上，还要求"四通"。第一，通晓班主任要做的各项工作，时刻具有干一行就要爱一行的优秀品质。第二，要通晓学科教学，就是要求教师必须教一行通一行，教书育人缺一不可。第三，就是要通晓和教育有关的学科，例如：语言学、教育学、心理学等，这样你才会在处理问题时既能及时地了解学生的心理变化状态，又能通过富有魅力的语言吸引学生，感召他们的心灵。第四，班主任要通晓教育科研，在教育教学实践中刻苦钻研教育教学规律，并仔细琢磨。

3. 班主任创新工作中的教育技巧

首先在班级工作开展之前必须有一个良好的环境。有良好的学习和生活环境你就能够感召你的学生愿意来到自己的班，愿意为班集体贡献自己的力量。其次就是要把思想教育工作做到位。从一开始就要给学生灌输好的思想，让他们从一开始就养成良好的习惯，树立正确的人生观和价值观。如果开始的时候不对学生进行良好的引导的话，就很容易使学生走偏。

善于抓住好的教育时机，这样班主任会在工作中取得事半功倍的效果。我们可以在日常的生活中抓一些班内好的典型、好的事迹，以此为主题召开班会，让学生在班会上主动、自由发言，让他们在自评、互评中点化某些学生，让他们从某一件事中自己总结出什么事该做，什么事不该做，什么事可以做，什么事不可以做。经常性地以典型时机下的典型现象作为班会主题，适时适当地对学生进行思想素质教育，会取得意想不到的效果。

班主任在班级创新性工作的开展过程中要做到"五心"。

第一心：爱心。没有了爱就没有了教育，教育中的爱心是连接老师与学生的纽带。爱可以感化学生的心灵，爱可以拉近学生和老师之间的距离，爱可以让班级更具有凝聚力，爱可以使班级更像一个温暖的大家庭。每个学生的内心世界都是丰富多彩的，学生的内心世界是一个等待开垦的世界，是一个充满矛盾的世界。因为班主任不能强硬地进入学生的内心世界，必须靠爱心来敲开学生内心世界的大门，成功地引导每一位学生。

第二心：信心。我们都知道，信心+信任=成功。信心是成功的一半，班主任和学生之间必须对对方有信心，班主任本着不放弃任何一个学生的原则同时，加上学生对班主任的信任，就可以创建一个有着良好学风和班风的班集体。

第三心：专心。众所周知，如果一个人专心致志地干某一件事，那么时间长了他一定会成功。做班务工作也是一样，教师必须花费很大的精力在自己的学生身上，经常地找他们谈心，牺牲自己的业余时间专心地做好每一位后进生的转化工作，只有这样班内的任何一个成员才不会落伍。

第四心：恒心。班主任必须持之以恒地做工作，不能半途而废。在班级工作开展的过程中可能会遇到诸多的问题，不要一遇到困难就退缩，因为没有人能打败你，能打败你的只有你自己。所以要咬定青山不放松，相信办法总比困难多，最终你会获得可喜的成果。

第五心：虚心。在什么情况下都要保持一个向别人学习的心态，那么你就能永远不落伍，包括虚心听取学生的意见。班主任的工作创新是方方面面的。无论是班级的管理模式、工作技巧，搞班级活动还是家庭教育，或者是对班内后进生的转化，这些领域都给我们提供了可开垦、可挖掘的大好机会，班主任在班级的建立中要建立自我的风格，以竞争卓越为动力，在工作中不断地完善和创新，在实践中有新的突破，有新策略，这样有利于教育的发展和学生的健康成长。

（三）两难性

班主任是班级的组织者、领导者、支柱和灵魂；是联结学校领导、科任教师、学生之间的一条纽带，一座桥梁；更是"育人"这项系统工程的直接承担者、实施者，具有教学和管理的双重职能。因此，班主任群体构成了学校管理中一个独特的管理层面，其工作直接影响着教育质量的提高和学生的全面健康成长。但在实际教学生活中，班主任工作却常常处于一种两难的境地。

首先，班主任作为"育人"系统工程的直接实施者，却处于遵守各项规章制度同设法照顾学生需求的两难境地。即班主任理应是各项规章制度的宣传者和实施者，如果他（她）

不按照学校规章制度统一要求、统一行动、统一安排，则很难保证正常的教学秩序，并与学校的管理同步；如果执行了，则势必会关照不到学生的个体差异性，学生自主、独创的机会会更少；如果班主任充当这个班的领导者、组织者、指挥者的角色性太强，尽管学生生活在这个集体中，却也失去了许多自己学习组织、指挥的机会，失去了在集体中本有可能学到一些本领的机会；如果班主任拥有过分的权力或者过分地运用了权力，则有可能形成人身依附等一系列更消极的后果。

其次，班主任作为班级的组织者、领导者、支柱和灵魂，其工作缺乏一定的理论指导，是其工作产生两难性的根本原因。主要表现在：

班主任所掌握的专业知识远远不能满足现代教育的需要，甚至可以说仍停留在传统的教育观念世界中，严重与教学的生活世界相脱离；停留在师徒经验传递的水平上，与现实的教育对象相脱离。

班主任缺乏对班级管理策略的研究，对班级管理目标，学生行为，班内正式、非正式群体不明所以，对待学生简单粗暴，指责、批评、一刀切。因为这种教育方法费时少，见效快，但很多教师却忽视了它的负面影响，容易把一些本属心理、行为性的问题升格为道德问题，从而导致师生关系的疏远，造成班主任职责的失效和教育功效的萎缩。因此，班主任培训工作刻不容缓。学校领导应首先转变观念，要相信一流的教育教学管理才能支撑一流的教育。没有科学理论指导的教育管理是不可能高效低耗有序运行的。新时期的班级教育管理工作者必须通过对管理学、教育学、心理学等的学习，来增加班主任的理论积淀；学会对班级工作进行科学系统的分析，了解班级内外部诸因素在班级系统工作中的地位和作用；从整体上把握班级教育管理运作状态及其发展规律，科学地组织和实施班级的全面工作，以提高班级教育管理效能。

尽管班主任的处境并不乐观，但其独特的人格魅力对学生产生的影响是其他科任老师所无法比拟的。俗话说"谁带的班像谁"就是这个道理。因此，班主任除了要掌握较为科学的班级管理方法外，更应不断提高自己的专业理论素养。班主任若不是任何一门功课的授课人，那就会给学生一个纯粹行政管理人员的形象，效果会差很远。班主任不仅最好是任课教师中的一员，而且应是最为优秀的一员，特别是他的工作态度，他的敬业精神，他的教学方法，以及这一切所体现的思想、品德、觉悟，都会潜移默化地影响学生，并赢得学生的爱戴和尊重，成为他们效仿的榜样。为了更好地发挥班主任在班级管理工作中的特殊功效，学校除鼓励班主任积极接受继续教育外，还应大力提倡、鼓励班主任参与、从事教育科研。班主任参与教科研可以显著地提高班主任整体素养，这主要表现在以下方面：

第一，通过从事教育科研，可以提高班主任的理论素养，使其进一步明确教育规律、管理基本原理及规律，了解教育、教学改革及发展趋势，了解教育对象的身心发展规律和新趋向，认清教育工作的重要性、紧迫性、艰巨性、复杂性和科学性，从而增强自己的工作责任感。

第二，通过从事教育科研，班主任可以不断革新自己的观念世界。就是用教育、教学的观念世界指导教学的生活世界，用教学的生活世界不断填充、摒弃自己的传统观念，去粗存精，推陈出新，形成以"人"为中心的、适应社会发展需求的新的教育管理观念。具体来说，就是通过与专家、学者的交流，通过自己潜心的琢磨，自己的教育管理观念得到部分或全部重建，使之更切合实际。

第三，通过从事教育科研，班主任可以提高自己管理活动的自觉意识。这种自觉意识主要体现在三个方面：一是对班级管理活动的事先计划和安排；二是对自己实际管理活动进行有意识的监察、评价和反馈；三是对自己的管理活动进行调节、校正和有意识的自我控制。

第四，通过从事教育科研，班主任可以掌握新的管理方法和管理策略，提高自身管理行为的效能。一方面通过教育科研可以进一步揭示教育客观规律，揭示人才发展与形成规律。另一方面又可以把科研引入具体的教学、管理过程，以教育科研的成果来推动班级管理工作的深入发展。

第五，通过从事教育科研，班主任可以掌握更多的协调人际关系的技巧。班内人际关系融洽，有助于形成班内群体价值观和凝聚力；校内人际关系融洽，有利于校园文化建设和教育教学质量的提高。如果人际关系紧张，则容易诱发学生的"逆反心理"，形成抵触情绪，会严重阻碍教育教学质量的提高。

二、新时期班主任德育工作的特点

（一）言传身教

在班主任德育工作中，不仅需要注重对学生的思想品德教育，还必须做到言传身教，为学生做出榜样。在这个过程中，尤其需要重视家庭教育。父母是孩子最早接触和模仿的人，对于孩子的行为模式有着难以忽视的影响，所谓"有其父必有其子"就是这种影响的直接体现。因此，班主任要做好与学生家长的沟通和交流工作，在学校和家庭中，共同为学生营造出一个良好的德育教育环境，为学生树立榜样。例如，在学校中，教师要在加强德育教育的同时，严于律己，凡是要求学生不能做的，自己也坚决不做。如要求学生着装整洁，自己就必须保持着装的严谨，为学生树立榜样。又如，在家庭中，如果父母没有起到相应的表率作用，一下班就打麻将，对孩子动辄呵斥、打骂，却一味要求孩子学习成绩好、尊敬师长等，这显然是十分困难的，无论教师如何进行德育教育，都不会取得良好的效果。

（二）推己及人

推己及人，既可以理解为孔子的"己所不欲，勿施于人"，也可以理解为著名教育家陶行知说的"真正的教育是心心相印的活动，唯独从心里发出来的，才能打到心的深处"。也就是用爱己之心去爱学生。在实际工作中，如果一味对学生进行批评，学生就会学会谴责；如果一味对学生进行讽刺或嘲笑，学生就会学会自卑；而如果对学生进行表扬和鼓励，则学生就会收获自信和感激。因此，班主任要重视爱心教育，从学生的角度看待问题，教育学生要学会发掘他人的优点，与他人友好相处，从而营造出积极向上、和谐文明的班级氛围，提高德育教育的成效。例如，可以在教育中推行"无错原则"，认识到处于成长期的青少年是无错而言的，其存在问题是必然的，可以通过教育进行纠正，这样，在教育中多表扬，少批评，发现学生的闪光点，从而推动德育教育的顺利进行。

（三）宽容待人

要用宽容的态度去对待学生，了解学生，包容学生的过错。要充分认识到，处于青春期的学生，会面临各种各样的问题，这些问题虽然在成年人看来是十分简单，甚至幼稚可笑的，但是对学生而言，也许是无法面对和解决的。因此，作为班主任，要从各个方面去关心学生，理解学生，帮助其解决成长过程中遇到的困难。例如，对于经常逃课的学生，不能一味批评或惩罚，要加强与学生的交流，了解学生逃课的原因，做好引导工作，使得学生可以逐渐认识到自身存在的问题，转变学习态度。

第四章 新时代班主任德育教育工作的现实意义

第一节 有利于学生身心健康发展

品行是学生的立身之本，只有培养良好的道德品行，才能为未来所收获的成功奠定基础。社会上存在一定的不良现象，许多辨别能力较弱的学生容易被误导，而拥有良好品行的学生更容易明辨是非，拥有正确的人生观和价值观。

一、不同阶段学生的特点

（一）小学生的特点

小学生能够完成从形象思维到逻辑思维的过渡，但他们的思维在很大程度上仍依赖自己的情感。随着年龄的增长，他们的情感变得更加稳定，自我意识逐渐显现，自我尊重，并且更加希望获得他人的尊重。此时产生的心理问题具有不确定性，一般情况下的问题不能依靠自己的主观能动性解决。

1.小学生的主要特点

（1）感知、注意、记忆的特点

小学生从笼统、不精确地感知事物的整体渐渐发展到能够较精确地感知事物的各部分，并能发现事物的主要特征及事物各部分间的相互关系。小学生的注意力不稳定、不持久，且常与兴趣密切相关。小学生的记忆最初仍以无意识记、具体形象识记和机械识记为主。

（2）想象、思维的特点

小学生的想象从形象片断、模糊向着越来越能正确、完整地反映现实的方向发展。低年级的小学生，想象具有模仿、简单再现和直观、具体的特点。到中高年级，他们对具体形象的依赖性会越来越小，创造想象开始发展起来。小学生的思维从以具体形象思维为主要形式逐步向以抽象逻辑思维为主要形式过渡，但他们的抽象逻辑思维在很大程度上仍是直接与感性经验相联系的，具有很大成分的具体形象性。

（3）情感的特点

随着年龄的增长，小学生的情感也逐渐变得更加稳定、丰富、深刻。低年级小学生虽已能初步控制自己的情感，但还常有不稳定的现象。到了小学高年级，他们的情感更为稳定，自我尊重，希望获得他人尊重的需要日益强烈，道德情感也初步发展起来。

（4）意志的特点

小学生的身体各器官、系统都生长发育得很快，他们精力旺盛、活泼好动，但同时因为他们的自制力还不强，意志力较差，所以遇事很容易冲动，意志活动的自觉性和持久性都比较差，在完成某一任务时，常是靠外部的压力，而不是靠自觉的行动。

（5）性格的特点

小学生的自我意识在不断发展，自我评价的能力也不断增长。随着年龄和见识的增长，他们已不再完全依靠教师的评价来估计自己，而是能够把自己与别人的行为加以对照，独立地做出评价。因而在小学阶段进行有效的教育，使学生形成良好的性格是非常重要的。

2.小学生不同阶段的生理、心理特点

（1）小学一、二年级学生的生理、心理特点

小学生的生理、心理发展，从一年级到五年级，大致有三个明显不同的阶段，即我们常说的小学低年级段（一、二年级），小学中年级段（三、四年级），小学高年级段（五年级）。

小学低年级段的学生在身体发育上处在平稳发展的时期，其身高平均每年增长 4~5 厘米，体重增加 2~3 千克，心率、血压、肺活量及其他生理指标都不稳定，且与成年人的指标有较大差距，骨骼易弯曲，肌肉力量较小，大肌肉动作的协调性比幼儿期有很大的发展，但小肌肉动作的协调性还较差。比如，一年级的学生写字时，不仅速度慢而且不工整。这一阶段的儿童，不宜做强度太大、时间太久的体育运动，在训练写字、弹琴等这些小肌肉运动的动作时，要注意动作的规范性。

小学低年级段的学生的脑功能发育处于"飞跃"发展的阶段，他们的大脑神经活动的兴奋性水平提高，表现为既爱说又爱动。他们的注意力不持久，一般只有 20~30 分钟。他们的形象思维仍占主导，逻辑思维很不发达，很难理解抽象的概念。他们的独立性和自觉性较差，在生活、学习、活动等各个方面都需要成人的监护和具体指导。他们最显著的特点是对老师有特殊的依恋心理，几乎无条件地信任老师，他们对老师的信任超过了对家长的信任，常挂在他们嘴边的话是："老师说了……"他们开始评价自己和别人，但评价自己时，只看优点，评价别人时容易受成人的左右。他们很少能顾及客观外界与自我的关系，只会以自我为中心，按自己的目的去行动。

小学一、二年级的老师应充分利用学生对自己的信赖感，培养深厚的师生感情。同时，要在各个方面为学生做出榜样，使学生的这种信赖感能够更加持久。

（2）小学三、四年级学生的生理、心理特点

除大脑外，小学三、四年级学生的各项生理指标只在量上比小学一、二年级的学生有所提高，基本没有质的飞跃，仍处于平稳发展之中。但是，他们的大脑却处于迅速发展的时期。9岁儿童的脑重量1350克，和7岁儿童的脑重量1280克相比，有大幅度的增长，

大脑神经的能得到进一步加强，特别是大脑内的机能抑制蓬勃发展，使心理活动更趋稳定，明显的表现是，他们比小学一、二年级的学生更容易集中注意力听课。他们的语言能力有一定的提高，但却正处在由第一系统向第二系统转换的过渡阶段，常常出现"有话说不清"的情况。同时，他们的逻辑思维开始迅速发展，他们在接触"好与坏""正确与错误""主要与次要"等概念时，尽管还有些模糊，但已有了初步的认识。

处在这一阶段的小学生，最明显的心理特点是自我意识突然萌发并逐渐增强，其主要表现是，对外界事物有了自己的认识态度，开始尝试自己做出判断。他们不再无条件地信任老师，而且特别关注老师是否"公平"。

由于这一阶段的小学生在心理上处于"动荡"的过渡时期，不听老师话的现象开始出现，班级管理工作的难度明显加大。此时，班主任工作的重点是在学生的"动荡"中仍能赢得学生的信任。

（3）小学五年级学生的生理、心理特点

小学五年级的学生，身体发育再次进入一个高速发展期，被称为第二发展期。此时，他们不仅身高体重明显增长，而且肌肉骨骼的力量也在迅速增强。

在心理方面，他们的智力有很大的发展，逻辑思维开始在思维中占优势，创造思维也有很大的发展；他们对新奇的事物表现出极大的兴趣，如搜集物品、制作玩具、学习某种特长等，但往往见异思迁；他们常常把某些脱离实际的幻想当作将来的人生目标，盲目崇拜某些明星；他们的独立意识进一步发展，常常认为自己已经长大成人，甚至比大人们还高明，因此爱自作主张，顶撞老师和家长。

此时，老师要在理解学生的基础上，利用学生要求独立的心理特点，给他们做事的机会，帮他们成功，以此调动他们关心班级、为班级做贡献的主动性和积极性。

3.小学生常见的心理问题

小学生心理问题是小学生在身心成长和发展过程中出现的心理冲突、困惑、挫折、烦恼等心理失衡、失调和失误等心理状态不良、不适应学习、生活和社会的现象，小学生的心理问题主要是发展性心理问题，通常是在人格完善和心理成熟过程中产生的，许多心理问题具有暂时性、不确定性和普遍性，学生可以凭着自己的知识经验和主观能动性，进行自我调节，实现心理调适，因此，一般性心理问题的产生与解决是促进身心健康发展的重要动力和前提。但是，由于各种主客观因素导致的许多心理问题，凭个体主观能动作用难以或不能自我调节，又不能及时得到他人的帮助、引导和教育，就会呈现出持续性的不良心理症状，产生心理偏差、情感偏差、人格偏差和行为偏差，影响正常的心理活动，妨碍小学生的健康发展。

（1）入学适应问题

儿童从幼儿园进入小学，从校园的自然环境到老师、同学的人际关系环境都是陌生的，还有学习的压力、校规校纪的约束等，都构成了对新入学儿童心理适应的严峻挑战。部分儿童会出现适应不良现象，大多表现在：产生情绪障碍，如焦虑、不安、抑郁、害怕等；注意力不集中，然后对学习失去兴趣；不能约束自己，总是违反纪律等。

（2）逃学与厌学问题

据调查，有厌学情绪的小学生占总数的5%~10%。这些小学生主要是对学习缺乏兴趣，学习比较吃力，导致长期落后，又缺乏赶上去的勇气和毅力，老师没能及时地给予鼓励，挫伤了他们学习的积极性。因此他们或是在课堂上东张西望、魂不守舍；或是在下面偷偷看漫画书、玩玩具、打瞌睡；有的干脆逃学、旷课。还有一些优等生，由于心理承受能力较差，一旦别人超过自己或目标未达到，就容易产生厌学情绪。

（3）人际交往问题

由于目前的小学生绝大多数为独生子女，他们在家庭交往的对象多为成人，是在"以自己为中心"的"顺境"下生活的，因此，学生普遍存在任性、固执、依赖性强的特点。进入新的集体后，在集体中的位置已改变，但仍以自我为中心去与人交往，常常是唯我独尊、不能善解人意；遇到困难不能克服，缺乏自信心；交往中出现过重的恐惧感，过强的防范心理，其结果是封闭自己，导致人际交往的焦虑感。

（4）过度依赖问题

现在社会，大多数家庭都是独生子女，父母对他们百般呵护，甚至溺爱，造成孩子自理能力差。遇到困难时一次又一次向父母求助，得到帮助时，就生成了依赖感。随着这样的恶性循环，小学生就像温室里的花，经不起风吹雨打，意志力非常薄弱。

4.影响小学生心理健康的原因分析

由于现代社会的快节奏和竞争，生活日新月异，小学生周边的一切也急剧地变化，宁静的小学校园也越来越热闹，现在小学生实际上要比他们的父辈承担多得多的心理压力。影响小学生心理健康发展的主要有以下几个因素：

（1）物质丰裕导致刺激的变化

在物资匮乏的年代，小学生比较容易满足，考试取得一个好成绩，只要有一颗糖的奖励就会欣喜若狂，也比较重视家长和老师的表扬。现在小康之家衣食丰裕，还有为数不少的一部分属于先富起来的家庭，家长过分宠爱孩子，物质的要求有求必应，以至有的小学生对鼓励、表扬无所谓，对什么事都满不在乎。

（2）父母借口工作忙，把教养孩子的责任转移给祖父母辈

小学生的家长恰好是年轻力壮干事业的好时光，忙于工作，把孩子交给老人带，忽略了教育孩子的责任。祖辈疼爱第三代，往往比较注重生活方面的照顾，缺少心理上、感情上的交流。由于照顾太多，这些小学生的能力得不到发展，在自主、自立、耐挫、人际交往等能力明显不足。

（3）独生子女缺少玩伴，在班级集体中表现出自私、缺少合作精神

由于居住条件的改善，大多数家庭独门独户，小学生放学后在家里和电视、电脑为伴，没有交往的小伙伴。由于缺少交往活动，在班级集体中往往几个能干的学生无法合作做好一件小事，不懂得互相帮助。

（4）家长对孩子希望过高

现代社会高学历的影响使得一些家长不能正确地对待自己的孩子，期望值越来越高。家长对于分数的敏感甚于孩子，孩子考试得99分回家得不到表扬，家长会问为什么不是100分，就是得100分回家也同样要接受教训，比如，不要骄傲呀，不要自满呀，要努力呀，对孩子造成了不必要的心理压力。父母对孩子期望过高，家庭管教过严，一进家门就做作业，以至孩子一出家门仿佛小鸟飞向天空，到了学校就任性、放纵。

（5）小学生能力普遍提高，个别学生自我表现欲强

父母文化程度提高和社会教育媒体的影响，使当代小学生的一般知识水平和学习新知识的能力比较高，但是个别小学生自我表现欲太强。有的学生觉得自己很聪明，希望得到老师的肯定，上课举手发言很积极，只要老师没有请他回答问题，他就会认为老师不喜欢他，故意讲话、吵闹，甚至闹得无法上课，他的真正的意思不是要跟老师捣乱，只是希望老师注意他，让老师看到他的才能。

（6）小学教育、教学、管理和教师素质等问题的负面影响

不可否认，小学教育存在着许多不尽如人意的问题，最突出的是过分强调了对小学生的成才教育，忽略了小学生作为人的成长的教育。

（二）中学生的特点

中学生的智力发展随着年龄的增长逐渐成熟，达到新的高峰。他们的思维具有独立性和批判性，喜欢用独立的眼光看待问题。这个阶段的学生对未来有着美好的憧憬，会为了自己的理想制订计划，并为了完成目的而表现出很强的意志力。然而由于缺乏正确的沟通，他们的逆反心理也很强。

1. 中学生的特点

身体迅速发育，智力水平也有一次飞跃，尤其在思维方式上会发生很大的变化。随着阅历的增加，抽象逻辑思维逐渐占据了主导地位，他们的假设、推理、判断、综合、分析等能力与日俱增，这对各学科知识的学习起到了促进的作用。但中学生的直观形象思维仍发挥着重要作用，在学习过程中，对许多问题的理解和剖析还是会习惯性地关注表面，透过现象看本质的思维品质还需在实践中进一步完善。这就给班主任教育教学工作增加了很大的难度。

如中学生片面性和表面性依然存在。他们遇事爱钻牛角尖，在观察思考问题时只顾一点。比如，他们认为死记硬背违背素质教育的主旨，即使是《义务教育语文课程标准》中要求的必背古诗文都不能完整背诵；他们认为题海战术不利于语文素养的提高，就连必要的跟踪练习都拒绝去做。

如随着知识经验的丰富，中学生想象的内容更细致、更丰富，甚至会脱离现实"想入非非"，思维的"自我中心性"再次出现，为了塑造"独特的自我"，班主任的课内外的教育教学活动有时都难以控制。班主任的工作难点在于：在满足学生的现实需求的基础上，给他们搭建张扬个性的舞台。如建设班级文化园地，那些孩子亲手"种"下的"古

诗林"，亲手绘制的"班徽"，亲手书写的"班训"等，满足了个别学生的需求，成就了他们的兴趣点。

2. 中学班主任角色定位

中学生的成长需要一个健康、和谐的班集体。班集体既离不开学校的科学规范管理，也离不开班主任的呕心沥血，更离不开科任教师、学生家长的通力合作。由于中学生身心发展的不平衡性、不成熟性、不稳定性，极强的可塑性，他们心理上向师性和模仿性还很明显，因此，班级管理具有半途性。这就需要班主任走近学生，对他们的学习和生活进行规划、参与和指点，给予最大限度的行动和精神上的关怀。班主任要善于从中学生的眼神、行为、行动中观察他们的内心世界，并将他们在校的综合表现通过召开家长会、随时打电话、网络交流等方式及时有效地与家长沟通，保证中学生健康、快乐地成长，这是班主任的神圣职责。因此班主任应该成为班级管理的总设计师；班主任应该成为学生精神的关怀者；班主任应该成为学生成长道路上的忠实伙伴。

二、新时期我国德育教育的发展

近些年来，我国的德育教育正在积极融入到学生的日常生活中。德育教育包含着不同的德育理念，这些理念都是对以往教育的反思和应对社会发展的需要。随着不断有学者对德育教育进行深入研究，我国的德育教育逐渐向多元化方向发展。

（一）学校教育方面

我国的德育教育重视学校教育，学校的思政课主要承担德育教育的责任。学校德育的教育方式多为教师向学生灌输道德思想，反复灌输有利于学生产生深刻的印象，但由于缺少实践，不能形成内化于心的道德准则。因此教育者必须采取有效的途径，将德育教育融入生活中。任何阶段的学生都存在着不同程度的以自我为中心的思想，教育者应通过走近学生，记录学生，信任学生等措施，建立民主平等的管理机制，积极引导学生形成乐观向上的心理，善于发现学生存在的问题并及时解决，与学生建立一种合作共赢的关系。

（二）家庭教育方面

单纯地依靠学校教育进行德育教学具有局限性。小学生对家庭的依赖大过于学校，此时就需要家庭教育。家庭的德育教育不仅影响着学生的身心发展，也关系着家庭的幸福。父母是孩子的第一任老师，家庭中每个成员的行为方式都对学生的行为有着潜移默化的影响，家长应以身作则，发挥榜样引领作用，将科学性与灵活性相统一，遵循家庭德育准则，建立一种和谐融洽的家庭关系。

（三）社会教育方面

社会对青少年的影响是不可避免的，青少年所学到的知识和本领需要到社会中进行实践。然而社会中存在较多不可控因素，使得学生对一些问题的认知存在偏差，社会德育教育的重要性就凸显出来了。社会德育通过法律的规定、新闻媒体的导向、志愿者活动、榜样人物的宣传进行教育。其强调了信息化时代媒体对社会成员的影响，体现了德育的践行意义。我国的德育教育仍存在很多不足，为了更加完善德育教育，我们需要将显性教育和隐性教育相结合，潜移默化地影响受教育者；将理论教育和社会实践相结合，做到知行统一；坚持受教育者的核心地位，德育教育不能只单纯依靠教育者，更多的是需要受教育者根据自身的认知去接受德育教育。只有形成学校德育教育、家庭德育教育、社会德育教育的有机结合，才能将学生真正培养成社会所需要的新型人才。

三、德育教育对学生全面发展的重要性

（一）德育教育可以促进学生良好品德的形成

1. 学生品德的形成

（1）学生品德的形成机制

学生品德形成的机制是"内化"。"内化"这一概念最早是由涂尔干提出来的，他认为"道德是一个命令的体系，而个人的良心只不过是这些集体命令内化的结果"。内化的基本过程是由自律到自主的过程。皮亚杰认为内化的方式有两种，分别是同化和顺应。同化是将道德知识纳入个体原有的心理结构之中，可以通过同化过程内化到个体的心理结构说明这一道德知识与个体之间没有经过矛盾的过程；顺应是主体接受的这一道德知识与主体原有的心理结构之间发生了冲突，需要通过改变主体的原有心理结构来获得。班杜拉认为内化的途径是模仿、认同和强化。社会心理学家凯尔曼认为价值内化需要经历三个阶段，分别是顺从、认同、内化，在顺从阶段只是表面接受他人的意见，可能是迫于外在压力或者受其他因素的影响，认同阶段则是在思想、情感、态度上主动接受他人或集体的影响，内化阶段是在认同的基础上将自己认同的思想与原有的观点、信念融为一体，构成一个完整的价值体系。

（2）学生品德的形成过程

学生品德的形成过程可以概括为以下内容：由于个体的品德心理结构本身就是具有一定水平的道德心理模式，加之个体的独特性，导致不同个体的道德需要也有所不同，不同的道德需要奠定了不同个体的道德发展趋势，也正是有了道德需要，个体才会主动内化道德原则，同时道德需要的满足又会使个体产生相应的道德情感，而这些情感体验于学校教育和社会生活中的价值传递，构成了个体获得的对道德的全部认知，形成了个体内部的道德知识。个体内部的道德知识又有助于理解和认识新的道德知识，为新的道德知识的内化提供了基础，随着个体内部道德知识的建构与完善，就会提升个体的道德认知能力，这时对新的道德原则的内化不是被动的，而是经过自身思虑的，最后经过个体道德情感的催化作用，使这些道德原则内化为个体的稳定的心理品德。学生道德内化的过程并不止上述这一种形成过程，由于德育过程的多端性，学生对道德的主动内化可以从任意一种心理要素开始，也可以同时起作用。所以说，道德需要、道德情感、道德知识对个体心理品德的促进作用并不是单线条的递进过程，而是相互作用、螺旋上升的过程。

总的来说，通过在德育过程中充分调动和运用学生的品德心理结构，来促进学生对新

的道德原则或观念的主动内化，从而使学生形成个体的心理品德。而在促进学生道德内化的过程中，随着个体品德的形成，其道德认知、道德情感、道德意志等能力也会不断提升，最终促进学生道德行为的主动外化。学生道德行为的主动外化，又会提升个体的道德心理水平，从而在循环往复中促进学生道德习惯的养成。

2.德育过程

要促进学生在德育过程中对道德的主动内化，首先要对德育过程有一个清晰的认识，从而把握德育过程的应然状态，同时分析德育过程有助于我们把握德育过程的本质及其基本规律，提高德育工作的科学化程度。

（1）德育过程的概念

《德育新论》中认为德育过程即思想品德教育过程。德育过程是以形成受教育者一定的思想品德为目标，教育者与受教育者共同参与的教育活动过程。社会主义学校的德育过程是教育者根据社会主义社会对年轻一代的德育要求及社会主义条件下学生思想品德形成的规律，对受教育者施加教育影响，通过受教育者能动的认识、体验、践行从而形成受教育者社会主义思想品德规范，发展其品德心理，培养品德能力的教育过程。班华认为德育过程是教育者受教育者相互作用、相互促进、教学相长、品德共进的过程。现代德育过程是与外部环境相互开放、双向互动的过程。檀传宝认为对于德育过程的理解反映在德育概念的界定。他认为德育是教育工作者组织适合德育对象品德成长的价值环境，促进他们在道德认知、情感和实践能力等方面不断建构和提升的教育活动。简言之，德育是促进个体道德自主建构的价值引导活动。德育过程实际上也是德育对象自身在道德等方面不断自主建构的过程。有学者从建构主义的角度解释德育过程，认为德育过程包括以下几个方面：德育过程是在教师的引导下学生自主理解道德认识的过程；德育过程是在教师的关怀下学生体会感染道德情感的过程；德育过程是在教师的指导下学生自主感悟道德信念的过程；德育过程是在教师的帮助下学生自发调节道德行为的过程。

从以上关于德育过程的观点可以看出，对德育过程的理解经历了由教师主导到师生双向互动再到着重强调学生自主建构的过程。我国学校德育发展到今天，依然需要强调学生的自主性，注重学生在德育过程中的自主建构，原因就在于受传统德育范式的影响根深蒂固，还无法从根本上改变这一局面，教师的德育素养还有待提高。因此，对德育过程的理解应注重教育者和受教育者双主体的能动性和自主性，注重教育者的能动性与自主性是指教育者不再是按照书本照抄照搬地教，而是通过有意识地提升自身的道德素养，将书本知识与现实生活紧密地结合，按照学生品德的形成规律进行引导；注重受教育者的能动性与自主性是指德育知识和德育价值不再是通过传统的讲授获得，而是通过激发学生的道德需要，促使学生产生学习动机，从而主动地汲取知识。

所以我们认为德育过程就是在师生双方能动自主的基础上，依照一定的德育目标，通过双方主体的相互作用和共同参与开展德育活动，并促进学生道德主动内化的过程。

（2）德育过程的范畴

从宏观上讲，德育过程伴随着人的一生，人在发展的过程中总是有意无意地接受着来自外部世界的德育影响，人的道德发展水平以及道德境界客观上来讲总是持续上升的。

从中观上讲，德育过程则指学校的德育过程。学生从入学起到完成各教育阶段的学业，即受教育者在整个学校教育期间，都是以特定的德育目标为导向，以具体的德育活动为载体，使受教育者不断地获得阶段性的成长。在学校德育过程中，受教育者不仅会受学校德育的影响，同时也会受到来自家庭和社会的德育影响。

从微观上讲，德育过程指某一次具体的德育活动过程，包括某一次专门的德育课程，也包括教师在某一次具体教学过程中所实施的隐性德育。

不言而喻的是，德育工作仅靠专门的德育课程是远远不够的，要切实落实"立德树人"的教育目的，就要把握好专门德育与隐性德育的关系，使之相互配合，形成德育合力。针对学校德育现实，我们所论述的德育过程范畴是指基础教育阶段的微观层面的德育活动过程，秉持着"立德树人"以及"终身德育"的理念，深入细微处探究某一具体德育过程的现实，以期形成有一定德育价值的观点。另外，我们以学生德育过程为题，是基于德育现实中学生道德主体性缺失这一现象，意在突出学生作为道德主体的重要意义，从对学生作为道德主体的关照中，来探究德育过程的应然之义。

（3）学生德育过程的应然状态

通过对品德心理结构的论述，我们对品德心理结构有了清晰的认识，初步了解了学生品德形成和发展的规律；通过对德育过程中概念、要素及范畴的界定，应进一步认识德育过程中体现"育人"特性的应然状态，使教育者认识到德育过程应该是怎样的，从而加强教育者的"育人"观念。

从学生品德发展的规律上看，教育者应将受教育者的道德需要放在首位。

灌输式的道德教育通常依据教学大纲和德育目标进行呆板的教学，其被学生接受的道德知识具有极大的偶然性和随机性，甚至有可能造成学生对道德教育的疏远和厌恶。为了避免上述情形，依据品德心理结构，认为教育者应将受教育者的道德需要放在首位。考虑受教育者的道德需要，重点在于强调道德教育的现实性，项贤明认为："真正有效的道德教育最终必须体现为生活世界的教育，因为现实的伦理只能在社会生活中。"因此，道德教育就不能仅仅依靠教学大纲和德育目标进行教学，而应该着眼于现实的教育情形，根据受教育者的道德发展阶段和道德需要来进行道德教育。"因为生长是生活的特征，所以教育就是不断生长"。学生的发展性和生活的前进性决定了教育要不断地生长，教育要依据人的变化发展来调整自身的发展，那么道德教育也要依据受教育者的现实需要来进行。

聚焦到具体的德育过程中，道德需要是教育者首先要考虑的问题，它决定了教育者是否选取了合适的道德知识或价值，是否采取了恰当的引导策略。而教育者对受教育者道德需要的预判以及选取策略的适配性是一个具体德育过程的良好开端。原因就在于道德需要作为品德心理结构最核心的要素，是个体主动进行道德内化的必要条件。

从学生品德形成的内在机制上看，教育者应当采取道德知识与道德实践并重的原则。

生活化德育的提出极大地强调了人的价值，强调了德育过程的实践性，这对我国德育发展起到了至关重要的作用。但是教育现实并不总是以人的意志为转移的，生活化德育的理念落实不到位或者理解偏差等现象显现出来，甚至会造成过分强调道德实践的情况，这样便在一定程度上忽略了道德知识的意义，道德知识的忽略会导致学生缺乏一定的道德认知基础，相应地也会导致学生的道德判断能力缺乏有力的依据，所以说道德知识和道德实践在德育过程中不可偏废。从学生品德形成的内在机制上看，注重道德知识的重要性有助于使学生在德育过程中建构自身的知识体系，形成一定的道德判断能力；注重道德实践的重要性有助于使学生将具有一定道德水平的心理模式付诸实践，在不断的实践中形成个体稳定的道德人格，也有助于某一道德价值获得新的理解与认知，从而促进个体道德水平的发展。上述所提到的道德实践是指个体道德的外显行为，个体道德的外显行为越具有自发性，那么个体的道德意志则越坚定，我们对于道德教育的目的不过如此，那就是达到意志的自律。从学生品德形成的内在机制上看，教育者应当采取道德知识与道德实践并重的原则，这里主要强调的是教育者在进行道德教育时，不仅要注重道德知识的作用，也要注重道德实践的作用。注重道德知识就是要将道德知识转化为学生易于接受的形式，从而使学生知晓某些道德事理；注重道德实践就是要注重道德教育的实践性，单一的讲授很难使学生对道德行为有具象的认识，在知识讲授的同时，将道德事理应用于实践，开展道德实践活动，让学生从课堂上的听说者转化为道德实践的主体，这样做不仅有助于激发学生学习道德的兴趣，更有助于使学生对道德实践有直观的体验和感受，在潜移默化中使学生将道德进行内化，从而形成个体的品德。

从德育过程的过程性和正面性上看，要求教育者注重道德理性能力的培养和道德价值的引导。

一次道德实践活动或者是一次道德探讨课堂，都是一次具体的德育过程，而每一次的道德价值传递，都离不开道德推理过程与价值澄清过程，那么德育的过程性就要求教育者在传递道德知识或道德价值时注重道德理性的培养，例如科尔伯格利用道德两难故事法来锻炼学生的道德推理能力，使学生学会站在不同的角度和利益出发点来思考不同做法的缘由；例如拉思斯使学生通过对价值观的澄清过程从而深思熟虑后，选择自己的价值观，这样做有助于学生获取价值观，也有助于尊重学生的主体性。不管是道德推理过程还是价值澄清过程，都充分调动了学生的理性思考能力，使学生成为道德主体。

关于德育方式的正面性，檀传宝认为："首先是指教育方式本身应有正面教育的意义，是一种优质的隐性课程，其次是指在一定条件下道德教育宜采用的正面教育方式。"我认为强调德育方式的正面性是为了呼吁教育者要正视德育问题，遇到具体的德育问题就应该重视起来并进行分析，让学校成为真正可以育人的场域。这样考虑的出发点在于明确学校教育与社会影响的区别，作为专门的育人机构，就应该有意识、有目的地对学生进行正面教育，这样的影响对学生产生的作用是不可忽略的，它不同于一般的社会影响。一般的社会影响对学生的品德发展具有很大的随机性与偶然性,因此在学生接受了各类影响的同时,学校作为专门的育人机构就应该将正确的影响与价值予以传递,从而使学生在主流的轨道上发展。

从德育过程的复杂性和多端性上看,要求教育者表现出包容性与灵活性。

从根本上说,人的复杂性决定了德育过程的复杂性,在德育过程中,教育者要认识到学生作为一个发展中的人,其受到的影响来源各异,程度各异,性质也各异,因此不能一成不变地组织教学内容。高德胜曾说:"德育不应囿于'有目的有计划地活动这样的成论',偏执于教育者的主观意识,而应将有目的、无目的的影响看得同样重要。"他从学生接受德育影响的途径出发揭示了应注重广泛的德育影响,而我们从学生的发展性出发,强调了学生在生成过程中受到影响的多样性使不同学生在同一阶段生成了不同的人。所以说,从整体上看,教育者要面对整个班级进行德育,就体现了德育过程的复杂性,教育者不仅要兼顾学生整体的道德发展水平,还要关注学生的个性心理,使学生最大程度地参与进来;从细微处着眼,教育者在面对学生个体进行德育时,其复杂性主要表现为人的复杂性,教育者要对学生个体所受的各方面影响如家庭、社区、学校、同伴等进行整合分析,对学生个体的个性进行判断,做到最大限度地了解学生,只有这样才能形成教育者与受教育者之间的良好生态。

关于德育过程的多端性,檀传宝认为道德教育过程可以从知、情、意、行任何一个心理环节开始。也就是说,道德教育同其他教育一样,可以根据具体的知识特点选择恰当的德育策略,从学生的认知需求、情感共鸣、意志激励、行为体验等方面进行切入,最大程度地激发学生的学习兴趣。德育过程的多端性其实也可以理解为道德内容的丰富性,不同的道德内容表现出不同的性质,这就要求教育者要审时度势,具体问题具体分析,从而采取相应的实施策略。

(二)德育教育有助于培养学生健康的心理

通过研究表明,部分学生存在心理问题,各方面的压力给学生造成了一定的心理负担。德育教育培养学生积极乐观的心态,加强与他人的沟通交流,有针对性地解决其心理问题。

1.心理教育与德育教育的关系

(1)有共同的教育目的

德育教育与心理教育的对象都是学生,基本职能都是"育人",都是通过知、情、意、行四个层次帮助学生解决人生发展中的问题,培养全面发展的"四有"新人。

(2)关注的问题密不可分

德育教育关注的思想问题从实质上说属于心理现象范畴。学生的思想观念、政治立场和道德品质等都是外部影响与学生内部心理因素相互作用的结果。学生的心理问题往往通过思想问题的形式表现出来,某些思想问题要通过心理教育方式来解决,而某些心理障碍也要借助人生观、世界观和价值观教育才能排除。

（3）遵循一些共同的教育规律

无论德育教育还是心理教育，都必须遵循由浅入深、由易到难的认识规律，都要按照先进的教育理念、新型的师生关系、尊重人的价值、重视个性发展等教学原则，对学生晓之以理、动之以情、导之以行。

2.当前德育教育和心理健康教育中存在的问题

（1）日常德育的方式陈旧落后

由于传统德育中消极因素的影响，道德教育思想陈旧、理念落后。在日常德育中表现为：长期以空洞的理论说教为主，缺乏启发；长期以教师为主，忽视学生的主动性；长期以课堂为主，忽视课内外、校内外的结合，结果使得道德教育日趋僵化，缺乏创新。

（2）期望值过高，内容泛化

长期以来，无论是社会、家长还是教师，对学校德育都抱有过高的期望，企图通过德育去完全解决学生身上存在的所有问题。期望通过德育使学生既有坚定正确的政治方向，又有科学的世界观、人生观、价值观，还必须拥有良好的道德品质，以及明确的法纪意识、健康的身心……这就使得学校道德教育的内容偏离学生的实际生活需要而不断泛化，严重阻碍了它自身应有作用的发挥。

（3）人格教育有待重视

在学生日常行为中，常常有下列不良表现：第一，冷漠无礼，对班集体漠不关心，对父母长辈没有礼貌。第二，平淡庸俗，容易满足，胸无大志。第三，浮躁冲动，凡事以自我为中心。第四，不求上进，认知需求缺乏，没有独立创新精神。以上这些表现，都是由于在德育中不重视人格教育所造成的。它以"反面教材"的方式向我们警示了重视人格教育的重要性和紧迫性。

（4）心理健康教育制度建设有待加强

许多学校的心理健康教育缺乏制度保障，在人员、费用、课程设置等方面缺乏明确的刚性的制度规定，学校心理健康教育工作的开展情况目前还取决于学校管理者的认识和学校办学条件，因而随意性、主观性较大，严重影响了工作的正常开展。

（5）工作模式和工作体系尚待完善

目前在心理健康教育工作中，采用得比较多的是"心理健康课教学——心理咨询——教育活动"三结合的模式，运行的是以"预防""适应"为主的工作体系。既没有通过心理健康普查筛选出有心理问题的学生，进行有的放矢的重点关注和跟踪观察，又没有建立起心理危机干预机制和快速反应机制，及时有效地消除心理危机。

3.处理心理教育与道德教育过程中存在的误区

（1）心理问题德育化

它是指在当前教育实践中，因为对德育工作的理解存在片面性，又缺乏心理健康知识，不能准确了解学生的心理特点，简单地把学生的心理问题笼统地当成德育问题来看待。例如，把学生个人动机、兴趣等心理问题简单地看成对物质利益的追求，甚至将本属于心理障碍范畴的抑郁症、强迫症、焦虑症等问题当作思想意识、道德品质问题来处理，导致学生产生对德育的心理逆反。

（2）德育问题心理化

误以为传统的德育已经过时，片面地把学生的思想品德问题与心理问题等同起来，主张用心理咨询、心理辅导、心理调适等手段取代传统的德育模式。

（3）道德教育、心理健康教育孤立化

在一些学校，尽管成立了德育、心理健康教育的相关机构，但由于管理体制的阻碍或教育观念的冲突，导致德育与心理健康教育队伍各行其是，一方面是德育工作者的空洞说教、形式主义行为盛行，劳而无功；另一方面是心理健康教育的专兼职教师疲于奔命、孤掌难鸣，心有余而力不足，形成彼此孤立、互不往来的局面。

4.德育对于学生健康人格培养的意义

（1）增强学生的抗打击能力

学生面临较大的学习压力，在成长中难免会遇到各种各样的挫折与困难，如果缺乏较强的抗打击能力，则会在挫折当中迷失自我。在德育当中增强学生的抗打击能力，是使其正确看待生活与学习中困难的有效途径，同时也能够为学生走向社会奠定基础。

在校园当中，学生之间的交流频繁，德育的开展，也能够使其正确看待与他人的关系，以积极的心态看待人际关系中的矛盾。尤其是很多学生的心理较为脆弱，在遭受打击时难以振作起来，导致其生活与学习受到极大影响。教师应该在德育中通过案例分析等途径，帮助学生增强迎难而上的信心，走出内心的困境。此外，教师还可以通过名人故事会等活动，讲述伟大人物在成功道路上是如何克服困难的，增强学生的意志力，在打击面前坚定自我信念，正确看待自身与学校、社会之间的关系。

（2）促进学生自我意识的发展

在学生成长当中，其自我意识发展也具有重要意义，尤其是在青少年关键阶段，应该加强学生对自我的客观评价与认知，树立健康、积极的人格，使其顺利融入学校与社会生活当中。尤其是在当前多元文化发展的趋势下，学生意识形态会受到多方面因素影响。而学生由于心智尚未成熟，其辨别是非的能力较差，因此容易受到不良信息的毒害，导致其思想观念出现严重偏差。而德育工作的开展，则在引导学生自我意识健康发展方面具有至关重要的作用。随着物质生活水平的提升，学生在生活中面临的艰辛越来越少，尤其是在家长与学校的保护下，学生容易出现盲目乐观的心态。

在走向社会后，会难以抵制诸多诱惑，导致不当行为的发生。在开展德育工作时，教师应该以学生的是非分辨能力为重点，让学生正确看待社会与生活中的种种现象，培养其正确的价值观念。

（3）培养学生直面挑战的勇气

每一个人在成长中都要面临诸多挑战，如果在挑战面前步步退缩，将会限制个人成长与发展。尤其是对于学生而言，其面临较大的考试压力与升学压力，在繁重的学习任务下容易出现情绪崩溃现象。德育的实施能够帮助学生正确看待生活与学习中的成败，帮助学生从失败中总结经验与教训，充满活力地投入新阶段的挑战当中，坚定其直面挑战的决心，促进自我不断发展。随着社会竞争的加剧，德育应该引导学生消除内心自卑感，在学习中增强自身综合能力。

（4）有效融合家庭教育

在学生健康人格的培养当中，德育与家庭教育的有效融合，是增强教育工作效果的关键途径。教师应该加强与学生家长的交流与沟通，了解学生在家庭中的表现及遇到的问题，增强德育的针对性，防止教育盲区的出现。与此同时，教师应该向家长传授先进德育理念，帮助家长掌握正确的教育方法，防止学生出现逆反心理。家长对孩子要避免溺爱，着重培养学生的独立人格，使其自主解决生活与学习中遇到的问题。在学生成长发展当中，应该培养其健康人格，使其正确面对生活与学习中的问题，促进其全面发展。德育应该遵循以人为本的理念，通过增强学生的抗打击能力、促进学生自我意识的发展、培养学生直面挑战的决心和有效融合家庭教育等途径，促进学生健康人格的逐步形成。

（三）德育教育对学生智育的促进作用

德育，是指以提高学生思想品德素质为目的的教育活动，它包括政治、思想、道德和行为规范四个方面的教育。在社会主义的整个历史阶段中，学生的德育始终应当是学校第一位的工作。德育在学生健康成长中起主要作用，它不仅对学生树立正确的思想意识、政治态度和道德品质起重要作用，而且对学生的智力发展、学校的智育工作都有很强的促进作用。

1.德育对智育的主导作用

德育的目的是提高教育对象的社会主义觉悟，培养优良的道德品质即正确的人生观。智育乃是传授科学文化知识，掌握现代知识技能，发展智力、培养能力。虽然各有侧重，但思想是主导，是起决定作用的。这样，德育理所当然决定了智育的方向，保证学习的动力。

一个人的智力高，表明了他具备一定的服务于社会的可能性，但他愿不愿意用其本领为社会服务，怎样服务，都取决于一个人的思想觉悟，这无疑要靠德育的功能。当代心理学研究认为，德标志着个性意识倾向，是心理基本动力系统的核心，它对人的心理活动起着定向、调解作用，即可以支配人的心理和行为方向，可以发动或制约人的心理和行为活动，影响着人的心理活动的强度、速度、持久性和稳定性。在学校中不难看到，学生的政治觉悟、学习态度、理想层次、道德境界往往与其学习成绩成正比。有理想，学习目的端正，道德水准较高的学生，学习的积极性就高，效果也较好，他们毕业后，能把所学知识较好地运用到社会实践中，发挥良好的作用。

因此，学校中德育对智育的主导作用，集中表现在德育决定了智育的方向，决定了智育意识的倾向性，决定了学生的心理和行为活动方式。德育形成学生科学的世界观、人生观和科学的思维方式都有利于学生更快更好地成长，可以激发起学生强烈的求知欲，产生巨大的学习动力，从而形成积极的智育效果。

2. 德育对智育的激励作用

学习的三要素包括学习目的、学习态度、学习方法。其中学习目的是核心，是学习的内在动力。学生学习的积极性、自觉性来自正确的学习目的，这样教师为什么教，学生为什么学，就成了智育活动首先要解决的问题。良好的德育水平，不仅主导智育的方向，而且还会激励智育的过程和发展。学生认清了肩负的建设现代化国家的伟大历史重任，就会激发出极大的爱科学、学科学，立志成才的决心和勇气，拼搏进取，奋发有为，刻苦学知识，提高技能，增强能力。当然，作为教育者的班主任，也会在正确指导思想的支配下忘我工作、教书育人，完成培养合格人才的使命。

德育是调动智育活动积极性的重要条件，是形成智力活动的强大驱动力和凝聚力的源泉，是提高智育水平，学好专业知识、掌握扎实技能的根本保证。它可以激发学生为祖国建设事业而刻苦攻读的积极性、主动性。明确在改革开放形势下担负的跨世纪的历史重任，从而产生强烈的进取意识，形成旺盛的学习热情，保持良好的学习风气，在成才的道路上，奋勇向前，自觉克服各种困难和障碍，使其智慧和才力得以更好地施展和发挥。

诚然，为个人利益的浅近目标发奋者也不乏其例，但其个人奋斗的目标必须符合社会需要的大目标，才会有所成就，这也是为实践所反复证明的。

3. 德育的智育功能

学习是一个自我独立的智力活动和非智力活动相互作用的过程。智力活动因素是指人在认识过程中所具有的感召力，包括思维力、记忆力、观察力、想象力、注意力等基本因素。非智力活动因素则是指智力因素以外的思想品德和心理素质，它由动机、意志、习惯、兴趣、认识、性格等因素组成。心理学家研究证明，人们的智力发展水平和发挥程度如何，越来越依赖于非智力因素，取决于人们非智力因素的发展水平。也就是说，人们智慧的发挥、学习的进步和成绩的提高，越来越取决于一个人的思想品德和心理素质。一个人心理素质、思想品德好，他的智力会发展得快，能够最大限度发挥其智力水平。反之，则会影响智力的发展，影响智力潜力的发挥。

从教育的角度看，德育不仅关系到学生的觉悟水平，同时也关系到他们专业学习和智力潜能的积极发挥，这就是德育的智育功能。

现代心理学家指出，人的发展需要思想品德作为心理能力支配智力、体力的发挥，发展思想品德作为个人能力构成的三要素之一，又起着支配、促进、激励和统协其他两个要素——智力、体力的功用，德育的重要地位是无可替代的。德为五育之首，是由其职能决定的。这为学校教育培养合格人才提供了前提保证。我们广大教育工作者理应充分认识并真正发挥德育对智育的促进作用，在教育教学实践中既教书又育人，高速度、高质量地培养大批适应祖国现代化建设需要的高素质的优秀人才。

第二节 有利于弘扬民族精神

随着时代的不断变化，部分学生不够重视中国传统文化，而德育教育能够让学生了解中国的传统文化并践行和传播。中国文化能够源远流长，其正确性和指导性发挥着巨大作用，德育就是在传播中国优秀的文化。

一、民族精神教育概述

（一）民族精神历史渊源

浩浩中华，葳蕤自生光。历史的车轮在岁月中倾轧而过，有些民族被碾落成泥，有些国家浴火涅槃。而中国作为屹立于世界东方几千年的文明古国，其根未曾断，其魂未曾灭，其源未曾腐，其脉未曾蠹。究其根本，无非乎一群智慧、勇敢、坚韧的英雄儿女，秉承自我初心，立足自身发展，不断反省自我，不断内化总结，一路摸索、一路向前、一路披荆斩棘，从而形成了独具特色、无可复制的中华民族精神。而中华民族精神的历史发展，也自然有着深刻鲜明的中国烙印。

溯古追今，我们不难发现，民族精神教育早已有之。早至春秋战国时期，群雄盘踞，干戈四起，各国争相逞强称霸。彼时，虽无人明确提出"民族精神"这一说法，"民族精神教育"则更是无从考证。但在此期间，诸子百家，思潮解放，服务于各诸侯国的同时，百花齐鸣，从而也锻造出了一位位影响后世的思想大儒，法家思想、儒家思想更是影响深远。在此阶段，各诸侯国的思想特点、精神状态，虽仍具有极不稳定、随生随灭的特点，但也不难发现"民族精神教育"已初露端倪。直至秦始皇时期，罢儒尊法，重视利势，大力推广"不别亲疏，不殊贵贱，一断于法"的思想观念，自上而下追求缘法而治，推崇以法治国的思想。再观汉武，"无为"立根，旨在安民，罢黜百家，尊儒重学，成一时风尚。再至唐朝德法并重，宋朝抑武崇文，明朝程朱理学，清朝满汉分治，各个朝代都有其鲜明的民族精神特点。而这种鲜明的民族精神特点，恰恰反映了各个时代"民族精神教育"的成果。

现代以来，激励人心的"五四精神""井冈山精神""长征精神""延安精神"等无不是在革命斗争中凝聚沉淀而生的民族精神，在此期间，"民族"认同感真正得以铸就，民族精神得到深入拓展。中华人民共和国成立之后，更是涌现出"雷锋精神""焦裕禄精神""抗震救灾精神"等一系列成熟化的、社会化的、被人民口口相传的、极具时代特点的民族精神。自此，中华民族在历史的漫漫长河中不断洗礼，不断成长，形成了以爱国主义为核心的团结统一、爱好和平、勤劳勇敢、自强不息的伟大民族精神。

综上，我们不难发现，民族精神并非从来就有、一成不变的，它是一个民族的广大人民在长期的生活、学习、实践中经过反复筛选、逐步积淀形成的历史范畴。

（二）新时代民族精神的科学内涵

所谓伟大创造精神，即伟大民族精神之根本所在。回望几千年历史浮沉，中华民族凭借其优异的民族禀赋，将中华民族的创造力和想象力发挥到了极致。而凝结了无数中华儿女心血的伟大创造精神，更是将中国智慧体现得淋漓尽致。在历史的最深处，一批又一批的中华儿女，用自己的智慧、立场、观点、方法，去观察，去思索，去判断，然后去创造。一次次揭开了世界科学文明新篇章。古有四大发明、诗词歌赋等灿烂文明引世界惊叹；现有南水北调、量子通信、5G通信、高速铁路等中国奇迹为世界所称奇。新时代下，中华民族一贯坚持创新驱动发展战略，不断推进理论创新、制度创新、科技创新、文化创新，数次用自己伟大的创造精神，书写着伟大辉煌。

所谓伟大奋斗精神，即伟大民族精神之必然内涵。正如马克思所说："在科学上没有平坦的大道，只有不畏劳苦沿着陡峭山路攀登的人，才有希望达到光辉的顶点。"而中华民族的发展史，正是一部跌宕起伏、慷而慨之的人民奋斗史。"我们从古以来，就有埋头苦干的人，有拼命硬干的人，有为民请命的人，有舍身求法的人"。由此可见，伟大奋斗精神，是实践精神，亦是拼搏精神。正是这种鼎新革故、敢于拼搏的伟大奋斗精神，让中华儿女虽屹立于时代的浪潮之下，依然能保持初心，立鸿鹄志，做奋斗人，用拼搏奋斗书写人生华章。

所谓伟大团结精神，即伟大民族精神之力量所在。一定程度上，民族精神与国家认同本质共通。而伟大团结精神，恰恰是以爱国主义为核心的民族精神在国家认同方面的高度体现。

所谓伟大梦想精神，即伟大民族精神之灵魂所在。中国作为世界上唯一一个历史没有中断过的文明古国，恰是因为中华民族历来是一个敢于筑梦、敢于追梦的优秀民族。因此，伟大梦想精神，是精神武装，亦是精神指引。自鸦片战争以来，中华民族便同仇敌忾，在实现中华民族伟大复兴的道路上持续奋斗、矢志不渝。现如今，我国进入社会主义新时代，中华民族对未来也有了更加明确的期许与深层次的认知，"国家富强、民族振兴、人民幸福"的伟大中国梦，是新时代的新考验与新要求，更是中国人民和中华民族传向世界的响亮口号。

总体来看，中华民族精神的核心内涵就是爱国主义。溯古追今，民族精神作为坚定的精神脊梁始终贯穿于其中，绵延赓续，生生不息。伟大创造精神，伟大奋斗精神，伟大团结精神，伟大梦想精神，作为民族精神的高度凝练，均是爱国主义的具体体现，是中华人民世代心血凝结而成的中国智慧与中国精神，更为每一位英雄的中华儿女实现自我价值，书写自我华章提供了万千可能性。

（三）民族精神教育的价值旨归

民族精神教育，究其根本，是以实现民族精神传承为目的的爱国主义教育与国家认同教育，是新时代切实提高"立德树人"工作实效的必由之路，是全面践行社会主义核心价值观的必然要求，同时也是引领社会主义新风尚，强化公民道德模范和行为准则的必然选择。归根到底，是一种认同教育。就其本质内涵而言，民族精神本就是中华民族几千年来经过历史洗礼积淀而成的中国智慧。它蕴含了中华民族数千年来最优秀的传统文化与民族意志，是反复流淌在本民族最广大人民生活实践中的精神血脉；就其接受对象而言，中国自古以来就是一个兼容并包的统一多民族国家，五十六个民族各有特点，相互包容，齐心戮力，共创中华人民共和国的盛世繁荣；就其本质特征而言，民族精神教育的最终目的是实现国家富强、民族振兴、人民幸福的伟大中国梦，这就需要在实践过程中不断进行民族精神的弘扬、传承、开拓和发展。凡此种种，都决定了民族精神教育在价值观层面上必然要归结于国家认同的培育上来。

二、青少年民族精神教育的现实价值

（一）有利于增强青少年的中华民族共同体认同感

由于青少年自身知识水平相对薄弱，文化心理基础差，社会阅历有限，心智发展尚未完全成熟。加之信息全球化的大背景下，西方外来思想文化不断输入侵蚀，致使部分学生的民族认知感与国家认同感较低。因此，在此阶段，如何有效引导青少年自觉传承弘扬中华民族精神、践行社会主义核心价值观，从而形成积极稳固的中华民族归属感、认知感与国家认同感，就显得尤为重要。由此反观民族精神教育，究其根本，其本质上是一种爱国主义教育与国家认同教育。

民族精神教育作为素质教育的一种特殊存在，以中华民族几千年积淀而成的优秀思想文化为精神脉络，以爱国主义教育为理论根基，以全国各族人民的共同记忆为出发点，在历史中归纳总结，从现实中探寻摸索，它既恒久又鲜活、既复杂又纯粹、既兼容并包又特色鲜明。而在民族精神教育的实施过程中，通过多方合力，不断强化个体的思想认同、文化认同、民族认同、制度认同、价值观认同、公民自我身份认同等，逐步锤炼其坚不可摧的中华民族共同体认同感。

（二）有利于激发青少年强烈的爱国主义情怀

在以强化民族归属感与国家认同感为重要维度的前提下，任何民族精神教育，都将避无可避地具有极强的国家立场与国家意蕴。因此，民族精神教育的核心内容，是爱国主义教育。中华民族，曾一度风华绝代，意气无双；也曾几经黯然，眸眼蒙灰。和平年代，万千中华儿女，虽不至"寄意寒星荃不察，我以我血荐轩辕"的凄恻悲壮，但也应有"苟利国家生死以，岂因祸福避趋之"的傲然风骨。民族精神，作为民族文化存在的特有象征，民族精神教育，作为民族精神传承的必由途径，都应牢牢把握爱国主义这一主脉络。永怀拳拳赤子心，立报国志，存爱国情。

青少年的民族精神教育，理应高举爱国主义大旗，严守德育主阵地，鉴古知今，在思想和行动上，有效引导学生自觉践行"以爱国主义为核心的团结统一、爱好和平、勤劳勇敢、自强不息"的民族精神。在此之上，不断继承发扬伟大创造精神、伟大奋斗精神、伟大团结精神、伟大梦想精神，内化于心，外化于行，自觉把个人理想融入社会共同理想之中。同时，青少年要敢于对社会负责、对国家负责。时刻关心国家发展，树立"天下兴亡，匹夫有责"的责任意识，树立每个人都是国家主人的社会责任认知，为实现国家富强、民族振兴、人民幸福的伟大中国梦，在情感基础与思想升华上提供源源不竭的精神动力。

（三）有利于引导青少年传承民族优秀文化基因

历史洪流之下，只有那些既饱含民族底蕴又极具现代价值的传统文化，才能称为中华优秀传统文化。要想坚定地走好中国特色社会主义道路，就必须让这些中华优秀传统文化，在原有的基础之上，种下历史的果，开出时代的花。

民族精神教育，以国家认同为价值旨归，以爱国主义为核心要义，力求在中华优秀传统文化的肥沃土壤中得以滋养，生生不息。这恰恰直观反映出民族精神教育对中华民族优秀传统文化的传承。当前，青少年的民族精神教育，不仅仅要立足于社会主义核心价值观的教育，更要以此为基础，引导学生不断挖掘，以寻求镌刻在民族精神背后的优秀文化基因，以实现中华民族优秀文化的发展与传承。

（四）有利于增强青少年的民族向心力与凝聚力

中华民族的向心力与凝聚力，都深深扎根于民族价值观之中。而任何民族的价值观，都是本民族强大的民族力量，是震聋发聩的民族之音。而这种价值观的形成，无一不是由其优秀的民族文化与民族精神长期熏养而成。民族精神教育，其本身就是一种思想洗礼与价值引领教育。它是国家认同教育，是爱国主义教育，是优秀传统文化教育，同时也是震撼力教育、是向心力教育、是民族凝聚力教育。青少年，正处于人生观、价值观、世界观教育健全的关键期，培养青少年的民族向心力与凝聚力，是德育中必不可少的重要环节。而民族精神教育，作为连接学生思想与实践的重要纽带，无疑是有效实现民族向心力与凝聚力教育的不二选择。

三、民族优秀传统文化蕴含着丰富的德育资源

民族文化是一个民族生存和发展的精神土壤，是一个民族现实生活状态的真实反映，精神文化的发展往往都受制于时代条件，正如恩格斯指出的："一切以往的道德论归根到底都是当时的社会经济状况的产物"。显然，世界上任何一个民族的文化都有其精华之处，同时不可避免地存在糟粕和落后的成分，并且随着时代变化而不断地更新发展，文化往往都打上了时代的烙印。所以，对于民族传统文化的传承与发展问题要始终坚持取之精华，弃之糟粕的态度，只有积极的进步的优秀的民族传统文化才有传承发展的价值和意义，那些消极的落后的传统文化应该被封尘为历史的记忆。各民族传统文化丰富多彩，形式内容多样，能够为当代学校德育提供丰富宝贵的资源，德育发展需要从优秀的传统文化中吸取养分。但是，德育作为一个时代精神文化和制度文化教育的主阵地，是对各民族传统文化精髓的传承，这是一种优胜劣汰的选择性的筛选方式，而不是对民族传统文化的简单复制和保留。民族优秀传统文化蕴含着丰富的德育资源，主要来源于：

（一）日常礼仪文化

礼仪是人与人交往中约定俗成的方式，是一种律己敬人的行为，体现出个人的内在修养和素质的高低。在各民族日常生活中，非常重视礼节文化，把它当作规范人们行为的一种道德行为准则。长幼有序和热情好客等是少数民族生活中最基本的道德礼仪。如仡佬族的礼仪一般规定：在酒席或某些公共场合中，必须按辈分就坐，小辈不能同长辈坐上方；在日常交谈时如有老人在场，言行举止须谨慎；家里有丧事的两三年内，家人行为举止须庄重，不得嬉笑，尤其不能与别人争吵等等。蒙古族人在宴席前先敬天、敬地、敬祖先的礼仪都有特殊的德育内涵。尽管有些少数民族生活环境比较艰苦，生活简朴，但热情好客是本性，对客人倾力招待，如《巴东县志》中描述土家人："惟后里人客至，则系豚开酒坛泡之以为敬，……（猪）肘至膝以上全而献之，谓之脚宝，特以奉尊客，切肉方三寸许，谓之拳肉。酒以碗酌，非此不为敬。"

（二）民族风俗习惯

民族风俗习惯是各少数民族在长期生活中形成的较稳定的民风、民俗、习惯和禁忌等等，主要体现在衣食住行等等方面，反映了少数民族的真实生活状态和精神面貌。少数民族在婚姻方面体现出一种自由、平等的价值追求。习惯法和乡规民约体现出一种人与人、人与自然的和谐相处思想。如土家族习惯法规定：重视对自然生态环境的保护，如有封山育林公约，重视对森林的保护；水井保护有乡规，重视水源的安全卫生；保护动物公约、护秋公约等规定，在当时对保护生态环境起到了重要的作用。布依人的乡规民约在伦理方面也有相关规定，如要求父子、夫妇、朋友、兄弟，各守五伦，各尽其道；君尽道，臣尽忠，子尽孝，妇敬夫，弟敬兄，各尽其诚；处邻里而和乡党，莫使愧心而昧骗；求宽怀以待人；富贵贫贱，红白会期，扶幼助老，邻里相帮，一境和悦；各方劝化，谨戒奢华。各种各样的民族传统节日和纪念活动，都显示出少数民族对生活的热爱和美好向往、对祖先的敬重、对伟大英雄的赞扬等等。如蒙古族"草原那达慕"大会的摔跤、赛马、射箭等各种竞技比赛，还有"牛斗虎舞""安代舞""筷子舞"等，都彰显出蒙古族人民的勤劳勇敢、英勇无畏、朴实热情的优秀品质，陶冶人民的高尚道德情操。

（三）民间文学艺术

少数民族的民间文学内容形式极其丰富，通常以诗歌和舞蹈形式表达内心的情感和民族精神。民间文学创作源于现实生活的经历，诗歌一般表达对现实生活的不满或美好的憧憬，对统治阶级剥削的讽刺、反抗和对英雄的崇拜及敬意等。如土家族的《采茶歌》《长工短工歌》，就是描述劳动的艰辛和生活的不易；土族的《祁家延西》、蒙古族的《嘎达梅林》、苗族的《张秀眉颂》等反映的是阶级斗争和民族斗争，对统治阶级剥削和压迫的不满和反抗。少数民族的民间文学能够隐性地传播民族思想道德，折射出各少数民族追求自由、平等、安定、和谐生活的理想状态和自强不息、保家卫国的民族精神。

四、学校德育传承中华民族精神的必要性

如今,德育理论发展已逐渐进入成熟阶段和全面开花阶段。但是随着社会经济和科学技术的快速发展,人们开始越来越无限制地追求物质利益,轻视精神文化教育,道德观混乱和扭曲现象仍存在。凡事金钱至上,道德靠边站的现象也存在,一些民族优秀传统文化逐渐被世人淡忘,文化失去特有的社会教育功能。民族传统文化精髓的缺失直接导致了学校德育实践的实际效能的弱化,社会生活中不可避免地出现了道德滑坡、人情冷漠和崇洋媚外等等不良现象。因此,弘扬爱国主义、集体主义和社会主义的时代主旋律,并大力弘扬中华民族优秀传统文化就成为时代赋予学校德育工作的基本要求和任务。

(一)学校德育传承民族优秀传统文化的主要依据

德育教育是一个时代开展民族精神教育的关键手段,"德育的核心功能在于传播伦理文化,使德育对象完成伦理、政治等方面的社会化,同时使之具有伦理、政治、文化等创新能力",而民族优秀传统文化中又蕴含着丰富的伦理道德思想。所以,新时期学校德育传承民族优秀传统文化既是丰富德育本身文化内涵的需要,又是社会主义事业顺利发展的现实需要。

1.丰富中国化马克思主义德育理论的需要

马克思主义德育理论思想萌芽于19世纪40年代,它是在马克思主义科学的世界观和方法论的基础上发展起来的,这是为无产阶级服务的新的德育理论,最终的发展目标是要实现人的全面发展。新的德育理论是一种理想的教育观,提倡把教育同物质生产结合起来,只有这样"代替那存在着阶级和阶级对立的资产阶级旧社会的,将是这样一个联合体,在那里,每个人的自由发展是一切人的自由发展的条件"。马克思主义德育理论具有科学性、阶级性和实践性,为中国特色社会主义德育理论发展提供了科学的指南。

马克思主义德育理论作为一种科学的世界观和方法论,不可能直接照搬,而是必须根据中国的实际教育情况来开展教学活动。中国是一个由56个民族组成的大家庭,德育教育具有民族性。我国德育思想源于各个民族文化的精髓和价值观。只有不断地挖掘、提炼各民族传统文化的精髓,把马克思主义世界观的教育同中华民族优秀传统文化教育结合起来,才能丰富和发展中国化马克思主义德育理论,才能培养出有理想、有道德、有文化、有纪律的高品质的社会主义新人。

2.弘扬民族精神的需要

民族之所以成为一个民族是因为其有独特的文化内涵和不同的价值观追求。在自给自足的经济时代中,各少数民族的优秀传统文化占据了各民族群众生活的全部内容,他们通过各种各样的族群公认的文化形式来规范、约束和引导族群的生活行为,不同的文化形式反映出他们的民族个性和灵魂,文化就是各民族的精神土壤和发展动力。

在现代社会生活中,各少数民族优秀传统文化受到现代文化和西方外来文化的冲击和挑战,他们的世界观和价值观都发生了很大的变化。各民族优秀传统文化的传承遇到了前所未有的挑战,一些少数民族逐渐失去其特有的文化魅力和个性,长此下去将引起一系列

的社会问题。

通过学校德育的形式，民族优秀传统文化融入学生德育生活中，培养他们的爱国情感、民族精神和民族道德信仰。学校德育传承民族传统文化能够积极引导学生提高其文化自觉性，增强他们对自身民族文化的认同和民族自信心，从而达到教育他们爱民族爱国家爱社会主义的民族精神。

3.构建中国特色社会主义社会的现实需要

发展中国特色社会主义事业，实现国家富强、民族振兴、人民幸福的中国梦是中华各民族人民的共同心声。这是一个伟大而宏远的艰巨任务，需要全国各族人民经过长期的努力奋斗和积极探索。当前，我国正处于全面深化改革的关键时期，社会主义市场经济的各项制度尚未完全成熟，社会各种利益集团冲突依然存在，社会精神动力尚不足。

加强学校德育传承民族优秀传统文化，增强各民族的文化心理认同、民族认同和国家认同，是构建中国特色社会主义社会的必经之路。强化学校德育对民族优秀传统文化的传承是各族人民产生心理共鸣的文化基础，只有心理共鸣才能相互沟通、相互理解、相互尊重、相互认同、相互帮助，最终实现各民族的和谐相处，促进中国特色社会主义社会构建的进程并实现伟大中国梦的宏伟目标。

（二）学校德育传承民族优秀传统文化的地位

学校德育传承民族传统文化的地位通常被认为有双重含义，其一是指学校教育传承民族优秀传统文化精神教育，相对于家庭教育、社会教育或其他形式教育而言；其二是指学校非德育传承民族优秀传统文化精神教育，相对于学校其他教育，如体育、智育等等而言。

学校德育在整个学校教育体系中历来都处于核心或中心的地位，"立德树人"一直在各时代的学校教育中都被视为教育的根本任务。中国古代学校教育内容几乎就是德育教学，教育学生修身养性，培养浩然之气，提高个人道德修养和治理国家的能力，"格物、致知、诚意、正心、修身、齐家、治国、平天下"就是读书人的平生志愿，主要教学内容就是"四书五经"，可见德育教育在古代学校教育体系中的重要性。

1.学校德育传承民族优秀传统文化具有天然的优势

民族传统文化的多种类型决定了其传承方式的多样性，学校德育传承的一般是非物质形态文化。从文化传承模式来看，主要有学校传承、家庭传承、族群传承和社会传承等等；从文化传承方式来看，主要有教育活动传承、民间口头传承、文体活动传承和宗教活动传承等等。

从以上可以看出通过学校传承模式和教育活动方式来传承民族优秀传统文化具有天然的优势，其中学校德育在传承民族优秀传统文化上的优势更明显。首先，学校德育是一个专门化的科学的完整的系统的教育体系，这是家庭教育、族群教育和社会教育等等无法完成的教育模式；其次，学校德育内容选择和方法实施具有科学性，它是有计划有目的有组织地传播的社会主流意识形态和伦理文化，是国家进行整个国民精神教育的主渠道，民间口头文化传承、文体活动文化传承和信仰活动文化传承等等不具备这样的条件。而民族优秀传统文化浓缩了民族文化的精髓，直接反映了一个民族文化的实质内涵，而不是民族外在的文化表现形式。在一个统一的多民族国家里，民族文化精髓就构成了学校德育内容的重要组成部分，是一个国家文化精华的体现。

2.学校德育是新时代发扬民族优秀传统文化精神的关键环节

中华民族传统文化的精髓是以爱国主义为核心的民族精神，所谓"国家兴亡，匹夫有责"，传统文化以提高个人的道德修养和治理国家为直接教育目的。以爱国主义为核心的民族精神在少数民族优秀传统文化中的主要表现为爱族爱家，永葆民族生存和发展。在现代社会，民族文化的传承发展面临一定的危机，与社会主义精神文明建设格格不入。"建设社会主义文化强国"是宏伟目标，树立高度的文化自觉和文化自信，发扬中华民族伟大爱国主义精神是适应时代发展的需求。

建设社会主义文化强国，发扬民族优秀传统文化精神和爱国主义精神的关键环节，要依靠当代学校德育来实施。德育教育凝练了中华各民族优秀传统的主要内容，包括爱国、处世和修身等方面，是一种培养民族精神、民族文化自觉和文化自信的关键手段。

（三）学校德育传承民族优秀传统文化的功能

德育功能一般是指"德育系统内部诸要素之间以及系统与环境之间相互作用时产生的结果"。德育功能论在学界争议也较多，一般认为应该分为社会性功能（包括政治功能、经济功能、文化功能等）和个体性功能（包括个体品德发展功能和个体智能发展功能等）。学校德育在传承民族优秀传统文化中的功能就是德育文化功能的表现，文化内容包括价值观念、意识形态和行为规范等等，德育的文化功能也是德育的根本功能。

1.学校德育传承民族优秀传统文化的维系功能

德育的文化维系功能一般是指维持原有的文化内部结构，保持原有文化相对稳定性的功能。德育在传承民族优秀传统文化中的维系功能主要表现为传播民族的思想观念、道德观念和政治观点等等，对各民族的各种文化意识进行整合，维护社会的主流意识形态，同时抵御一些不健康文化或落后文化的侵蚀。学校德育对民族优秀传统文化的传承是一种规范形态文化的传递，而不是一种知识或其他形态的文化。它具有普遍性约束和规范的控制作用，维持各民族社会生活的安定、和平相处的调和作用。

2.学校德育传承民族优秀传统文化的选择功能

德育教育思想上源于各民族的优秀传统文化，但又高于优秀传统文化，是因为德育对文化有选择功能，不是对原有文化的照搬照抄。学校德育的内容选择是根据社会现实发展需要、德育本身特性和人的发展需要而定的，这是一种对文化内容优胜劣汰和批判与吸收的选择过程。

当前，要发挥学校德育在传承民族优秀传统文化方面的选择功能。学校德育教育者首先要树立正确的文化观，提高民族文化选择的自觉性，加强对民族传统文化的价值吸收和批判改造，对民族"各种文化进行科学分析、鉴别、筛选、利用"，坚持取其精华弃其糟粕的筛选方法，同时要加强各民族对文化选择的引导，让其在不同民族文化的冲突中学会交流和沟通，学会正确地进行文化选择和吸收融合。

3.学校德育传承民族优秀传统文化的整合功能

德育文化的维系功能和选择功能决定了德育必须具备文化整合能力。一个国家、一个民族的文化体系愈是整合了不同特质的文化，那么其文化体系就愈丰富，愈有生命力，这个民族的文化整合能力就愈强；相反，无整合能力的文化，则是脆弱的，经不起历史挫折的，这是文化历史发展的必然趋势。

在文化全球化时代，传统文化与现代文化的冲突、不同民族的文化冲突在所难免，我们要做的就是如何在不同的文化冲突中学会沟通交流，寻找对方文化价值的优点，进行吸收和整合，弥补自己民族文化的不足。对于当代的中国来说，德育发展应该不断地吸收和融合各民族优秀传统文化以及世界各种先进文化，提高德育自身和整个中华民族文化的整合能力，实现德育和民族文化都能不断更新发展的双赢效益。

第五章　新时代班主任德育教育工作的开展现状

第一节　学习成绩与德育失衡

中国传统教育中应试教育的目的是只重视学生的学习成绩，围绕学生的一切活动都与他们的学习成绩相关，很少关注学生其他方面的发展，其中包括德育的培养。一些班主任只看重学生的学习成绩，并以学习成绩取代学生在其他方面的表现，从而造成对学生德育的不重视，使德育与学习成绩呈现失衡状态。

一、教学工作不重视

有的班主任对德育教育教学工作十分随意，只注重学生的学习成绩，只是在学生犯错时，对学生进行单一的警告、批评。这种班主任仅针对犯错学生进行的个别德育教育方法，不仅难以使全班学生得到很好的教学，而且对于犯错学生的德育素养培养作用也十分有限，往往只能在短时间内起到规范言行作用，不久便又会发生类似的行为。老师作为学生人生道路上的领航人，有义务认清德育教育对学生全面发展的重要作用。中小学生处于一个渴望独立自主的过渡时期，非常容易受到成长环境的影响。帮助学生塑造良好的品德可以帮助学生树立正确的人生观、价值观和道德观。

（一）思想上不重视

班主任的教学任务比较繁重，还需要承担本班学生的德育工作，教师精力有限，在学校升学率的压力下，只能更加重视学生的学习成绩，对于学生的思想和行为却不那么重视，即使发现有学生出现不良行为，也只是简单说教，甚至是放任自流，不利于学生品德的塑造。

（二）德育教学能力不足

通常班主任都要兼任某一学科的教师，凭借某学科的专业教学知识走进学校，之后才逐渐成为班主任。这些人一般只是凭借多年的学科教学经验来担任班主任工作，并不具备系统的德育教育知识，也很少接受相关方面的系统培训，德育教学能力的不足，导致班主任在德育工作中存在障碍。

（三）德育教育缺乏创新性

在德育教育中还存在一个十分突出的问题：一部分班主任缺乏创新精神，对德育教育仍然沿用较为陈旧的教育方法。比如说，老师在教育学生时要放平心态，正确对待考试，会采用讲名人故事或一些空而无物的大道理的方法试图达到效果。但这种方式在通信发达的今天已经不那么好用。学生在互联网的洗礼中拥有独到的想法和看法，对于之前的名人事例等虽然认同但难以因这种陈旧的表达方式而接受。所以，老套的德育教育方式已经不适应当今的学生教育。

（四）教育工作者对于德育工作的认识存在偏差

在学校，学习是上至校级领导，下至学生自己都放在首要地位的大事，在学习这个光环的照映下，一些班主任认为德育是"虚"的，看不见摸不着，甚至还会耽误学生宝贵的学习时间。一些班主任还压缩德育教育时间，甚至不再开展专门的主题班会进行德育教育。这种对德育教育的轻视，是现阶段班主任德育教育实效性需要提升的一个重要原因。

二、教学方法不恰当

随着时代的发展和社会的进步，学生们的学习方式和思想观念发生了巨大的变化，但是很多教师还在采取传统的教育方式进行教学，对"立德树人"没有充分的理解，仅采用一些传统的教育方式，这些方式发挥的作用十分有限，致使中小学生班主任的德育教育取得的效果微乎其微。另一方面，尽管很多班主任已经意识到了创新德育教育的重要性，但局限于没有好的方法，德育教育一直得不到好的回应。在这种环境下，如何对班主任德育教育方式进行创新，对帮助中小学生塑造良好品德，树立正确的人生观、价值观、和道德观，培养学生的全面道德素养具有重要作用和意义。

（一）存在问题的具体表现

德育教育工作者在对受教育者进行德育教育时只会教条空洞的说教，而引导学生自我学习、自我改进的过程就很自然地被忽视了。课堂上老师以说教为主，对学生进行填鸭式的单向强制灌输；学生为了应付考试只会在短期内死记硬背，这些现象在初中阶段的德育教育课堂上仍然存在。整堂德育课全部都是教师在讲台上说，课堂互动很少，学生的积极性也不是很高，全程都没有学生发言。即使课堂上有讨论的过程，也是极少数学生根据课本发言，师生之间难以有真正的交流沟通。所以，在这种情况下，互动是无法达到预定效果的。在信息化背景下，音像影音教材虽然得到了广泛的使用，但是主要地点仍然是课堂。虽然多媒体教学在现在的教学过程中应用很多，但这些还没有得到教师的合理而充分的利用。有些老师只是将书本上的东西转换成了电子的模式，学生受教育的过程仍然是老师在台上一遍遍地念幻灯片，学生们则在下面无精打采地听课。

除此以外，实践课的作用也很少在施教的过程中得到发挥，实践课成了德育教育过程中的摆设或者只是为了应付检查时走走过场用的，所以实践课的作用微乎其微，这样不仅仅浪费了学生的宝贵时间，更不能带来教学上的任何好处。根据笔者以前的实习调查所显示，在德育教育的过程中，虽然年纪大的教师在教学过程中以灌输为主，但是这些老师思路清晰，对知识点的把握很准确，逻辑十分严谨，可是学生不以为意，昏昏欲睡。反观那些刚刚走出学校大门的年轻教师，虽然知识可能没有老教师丰富，教学经验也不足，但是他们接受信息的渠道比较广泛，教学形式和教学方法也不再那么单一。大部分年轻教师将知识点融入了游戏当中或者是学生感兴趣的话题，以此来激发学生的兴趣。虽然青年教师带来了新鲜的血液，但还是有数据显示，使用单一的说教模式授课的教师仍占一定比例，这样很难激发学生的学习兴趣。

（二）原因分析

专门化和知识化是德育教育的两个很显著的特征，这两点也将德育教育禁锢在一个封闭的小圈子里。所以，教学方法变成简单说教也就不足为奇了。在以上情况的影响下，单一的说教模式就成为德育教学课程最简单有效的方式。逻辑严密的道德条目变成了高尚的道德标准的显著特征，德育教育也渐渐脱离了生活实际和学生的根本需要，德育教育也就成了当代青少年学习过程中的一块鸡肋。学生不会对德育教育产生兴趣，更不要说有学生自愿去进行学习实践和道德的自我教育。德育教师也只能通过强制性的灌输、背诵考试等其他的学习方法来达到教学的目的。根据前期的调查数据显示，有超过六成的学校对德育教育的模式主要是以说教为主，采用对话交流方式的占到两成，而采用实践方式和体验方式教学的两者合计还不到两成。这些数据说明，在当代青少年的德育教育过程当中，手段是非常单一的，整个教学过程中缺少学生的意见以及看法，缺少能让学生受到感染的情感，使学生对德育教育只有一个感性的认识而不是全方位立体的认知。

三、德育工作内容不符合学生的发展需要

新时期的学生有着不同的特点和要求，特别是当前的学生，在信息时代背景下，其思想呈现多元化倾向，其发展方向也比较多元化。这样就需要制订适合学生发展的培养计划。但是目前学校班级德育工作比较传统，其内容和方式都是很多年前的，无法满足当前学生的发展需求，所以导致整个德育工作的开展比较低效。

（一）存在问题的具体表现

在对当代青少年的教育当中，德育教育和思想政治教育的区分并不是十分清晰，相当一部分人将这两者混为一谈。这也使得为社会主义培养建设者与接班人成为德育教育仅有的目标。德育教育内容脱离社会生活实际和学生生活，贴近当代青少年实际生活的案例也比较少，内容过于教条，与目前的社会发展格格不入；不能根据学生每个阶段的生理和心理上的不同情况来制定德育教育内容的具体实施方案，忽视了当代青少年的实际需要，这就使得德育教育的形式停留在表面，德育教育的内容也变得空洞。这种陈旧教条的教育内容，怎能引起当代青少年的学习兴趣？又怎能实现教书育人的目的？中学阶段是学生成长过程中的重要时期，也是叛逆期，此时学生对社会环境的反应是非常敏感的，而当前的社会环境受互联网等因素的影响，又是比较复杂的，这必然使当代青少年的价值观趋于复杂化。因此，这一关键时期的德育教育，是教给学生辨别是非的能力，而不是单纯的教条和刻板的知识内容。

（二）原因分析

"人的本质是一切社会关系的总和"，人生活在一定的社会环境中，环境是影响人道德发展的社会基础，具有现实性。生活环境对中学德育教育内化、社会化等方面具有重要的影响。但是，由于主观和客观方面的影响，学校德育教育的内容、方法与社会生活实际存在一定程度的脱节，严重影响了当代青少年德育教育的效果。实现德育教育的目标，离开受教育者的关注，离开学生的需要是不可想象的。学生是不会关心脱离当代社会生活、脱离实际的德育教育的。当代社会生活、社会的真实现象是德育教育必须认真研究的。因此，必须充分利用学校德育教育的一切积极有效的措施，并想方设法紧密联系社会生活实际，以此来培养提高学生道德判断能力，引导受教育者在不断变化的社会环境中理性遵守、掌握、自觉运用道德原则，是学校德育教育的一个重要研究课题。

四、德育教育实施中的问题

（一）对德育课程实施现状的审视与反思

1. 德育课程的实施现状

现代学校教育以知识的传授为核心，德育课程也不例外。中小学阶段的道德知识就贯穿于《品德与生活》《品德与社会》《思想品德》《思想政治》等课程中。就课程的重要程度而言，德育是五育之首，无论是教师还是学校都应当倍加重视。就教师的专业程度来讲，应为专任教师。就课程开设情况而言，小学阶段《品德与生活》每周为3课时，《品德与社会》每周为2课时；中学阶段德育课程为每周2课时。而有研究者对某县的小学思想品德实施状况调研后发现：61%的学校根本不重视思想品德课程，大多数学校每周只安排2课时的思想品德课，而且通常安排在最后一节；94%的思想品德教师为兼职教师；语、数、外教师常以各种理由占用思想品德课；将小学所有课程划分为三个平台，让调研对象进行地位排序，思想品德课属于最后一个平台。

从上述统计数据来看，德育课程的实施状况不容乐观，而且在具体实施过程中已被边缘化。而如此边缘化课程与德育本身所固有的重要性之间形成的巨大反差，则不能不引起我们的深思。

2. 对德育课程实施现状的反思

（1）德育课程定位的尴尬

就德育本身的重要地位而言，德育从古至今就是学校教育的一个重要话题，即便是在教育体系完备的今天，其在学校教育中的地位依旧是十分重要的。我国学校历来就有以德育人的传统。无论是我国学校教育中一贯实施的"五育并举，德育为先"德育理念，还是在新课程理念下，对德育为先的说法质疑而提倡的"德育为本"，又或是"德育核心论"的表达，都是对德育地位重要的印证。生活是连续的、不间断的，具有衔接性。作为调整人与人关系的道德，也具有此种特性。它不随家庭、学校、社会等空间的转而停止。学生世界中的道德事件、道德问题每天都在上演，我们期待以每周2~3节的德育课堂教学来改善学生的品行,这本身就是难上加难,即便不能说是"黄粱美梦",那也是"杯水车薪"。但这样的德育课程设置和定位又是符合学校教育的实际的。毕竟"现代学校以知识授受为中心,把大量时间用于直接的道德教学不切实际。而且,直接的道德教学主要传授各种关于道德的观念,这种观念对学生的道德影响十分有限,十分不确定"。故从中我们可以看出,德育课程既受制于学校教育教学实际,又伴随着对其教学作用的怀疑和担忧,学校德育课程定位尴尬。

（2）德育课程实施中受挤对

现代学校是制度化教育,而教育评价制度则是促使学校教育教学质量不断提升的动力源泉。如果缺少了教育评价,学校教育也就难以认定其好坏,没有好坏标准的学校教育也就无法称其为学校教育。应该说教育评价就其应有作用而言,是合理和恰当的。但现实世界是讲求实际利益的,教育评价与不同关系群体的利益结合在一起,就会使其原有的应有作用,发生改变。尤其是与当前社会的功利化倾向、个人的实际利益等现实状况结合,教育评价也会呈现出很浓郁的功利味道。以"应试"为指向的学校教育观念依旧根深蒂固,升学率问题关乎学校的生死存亡,而升学率的高低,又与考试制度密切相关,为此学校教育教学围绕"考试"而展开,也就不足为奇了。考试考什么,学校就教什么；教师的奖金、名誉等切身利益也直接决定于考试和评价制度；学校教育教学质量的高低也直接用学校的考试成绩来衡量。为此,出现主科老师占用思想品德课、学校和教师不重视思想品德课等状况也就可以理解了。

3. 对教师教学理念的审视与反思

（1）教师教学理念的现状

"回归生活"既是新课改的重要理念,也是德育课程的指导理念。作为与以往课程区别甚大的新理念,教师对新理念的理解和在教学中的应用程度,将直接影响课改的深度、广度和实际效果。有研究者从德育课程教学的实际出发,对教师所秉持的教学理念分析、总结后认为,当前的教师教学理念存在如下问题：

首先,对德育课程新理念缺乏深入理解和把握。课标新理念层面和教师理解、应用层面存在着理解不到位、把握脱节的现象。

其次,依旧受传统教学理念惯性思维方式和行为方式的影响,仍存在以"应试"为指向,按照传统教授式的方法,将与考试相关的知识传授给学生的现象。

最后,对学生品德形成规律缺乏深入认识。学生品德学习还存在只注重对知识结果掌握的现象,而非过程。

新课改理念在实践层面改革的关键是教师对新理念的接受和适应程度,即教师教学观的转变程度。教师秉持何种教学观将直接影响教师采取何种方式教,指导学生以何种方式学。生活德育理论下教师教学中所秉持的动态知识观、对话过程观、生活本质观,无疑都具有着生活指向意义。而当前教师教学理念中之所以会有上述问题或现象出现,即源于制度的制约,学校依旧围绕"升学率""考试"等关键词展开工作；也源于新理念未能充分扎根学校实践，在多种现实因素下，新理论与学校实践之间未形成相互生成、相互转化、相互促进的良性循环。当然，既然是改革，其发展道路就不会一帆风顺，就难免会遇到困难和阻力。新课改的发展道路也必然会有新旧观念的交织，其发展过程也将具有长期性和曲折性，而这也是符合唯物辩证法的。但既然要发展，那就要解决发展过程中的诸多现实问题，在问题解决中推进课改的深入和教师教学理念的转变。

（2）对教师教学理念的反思

教师所秉持的教学理念中出现的问题，除了需要借助于现有的生活德育理论进行分析，以得出教师在教学中对于知识的学习要注重其动态生成过程、教学过程的展开要注重师生间的对话、教学内容的回归要注重生活的体验和感悟等结论以外，我们还需进一步深思，现有教师教学理念所依凭的前提是什么，这一方面将有助于我们深入探究现有问题的成因，另一方面也将为我们解决现有问题提供更为广阔的思路。教师作为学校教育的代言人，其基本职责在于"传道受业解惑"。而这一基本职责的前提是教师所传授的知识是确定无疑的，教师对于这些知识有很深的理解和领悟，能用这些知识来"解惑"，解决现实中的诸多道德问题。换言之，教师只需承担借由知识教学对学生进行道德提升的任务，而不具有借由知识教学对自我进行道德提升的任务。但是纵观整个社会的道德现状，道德困惑、冲突还存在于社会之中，不仅学生会有面对生活中道德问题的困惑，就是教师也存在这些困惑。为此道德知识的作用不仅仅在于可以对学生进行价值引导，就是对教师本身也具有引导价值。当教师仅仅把道德知识的传授看作一种对学生的责任和义务，这些道德知识对于教师自身没有任何"享用性"，现实各种因素的交织，导致小学品德课教师大多为兼职，学校和教师都不甚重视的现象也就很正常了。

就通常情况而言，教师作为理性成熟者、知识丰富者，对于学生中出现的道德问题往往会以自己已积淀的经验进行审视，会觉得这些问题太"小儿科"。教师往往会以自己的固有性格、处理风格、心情好坏等对问题进行处理，即便按照教育理念所提倡的方式来解决问题，也是带有技巧性的问题解决，更多针对的是具体问题，而非着眼于学生的长远或长效发展。若从哲学视角对之进行审视并分析，会发现教师的这种问题处理方式其实是不合适的。就冲突本身而言，学生间冲突产生的情感基础、解决问题所依据的原则等与教师面对和处理冲突的做法其实有很大的相似之处。当教师以合理的方式化解学生间的矛盾，无论是对教师本身的教学智慧，又或是人生智慧而言都是一种提升。我国传统伦理强调以"日常修养"的方式来涵养道德，"日常"指的就是蕴含着矛盾和冲突的日常生活，借由日常生活事件的处理来增长智慧。这种处理方式使得即便是一般的"小故事"，也能蕴含"大智慧"。若德育课程的开设，不仅仅以学生智慧的形成为指向，也以教师自身智慧的提升为导向，那么教师则会以积极的方式来践行新课改的理念，更会以恰当的方式自觉关注、反思、解决身边的道德问题。

4.对"三维"教学目标的现实审视与反思

（1）对三维教学目标的现实审视

教学目标是一种预期的学生学习结果。它对课堂实施的教学活动具有"方向、控制、激励和衡量"作用。新的课程标准从促进个体全面发展的角度出发，提出了课程的三维目标：知识与技能、过程与方法、情感态度与价值观。学校教育中课程紧密联系于教学，课程目标的实现也往往依托于教学目标的实现。因此，课程三维目标落实到实施层面即教学三维目标。这一三维目标中不仅有对学生基础素养的要求，也有具体的方法论支撑，更有价值层面的指向。它是对以往双基教学目标的一种超越，是教学目标的一种全新表现形式，既符合社会对个体全面发展的实际要求，又是当前世界各国教学实施中的共性元素，三维教学目标在其理论建构层面具有明显的合理性。但合理的教学目标只是构成教学进程的初始预设环节，它还需落实到具体的教学活动中，以活动生成的实际结果来检验教学目标的实效性和可行性。课堂教学实践才是三维教学目标本身所包含的指导价值和意义的具体体现。为此，从现实角度来审视三维教学目标，即从课堂教学实际来对三维教学目标的实施现状进行全面考察。

　　三维教学目标所包含的全新的理念和精神，虽早已为广大一线教师所熟知并认可。但当其落户于实际的课堂教学，才发现也存在一些困惑。像"教学中注重了知识与技能维度，是不是就有了灌输倾向？""三维目标如何才能'融合'落实？""情感、态度与价值目标怎样才算达成？"这样的现实疑惑很多。围绕三维课堂教学目标而展开的课堂教学在现实中出现了困境。于是三维教学目标在理论和实践层面就产生了这样一种互不协调的现象，一方面是理论层面，课程专家们的强调："知识与技能""过程与方法"和"情感态度与价值观"同等重要。三维目标就像立方体的长、宽、高，三者之间具有内在的统一性与相互的交融性，缺失任一维度的三维目标都不具合理性。他们认为三维目标之间具有融合性和同一性，坚决反对三维目标的人为割裂。另一方面是实践教学层面，广大教师尴尬于："哪能样样都重要呢？实际教学怎么办？""不要说具体的教学落实，就是备课笔记前面的教学目标怎么也写不出'三维'来啊！"面对理论和实践教学层面的差异，有学者认为知识与技能并非同一概念，不能作为一维看待；把过程与方法等价，具有片面性；情感态度与价值观的词义之间具有重叠性。故也有学者认为，三维目标有类无级，过程作为目标令人费解，设置不科学。三维目标在理论与教学实践层面究竟如何才能够合理统一，钟启泉教授从"三维目标的教学设计"这一教学基础出发，为我们提了建议，他认为，"三维目标"是落实素质教育所必须的，是对传统"双基论""学科观"的一种超越，是一种崭新的基础学科观，集中体现了人类科学的诉求。将行为目标、问题解决目标、表现性目标并列具有合理性，符合国际教育界对"硬目标"与"软目标"的统一性追求。

　　（2）对"三维"教学目标的反思

　　既然教育目标是"硬目标"与"软目标"的结合，为此将三维教学目标中的"知识"与"技能"并列作为基础可测性目标；"过程"与"方法"并列作为活动展开的可见性目标；"情感态度"与"价值观"并列作为指引个体发展方向的体悟性目标就具有合理性。既然三维教学目标具备合理性，那理论界所普遍强调的三维教学目标具有整体性、融合性、课堂落实性等应然要求，就需要我们认真反思。而教学实践领域所期待的三维教学目标应具备的可分性、可操作性、可评价性等实然诉求，也需要我们认真对待。问题的焦点就集结于三维目标究竟该如何落实，落实的路径是什么，只有这一问题有了答案，三维教学目标才能成为中小学教师课堂教学的"抓手"。

5. 对课堂教学活动的现实审视与反思

（1）对课堂教学活动的现实审视

生活德育理论下的道德知识强调知识的动态性，而动态的知识则具有智慧属性。衡量德育课堂教学是传统型的还是符合新课程理念式的，其关键就在于道德教学是单纯的知识教学，还是智慧教学。道德智慧以个体的境界大小和处理问题的分寸（尺度）来衡量。道德智慧即个体具备在不同的道德境界中以合理的分寸来解决道德问题的能力。生活中的道德智慧既指向个体对具体道德问题的解决，又指向个体对更高道德境界的追寻。它是个体适应生活的实然所需与超越生活的应然所求的统一。德育课堂教学要回归生活，就要以生活中道德智慧的形成为参照。但德育课堂情境毕竟与真实生活情境不同，它属于虚拟情境，更多地依托于理性，而非实践。当然，从生活德育理论出发，这里的理性是与实践指向紧密结合与互生的理性，而并非脱离实践的纯粹抽象理性。体验和反思就成为了贯通课堂教学中理性和实践的联系环节。德育课堂中的智慧教学就是要将道德知识这一静态符号结果动态化，还原其应有的问题解决指向和境界追寻指向，赋予其情境体验性和多层面的反思性。审视当下的德育课堂教学，会发现现有的课堂教学与以往相比确实具有了一定的智慧，但这种智慧依旧是部分的、破碎的、非连贯性的。

（2）对课堂教学活动的反思

知识解读的环节断裂——道德知识未进行情境适用化的解读和细化。德育教材中所呈现出的道德知识通常以理论、规范、规则等形态出现，这些知识形态是人类经验认识的结果，以静态符号的形式加以表征，其要为人们所理解和掌握，还需对其进一步解读和细化，并将其还原至现实生活的各特殊情境之中，使之具有特殊情境的范围适用性，从而具有指导生活问题的现实价值和意义。

正面引导的错位——规避事件冲突。道德知识是与生活中的事件紧密结合在一起的，生活德育理论下的德育课堂教学注重案例、事件等在教学活动中的重要作用，并坚持"正面引导"的价值导向。即便以前的课程标准中没有刻意强调这一局部要求，但这一要求始终为教师所共知。可以说"坚持正面引导"的教育要求是贯穿古今学校教育的隐性要求。

第二节 德育呈现形式化现象

当前一些学校进行的德育只是单纯地为了任务而进行，德育以一种形式化的方式出现，德育很少又有正式的课程开展，即使课表中列出了德育课程，很多时候也被其他所谓的重要课程所占据;在德育内容上,很多都以教条式的方式出现,以一些条条框框来体现德育,很少与学生的实际情况相联系;在德育表现上,学校德育也一般以口号化的形式出现,空洞没有特色,对学生很难有吸引力。

一、德育课堂中灌输的症结

(一) 灌输的内涵

灌输是我国思想政治教育研究的热门问题。"灌输"在思想政治教育中指思想工作对象需要有而又尚未有的思想,从外面传播、输入到其头脑中去,变成他们自己的思想,主张进行正面的宣传、教育、启发和引导,使革命的理论、先进的政治意识和道德伦理,由工作者输送给工作对象,为广大干部群众所掌握,帮助他们树立政治信仰,提高政治觉悟,坚定政治立场,保持正确的政治方向,并以此作为行动的规范和依据。"灌输"是一个动态的主客体双向实践沟通的过程,主客体以马克思思想政治理论为纽带相互联系,其本质含义是"教育和宣传"。

(二) 灌输在学校德育课堂中的表现

在道德教育中实施灌输主要基于两个基本假设,一是不区分道德知识和自然科学知识,将两者视为同质异构,这样道德教育的目的可以定位在让学生知道并记住"有关道德的知识",同时还可以用非常精确科学的方法进行评估;二是学生的道德知识和他们的道德品质成正比。即使现在老师传授的道德知识高于学生认知水平,但终有一天学生会理解这些知识,将道德知识转化为道德信仰,并遵循知识背后的精义,做出相应的道德行为。以学校德育教学前计划和准备阶段、德育教学实施阶段、德育教学后的效果这三个阶段为依据,具体来说,灌输在学校德育课堂中的主要表现有:固话预设的教学设计、僵死化的教学内容、程式化的教学过程、不平等的师生关系、知识化的教学效果。

1. 固化预设的教学设计

教学设计是指老师在教学前根据对学生基本情况的了解,分析研究教学内容,对教学过程中可能遇到的问题而预先制订的教学方案。它实际上是老师在教学前对教学过程和教学结果的谋划和设想。在进行任何教学活动之前都要进行设计,凡是有目的的活动在实施前都要求有计划。就德育教学而言,是一项培养人的工作,必须要具有目的性和计划性,否则,实际的德育教学将可能是一团乱麻。预设是指在活动开始之前对其进行预算,设想,安排,规划。靖国平教授在《"生成性课堂"何以可能?》一文中将预设分为固化预设和弹性预设。一方面,二者对预设的理解不同。"固化预设"是将"预设"理解为前置的、最佳的、唯一的、确定的、刚性的计划或安排。"弹性预设"是将"预设"理解为纲要的、信号的、多元的、开放的、情景的、动态的规划或设计。另一方面,二者对"预设"的价值假设不同。"固化预设"认为可以通过预先设计出好的结果,甚至可以事先"想到"、"看到"好的结果。而"弹性预设"认为预设只是假设。教学假设的可能性、目的性、计划性需要服从于教学实践的现实性、过程性、变化性。学校德育中固化预设的教学设计是指老师在进行教学设计时，将教学计划当作一种静态的、刚性的、唯一的教学方案。

这种固化预设的教学设计在学校德育中主要表现为：老师在备课中对教学过程中的所有要素都做出精细安排，力求面面俱到。如精心规划教学时间，详细规定某个教学环节和某个问题讨论的时间。有些老师甚至在备课的过程中安排好在具体教学过程中何时提问，提几个问题，分别由哪些同学来回答。这种追求固化预设的教学设计，将教学设计变成了刚性的纲领和指令，着眼于完成教学任务，不允许教学过程中出现任何在教学设计之外的事件，为教学的展开铺了一条平整的路径。但这样不利于学生道德品质的发展。

2. 僵死化的教学内容

僵死化原本是研究第二语言习得的专业术语，在本书中僵死化的教学内容是指老师在处理教学内容时，因教学思想的发展和教学方法的运用趋于固定状态，无论老师年龄的大小，还是接受新的教学内容或是采用新的处理教学内容的方法，都不能改变这种僵化的倾向。

僵死化的教学内容主要体现在老师在处理教学内容时，采取唯书是从，唯教材是从，以本为本的方式。他们盲目过分地相信甚至迷信教材的内容，没有深入研究教材内容中所蕴含的思想、价值取向，没有将书本上的知识与学生的生活实际相联系。只是以口头的形式把教科书呈现的内容表达出来，传递给学生；或者以崇敬的态度将教科书上的内容"准确无误"地传授给学生。这样老师就异化为"传声筒""会说话的教科书"。

3. 程式化的教学过程

教学过程的实施总是由一些具有内在逻辑联系的教学环节构成，为此历史上一些著名的教育学家都在理论上进行过研究和探讨，像赫尔巴特的"四段教学法"、杜威的"五步教学法"以及凯洛夫的课堂教学理论与过程等，这些理论有助于提高教学效果。但是，灌输在现有学校德育中的表现之一是实施程式化的教学过程。

程式化的教学过程是指老师过分注重教学过程的严密性，盲目机械地照搬套用教学理论，不考虑学生的特点，课的类型和教学目标，毫无遗留、毫无扩展地执行教学设计，不允许教学过程中有任何的"节外生枝"，将教学过程当作是完整执行教学设计的过程。毫无疑问，传统德育课堂中的"满堂灌"和"填鸭式"是典型的程式化教学过程，老师的主要职责就是把道德知识无条件地传授给学生，学生就像"知识容器"无条件地被动接受。

"提问"是程式化教学过程在学校德育课堂中的一大表现。随着新时期素质教育不断发展，主导—主体教育模式深入课堂，老师为了适应新的形势变化，彰显学生的主体性，他们在德育教学中会提倡学生"质疑"，鼓励学生"提问"。但是，往往是一连串"问题"之后，就郑重地宣布"正确"答案，或者不断牵引学生按照老师设想的答案回答。看似热闹的课堂，与传统德育教学中的"灌输"截然不同，师生间互动形式取代了传统单向的老师独白式，但"整个教学过程就像一架齿轮驱动式的机器，在预先设定好的程序、轨道中机械地运行"。老师提问的目的就是为了从学生嘴里得到老师或者教材预设的标准答案，其实质是一种"假引导"和"真灌输"。

学生根据老师脸上的表情回答问题是程式化教学过程在学校德育中的另一表现。例如在一些课堂现场可以发现，老师脸上的表情变化也能牵引学生走向预设答案的轨道。当学生的回答符合自己的意图时，老师脸上自然浮现出喜悦之情；但是当学生的答案不在老师预设之中时，老师就会"不高兴"。而学生察言观色的本领并不差，可以根据老师的脸色来迎合老师。

程式化的教学过程是老师按照教学设计完成教学任务的过程，而不是学生打"横炮"引发的"节外生枝"。叶澜先生曾把教案比作剧本，教室是表演舞台。固化预设的教学设计成这只"看不见的手"贯穿于教学过程，让教学围绕着它转，老师通过其对学生进行支配、控制。老师在程式化的教学过程中既是导演，也是主角，学生则为观众或听众，无法真正参与和融入到教学中，不利于培养学生的责任感。

4.不平等的师生关系

师生关系是德育过程中最主要的关系。德育过程的主要矛盾是老师所提的品德要求同学生是否、能否接受的矛盾，二者相互依存，相互转化。在矛盾转化的同时，德育过程是一个由"内化"到"外化"的转化过程，是一个知行统一的过程。即学生对老师提出的道德要求进行选择和理解，形成自主意识，并能在实践中将自主意识外化为行为习惯，形成良好的个体道德品质。在传统儒家思想"师道尊严"的影响下，当前学校德育课堂中的灌输呈现的是一种不平等的师生关系。不平等的师生关系是指师生在德育过程中地位不平等，权利和义务不平等。

在德育中这种不平等的师生关系具体表现为，以老师为中心，忽视学生的主体地位。一般来说，老师的人生经验和社会经历要比学生丰富，他们闻道在先，故老师凭借对道德知识的优先占有而主导和控制了整个课堂，他们常常以真理代言人自居，以命令式或祈使句式为基调迫使学生接受所讲的道德知识或所提出的道德要求，牢牢地控制和操纵学生思维。就像布迪厄的资本理论恰好解释了因师生间道德知识的不平衡而导致不平等的师生关系。他认为资本是一种控制能力，能控制自己的未来和其他人的未来。因而，资本是一种权力的形式。谁占有资本，或者说谁更多地占有资本就奠定了其在具体场域中的优势地位。而老师在德育教学这一特定的场域中，正是凭借对道德知识占有的绝对优势，突出自身的权威，所以师生间呈现一种不平等，不民主，对立的关系。

5.知识化的教学效果

知识化在德育中是指，道德可以像学习自然科学知识所采用的认知操作方式一样，如分析、对比、归纳、记忆、练习等来教授和传递，让学生获得道德知识，从而成为有道德的人。赫尔巴特认为，道德教育的目的就是使"绝对清晰、绝对纯粹的善与正义的观念"深入人心，从而压抑人"所有任意的冲动"，而行为模式在道德教育中并不重要。实际上灌输是这种思想的再现，所以，至今很多学校仍采用知识教学的方法来培养学生的品德。

强调学生掌握知识和技能是无可非议的，道德知识体系中的陈述性知识包括学生对正义、善良、荣辱观念的认识，这些道德认识是学生日后形成对具体道德事件作出正确判断和选择的基础。但是若认为德育的唯一任务和目的是学习知识和技能的话，德育中学生的"人性"被知识的传授和技能的掌握吞没了，德育变成了生产机器人。事实上，说教和灌输不容易形成正确的价值观和道德品质。

另一方面，考试已成为评价学校道德教育教学效果的重要方法之一。对个体的道德品质进行要素分解、指标分配、权重设置，以便追求"可测量"的高分数。老师通常要求学生死记硬背与考试相关的道德知识，在考试时，让学生将记忆中的道德知识默写到试卷上，试图通过考试来促进学生道德品质的全面发展，完全忽略学生道德情感和道德行为的发展。因此，学生的品德便表现为一个个直观的分数，分数和品德挂钩，分数越高，品德越好。

当然作为考试本身而言，自有其存在、应用的合理性。德育必然要求学生掌握相关的道德知识，但是学生德性的形成是知情意行有机统一发展的过程。判断这一过程的实现与否绝不是一次考试甚至是多次考试可与之相匹配的。而在实践中，分数高的所谓的"好"学生不一定具有优良的道德品质。这些例子并不少见。这种单纯的"知识中心主义"，将道德知识的传授等同于道德品质的培养，将事实与价值混同，造成的后果是忽视对学生情感、意志的培养。那么知识化的教学效果主要表现为知情分离、知行分离这两个方面。

（1）知情分离

道德情感体验是学生理解道德知识不可缺少的中介，是学生产生道德认同的一个重要过程，道德情感教育更有利于学生附带的智慧的生成。只有知情结合，才能产生更好的德育效果。然而当前德育中的灌输，只强调学习道德知识，把学生品德的形成视为单纯的知识传递和积累，忽视学生的内心和情感体验，造成学生心灵荒芜。

（2）知行分离

道德知识和道德行为是同一过程，不可分割。现今学校德育过分重视道德认知，轻视学生的具体道德行为，所以在现实中可以看到很多学生是思想上的巨人，行动中的矮子。德育中灌输的教学效果是培养出来一些校内外不一、有无规则不一、知行不一的学生。如有的学生学习成绩优异，是大家公认的好孩子，但是这些学生随手扔垃圾，不文明用语张口就来。有些学生在学校听话，乖顺得像小绵羊，但是回到家就成了小霸王。因为学生迫于外力，处于一种强制环境中，所以他们在校遵守纪律和规则，但其行为可能没有任何自觉性和责任感可言。

更为糟糕的是，在老师这种外力的胁迫下，学生可能会在不道德的动机下做出符合道德的行为。而这些符合道德的行为是依靠外力而存在，一旦其失去赖以生存的外部力量，学生难以抵制现实中的负面诱惑，在现实面前变得束手无策，从而放弃老师传授的、辛苦背诵的道德知识。正如学者宋洁人所说"那种貌似改变了其某种本性，都是目的的需要，环境迫使他们有意作了技术性的调整或者说进行了包装或者与潜在的某项本性交换了位置——绝非真的改变了，万万不可把人的适应性误认为是改变。"

如果不是以分数为唯一标准来评价德育效果，而是从知情行三方面来综合考量的话，那么学校的道德教育没有完成其自身的任务。学校不是看守所和监狱，所以衡量德育的教学效果并不是看它是否在校内这个有限的时间和空间成功地管住了学生的行为，而是要看学生走出校园，走上社会能否言行一致。

二、德育工作缺乏实效性

德育工作是一项需要长期投入的工作，其工作内容多且繁杂，几乎是事无巨细，且很多工作就是临时性、突发性的工作，这就意味着初中班主任的德育工作是需要认真梳理、细致投入进行的。从学校层面来说，虽然学校把教育、教学放到了同等重要的地位，但是在以成绩为核心标准的考核体制下，对于班主任的工作缺乏科学、有效的考评机制。而且，很多学校为了教学与管理的便利，往往是在分班时存在重点班和普通班，学生层次差异较大，但是学校在制定相关的考核评价标准时却没有顾及班级的差异性，导致普通班在管理上存在更多的困难和问题。时间长了会严重影响班主任的积极性，也会使班级德育工作缺乏实效性。

（一）德育实效性的相关研究

所谓德育的实效性，简而言之，就是德育的实际效果。笔者认为，现代所有德育实效性学术研究的价值应该放在当下及未来语境中来看待。刘维婷等学者将德育思想理论视为现代高校道德教育工作的精神给养和创新动力。而学者张文娟则注意到了德育实效性的环境的问题，她认为德育的自然环境、人文环境和精神环境都十分重要，这个角度值得重视，好的德育环境是使人持续培养和养成良好道德意识、道德行为、道德意志的重要条件。故，研究德育实效性问题，不仅是学术上的研究，更多的应是教学应用领域的研究。

（二）德育工作有效开展的途径和前提

社会的不断发展，使得不同国家的文化碰撞也日益增加，人们所接触到的事物也各不相同，当代初中生的思想也随之发生了较大变化。比如，一些学生盲目地追求个性，并且思想较为前卫，说话做事也较为单纯，容易在观念与行为上出现偏差。基于此，班主任在进行德育和学生进行沟通时，应充分了解学生年级阶段普遍心理特征和班级学生基本信息，只有掌握这些特点，才能选择合适的方式进行沟通，才可以帮助班主任联系实际，更好地掌握学生的综合状况，避免出现误入歧途的情况。

现如今，以学生为本的教学理念得到了推广与普遍的认可，尊重学生的个性化，不仅有利于扩宽学生的发展空间，也有利于加强师生之间的交流，提高德育管理工作的水平。所以，在与学生的日常交流中，教师不妨采取换位思考的方式看待问题，以学生需要为突破口，帮助学生适应初中生活，端正学习心态。同时，班主任在和学生进行沟通交流时，不能意气用事，不要一味站在成人的角度看待问题，应当及时考虑学生的心理和动机，尝试以学生易于理解的角度分析事件，唯有实事求是、以德服人，才能更好地处理问题。但是，在实际的班级管理工作中，由于传统的德育思想根深蒂固，导致学生不敢及时和班主任进行沟通，怕自己受到批评，日积月累，就会导致学生产生较为严重的心理障碍。对于此种情况，教师应该积极走下讲台，融入学生的日常学习中，用人格魅力赢得学生的敬爱，从而使师生关系更加融洽，为后续德育工作的顺利开展奠定基础。

三、德育工作未形成合力

对于学生的成长来说，需要学校教育、家庭教育和社会教育三者结合起来，三者是密不可分的一个整体，需要有机地整合。但是在实际的德育工作中，一些教师没有注意三者的结合，特别是学校教育的核心引领作用，这既会影响工作的效果，也难以形成教育教学的合力。

（一）学校教育与家庭教育脱节

家庭教育重在教孩子如何做人，其最明显的特点是非正规性：遇事则讳。家长在对孩子进行品德教育时，基本是遇到问题了才进行教育，缺乏系统性和连续性。相对于家庭德育而言，学校德育具有系统化、制度化、规范化的特点。在家庭教育中，除了个别的父母对德育缺乏重视以外，大多数父母能够认同良好品德对孩子成长的重要性，主要采取讲道理、说教的方式及时教育孩子，帮助孩子形成正确的道德观念。学校德育旨在培养学生成为有理想、有道德、热爱集体、热爱国家的有良好品质的建设者和接班人，与家庭教育关注日常行为规范、为人处世的侧重点不一样，家长对孩子是否学雷锋、参加志愿服务、参加集体劳动、奉献社会等方面关注较少。学校与家庭在德育培养的目标上缺乏沟通，造成学校德育与家庭德育的脱节。

（二）学校德育与社会脱节

教育不是一个孤岛，它不仅与学校其他各方面的教育密切相关，而且与整个社会紧密相连。但是一直以来我国学校德育与社会德育脱节，学生很少参与德育实践活动。德育工作者没有充分利用社会资源作为德育实践的基地，违背了国家提出的实践育人、体验育人的新理念和新要求。学校德育和社会德育形成了相对封闭、相对独立的体系，这样非常不利于初中生德育工作的开展，也无法形成具有凝聚力的德育合力。思想品德建设是教育与实践相结合，按照实践育人的要求，以体验教育为基本途径。目前新媒体环境下，德育固有的说教和灌输模式越来越不受学生的欢迎，学校要加大学生参与社会实践活动的力度。

好品德的养成是有条件的，环境和教育起着决定性的作用。学校是青少年思想道德建设的主阵地，对塑造人的灵魂，培养理想信念、保证方向具有不容忽视的作用。同时，"在其现实性上，人的本质是一切社会关系的总和"，社会环境是影响青少年道德内化、社会化的重要因素。

人生活在一定的环境里，环境是影响人发展的现实性的社会基础。从青少年德育的角度来看，良好品德的养成不是无条件的，环境和教育起着决定性的作用。学校是加强青少年思想道德建设的主阵地，对塑造人的灵魂，培养理想信念、保证方向具有不容忽视的作用。同时，社会环境是影响青少年道德内化、社会化的重要因素。目前，由于主、客观方面的原因，学校德育的目标、内容、方法等与当代社会生活存在不容忽视的错位，严重影响了思想道德教育的效果。因此，在充分发挥学校德育的一切积极因素的作用的同时，如何与社会影响同步教育，紧密结合社会生活实际和学生的思想认识实际，培养学生道德判断能力，引导学生在复杂的社会道德环境中理性掌握并自觉运用道德原则，坚持做人准则，加强德育有效性是学校德育工作的一个重要课题。德育目标的实现，离开受教育者的关心，离开学生的需要是不可想象的，脱离当代社会生活、脱离学生实际的德育就脱离了学生的需要，就不会得到学生的关心，就像是建在沙滩上的海市蜃楼。因此，学校德育必须研究当代社会生活，以现实为维度。

首先，设置适宜的德育内容，反映当代生活。德育内容是指用来培养受教育者思想品德的思想道德观点、原则和规范体系。每门学科都有自身的逻辑结构，道德教育的内容确实很难与社会实际问题一一对应，也不可能"学到了就能在社会上派上用场"，目前，我们的学校道德教育传递的通常是经过过滤、筛选的纯而又纯的做人道理、基本原则和完美的道德典范，呈现给学生的只是美好、善良、非真实的一面。然而客观现实并非学校德育的世界。其结果是学校德育工作不但与现实生活脱节、学生实际脱节，沦为不切实际的空谈，而且会导致一些学生以纯理想的态度去对待现实。而脱离现实的道德理想主义只会造成巨大的心理落差，当这种落差超出其心理承受能力的时候，变异就会产生。除开该被时代所否定、扬弃的腐朽道德，凡属对现时代具有进步意义的道德，都同时具有超前性和现实性两个方面的属性。德育教育的适度超前无疑对社会进步具有"导向"上的功能，但脱离现实的道德理想主义只会带来消极效果，造成"超时代的悲剧"。

其次，把握道德教育的基础，研究学生、理解学生。行为是人和环境的函数，行为随人和环境这两个因素的变化而变化，不同的人对同一环境可能产生不同的行为。道德根本上是社会的，但道德也与个人的反省和选择有关。由是观之，道德教育必须研究学生、理解学生。研究、理解学生要求不是简单地对之进行道德说教，而应从青少年的道德实际出发，尤其是从他们的道德心理实际出发，忠实地描绘他们的道德现实，解剖、分析其道德现状，探究青少年道德教育的规律。学生思想品德的形成过程是一个知、情、意、行辩证统一的发展过程，只有那种符合学生的需要，能激发、引起他们的关注，并产生情感的道德教育才会是有效的，否则道德教育的内容就不能被学生同化，成为他们自身的一部分，就永远是一种外在物，对其将来的道德情感、道德行为不会产生什么影响。

最后，发展思想道德教育理论，解决新问题。没有实践的理论是空洞的，没有理论指导的实践是盲目的。现代社会是一个空前开放的社会，改革与竞争改变了传统社会发展迟缓、变化慢的状况，思想道德教育也应在竞争中不断改革、发展，研究新情况，解决新问题。那些不顾教育过程的政治、经济和社会环境来论述教育理论的人，是浅薄的，势必在社会上和教室里遭到蔑视。道德生活是不断发展的，道德理论也要随着道德生活的发展而发展。发展道德理论，不仅要以现代社会的实践为基础，而且要以广大思想道德教育工作者的研究为支撑。因此，进行思想道德教育研究，关注现实、关注变化，思考、研究变化的原因，并做出正确的回答和说明，发展道德理论，是现代社会思想道德教育有效性的重要条件。

四、缺乏德育教育渗透意识

班主任工作压力较大，对于班级的德育工作来说，班级中每一项工作的开展都可以成为进行德育引导的契机，也就是我们常说的教育与教学是一体的，教师要学会润物无声，潜移默化地开展德育教育工作。但是在现实工作中，部分班主任，特别是年轻的班主任缺乏德育教育在日常工作中的渗透意识，认为德育和日常的教学、管理、学校各类活动是分离的，把德育教育工作割裂出来，往往仅仅是在班会课开展德育教育活动，这对于引导和教育学生来说显然是不够的。往往是教师反复在说、在强调，但是收到的效果却不明显，有些问题得不到有效解决甚至是反复发生，这不仅影响了学生的发展，还不利于班级秩序的稳定，更重要的是会让班主任觉得工作低效，影响班主任工作的热情，也导致班主任工作压力大。

（一）受众意识

受众意识就是要明确德育渗透中一切要围绕和服务于学生"接受"的需要，并以学生"接受"的程度作为评价德育渗透成效标准的意识。从某种意义上讲，德育就是专门研究让学生接受什么、如何接受并最终使学生接受的工作，接受是学生的本质特征，德育渗透的过程也是学生接受的过程。学生在教师的指导下接受知识、接受品德、接受他人、接受自己，既是其学习生涯的基本内容，也是德育渗透的目的。德育要摒弃任何脱离学生"接受"需要的德育理论和实践，认真研究和满足学生的"接受"需求，力求让学生在德育渗透过程中最大限度地接受自己，为此，我们先来认识一下"接受"的过程。

"接受"是学生用身心感受和吸纳外在的知识、技能、品德及信息的过程。从量的方面来说，"接受"是一个由不知到知、由知之较少到知之甚多的过程；从质的方面说，"接受"是由浅到深、由被动接受到主动体验的过程。从启蒙教育开始，教师就犹如置身于一块尚未开垦的"处女地"，丰富而又神奇的自然和人文知识犹如甘露渗透进贫瘠的土壤，6年、9年、12年甚至更长的日子里，点点滴滴的渗透，使无知顽童变成莘莘学子，多少个教师、多少节课、多少次批阅、多少次谈话，重复并强化着不计其数的"接受"。于是，学生的文化素质、思想品德、身心素质在"接受"中一天天形成，世界观和人生观也初见端倪。由此可见，接受渗透是未成年人德育工作的主渠道，学生被动接受渗透、难度较小、成效较快是这一阶段德育的基本特征。要充分利用这一年龄段学生思想单纯、可塑性强的有利时机，悉心创造学校德育的大环境，精心策划，赋予丰富、积极的德育渗透内容，为下一阶段德育打下坚实的基础。

（二）比照意识

比照意识就是一种开放渗透意识，即把德育放在社会大环境中，把学生作为一个"社会人"对待。

从教育关系来看，中小学阶段的未成年学生对教师存在一定程度上的崇拜与敬畏，"教师说什么就信什么"的现象比较普遍,虽有盲从的成分,但学校德育工作的难度相对较小,这也是德育渗透初级阶段的特点。然而,随着学生认知水平及能力的逐步提高,生理和心理上的变化,越来越多的学生,不再愿意被动接受现成的结论和直接接受渗透,开始用自己的眼光审视周围的一切,并与学校德育教育的内容进行比照,开始有了自己的思考,这标志着德育渗透进入了新阶段。

从教育内容来看,学校德育一直以积极和正面教育为主,其初衷是培养积极向上、健康正直和善良诚信的品质,因此,社会上阳光的、积极的一面讲得多,社会阴暗面、消极的一面讲得少,甚至完全回避,对未成年学生来说,这种做法不能不说是有一定道理的,但当学生面对社会及身边的阴暗和消极现象的时候,德育工作还是暴露出某些免疫能力的缺失,从惊愕、困惑到逐步认同,甚至津津乐道而深陷其中,相当一部分学生在辨别是非能力、心理承受能力、自我保护能力方面表现出惊人的低能,不仅使多年德育的成果荡然无存,而且也使学生的身心蒙受巨大伤害。

不言而喻,学校德育是在一个相对封闭的时间和空间里进行的,培养的是一种理性境界,但学生毕竟是生活在一个现实的社会、家庭和人群中,每天都要面对许多陌生、鲜活的新现象和新观念,每天都要进行不计其数的比照与思考:反思学校的,观察社会的,形成自己的。如果说此前的德育渗透主要是让学生接受现成的东西,现在则要求学校德育渗透在向学生灌输积极、正面的东西的同时,主要是指导学生学会观察、比较和分析,积极参加道德实践,并在学生社会、心理能力的承受范围内,不应回避而是坦然面对社会及人性的消极、阴暗面,通过"反向渗透"来取得"正向效果",培养学生的道德评价能力与相应的社会"免疫力",让学生认清社会的主流和发展方向,学会辨别、学会选择、学会接纳、学会拒绝,过好青春期。

(三)渐进意识

渐进意识是指德育渗透的过程性和匹配性意识。德育是一项塑造人的灵魂的工作,其渗透活动必须同学生生理、心理、文化及个性发展的阶段性需求相一致,既不能落后也不能过分超越学生的实际,是一个在渐进中通过学生自己的思考、选择、反省最终养成的过程。

德育渗透主要是通过情感教育,培养学生爱劳动、爱学习、爱家乡、爱父母以及诚信守纪、积极向上的健康心理与人格方面的情感,教师可通过轻松愉快的游戏、身边的小事或杰出人物,甚至通过自身的一句话、一个动作、一件事,点点滴滴,潜移默化地进行。在这一阶段,不能用成年人的眼光和标准去要求学生,事实上过早的成熟有违青少年身心发展的规律,同样,在这一阶段对学生也不宜过分强调理论方面的要求,德育的实践证明,过早地进行抽象的理论教育,超出学生接受能力的承受范围,会使学生对德育产生心理疲劳和厌烦,只会事倍功半。因此,青年学生只能在渐进的渗透中渐进地成长,由感性走向理性。

（四）反复意识

反复意识是指德育渗透过程的曲折性、波动性和重复性意识。科学的认识过程和学生的生理、心理特点注定了德育是一个反复渗透的过程。接受一种理念与最终形成一种理念是两个完全不同的概念，好奇、逃避、享受、从众心理与习惯是青年学生反复尝试某种生存方式的根源。人不应在同一块石头上摔跤，这是一种哲学境界，而对一个成长中的学生来说则是一种奢望，德育工作者应以平常心对待学生成长过程中的反复。他如果是迟到再迟到、缺课再缺课、上网再上网，那我们的德育就只能是渗透再渗透，只有通过反复的行为强化，才能消除不良行为，培养和稳定良好行为，青年学生也只能在无数次的反复之后，才能做出正确的选择。

（五）差别意识

差别意识就是德育渗透中的人性化和个性化意识。以人为本对学校德育而言，就是以学生为本，一切为了学生的身心发展与健康，学生心理发展的差异性决定了德育的渗透内容、方式及要求都是各不相同的，而学生的心理发展主要包括认知、情感和社会性三个方面。

首先是学生认知发展及注意、记忆及思维方面的差异，要求德育渗透必须根据学生注意和注意品质的特点，有针对性地运用有意记忆和无意记忆、机械记忆和理解记忆、形象记忆和抽象记忆、形象思维和抽象思维的方式进行德育渗透，进行差别化渗透。

其次是学生情感发展方面的差异，要求德育工作者必须根据学生情感及其控制能力不同发展阶段的特点，在德育渗透中注意区别满足并逐步提高学生从低级情感到高级情感方面的要求，进行差别化渗透。

最后是学生社会性发展、社会认知发展、社会交往发展方面的差异，要求德育渗透必须注意学生在自我评价、自我体验、自我调控方面的差异，注意学生对他人、权威、友谊、社会交往认知的差异，对不同学生提出不同要求，采用不同的渗透方式。

五、德育主题班会中存在的主要问题

学校德育主题班会当前具体存在以下问题。

（一）德育评价体系与现实发展状况"脱轨"

德育评价是学校教育评价的基本环节之一，对学生进行德育评价能促使学生的思想道德素质得到发展，达到一定的教育目标。在进行德育评价时，要采取灵活的方式，对学生进行持续性、全方位评价；在评价过程中重点分析评价数据。与此同时，德育评价要将学生作为主体，教师主导结合学生的参与，如此评价结果才能客观、明智、公正，然而，真正的学校德育评价与现实发展状况有些"脱轨"。

首先，德育评价以学生的道德学习为主要评价内容。学校以学生道德层面的知识获得为评价基础，因此，德育评价往往以学生对道德知识的学习情况作为衡量学生道德品质发展的"标杆"，将学生的道德学习作为评价内容，其评价方式较为单一，且不利于学生全面发展。

一方面，学校的德育评价将学生学习道德知识的外在成绩看得过重。事实上，这样做的结果是：学生的道德发展水平难以提高，还会因为学生的道德学习成绩不理想而将问题的原因归结到学生身上，反而推卸了负责对学生进行道德教育的教师的责任。其实质是，学校本身对学生的道德教育已经足以提高学生的道德素质，但并不代表学校德育对学生的教育效果已达到了制定的教育目标。学生在接受学校道德教育中始终处于主体地位，但同时也需要教师的耐心引导，学校精心设计的道德内容，需要所有相关成员的共同参与。因此，学生道德学习水平不高，并不只是学生个人的问题，学校、教师对这方面的问题都应该有正确的认识。教师、学校及德育体系本身，都是学校德育能否对学生起到良好教育作用的关键因素。

另一方面，学生道德学习的结果仅仅是德育评价的外在因素，其真正的内在因素往往也需要被评价者重视。学生学习道德知识在德育评价中很重要，但学生是否在日常生活中使用、如何使用是更重要的德育评价关注点。因此，学生及学生的道德学习结果不应该是学校德育评价的主要对象，而应该将学校德育评价中所包含的因素都纳为评价重点。学生的道德素质需要被提升，教师的专业素质也需要不断发展，学校的德育评价体系更需要改革和创新，以求不断适应现代德育评价体系。

其次，学校德育评价过分依赖考试成绩，也就是说，学校对学生进行德育评价的方式是量化评价，即学校用考试的方式衡量和判定，使评价方式机械化。量化评价所得出的结果是，学生与学生之间出现了明显的等级划分，这样的方式有很多问题存在，甚至还会引发不良的后果。

一方面，德育评价以量化的方式进行是直接以结果衡量一个学生的道德水平，而不以对学生德育评价的过程为关注点。量化评价对"活生生"的学生而言，是一种客观但缺乏民主性的评价方式。整个评价过程应以学生的发展去制定规则和标准，让学生适当参与，而不是学校和教师一手操持，忽视学生作为被评价对象的复杂性。因此，所有的评价内容、评价方法、评价主体都应基于客观明确、公开公正的原则，以被评价对象的发展为出发点和落脚点。

另一方面，量化评价将学生的道德习得水平以一组组机械的、可以进行比较的数据来衡量，对学生的德育进行量化评价是比较简单和公平的，因此很受教育者的青睐，但实质上其隐藏的风险是不可估量的，更是不道德的。因为"量化考核的结果是把学生打上'优、良、差'的道德等级标签，是在用一种不道德的方式进行道德管理"。显然，学生的道德素质包括道德认知、对道德情感的体验以及道德实践等并不是一组数据就能衡量出来的，这样做反而会使德育评价出现不合理的现象。

最后，学校的德育评价以学生在道德上的"好坏"为评判标准。学校的德育评价像学生在应试教育下的考试成绩一样，被冠以高低优劣的名次。这样的评价方式，使相关教师更在乎学生的道德学习成绩，而忽视了学生内心是否真正接受了所学的道德知识，是否真正将道德知识运用到实际生活中；学生也开始更关注自身的成绩是否合格，是否处于较好的排名行列，而不考虑如何使用学到的知识去解决自己生活中遇到的问题。这样不仅不符合道德的本质要求，更背离了道德本身的原则。

一方面，从道德的本质要求来看，学校对学生的德育评价不应是单纯给学生进行道德名次排名。真正的德育评价是为了使教育者了解学生在道德发展过程中是否学到了有利于自身的道德知识，是否将学到的知识内化于心，是否在学习的过程中遇到难以理解的道德知识，以及是否在运用道德知识解决问题时难以判断。这不仅需要学校和教师认识并改进这些问题，更要调动学生的积极性，共同参与德育评价，实现公平公正的评价方式。

另一方面，对学生的道德进行"高"与"低"的划分是不合乎原则的。生活中，我们不会说某个人具有较高的道德，而某个人的道德很低。所谓道德，其实质上是使人向善的，道德成绩排名靠前的学生就被认为是善良的学生，道德成绩排名靠后的学生就被认为是不善良的学生，这是不合乎常理的。在判断某个人是否具有道德时，要根据一些前提去判断，而这些前提又不能一概而论。

因此，学校和教师不能仅仅根据学生的考试成绩或者道德成绩的考评就判定成绩高的学生比成绩低的学生更有道德，也就是说，道德是不能用"高低"来分的。将学校德育评价进行"高低"的排序和比较，其本质和原则上背离了道德"轨道"。

（二）德育主题班会活动的课时未得到保障

学校班会都有相对固定的开展时间，调查中的五所学校无一例外设置了固定的班会时间，甚至学校把班会的开展当作课程统筹安排，但都不约而同地未对主题班会制定明确的制度。常规班会的开展次数不能保证，班会课被占用的现象时有发生。班会一直都和语、数、英等学科一样被安排在学校的课程表上，但事实上，学校和教师对班会的重视程度却落后于其他课程，对班会的安排时间一周只有一节课，且没有得到很好的利用。

一方面，班会成为教师传达学校任务的专属课程，并且利用班会对班级进行常规整顿、问题处理，同时利用班会对学生进行说教与训诫，这样的班会对学生而言毫无教育意义，对班会本身而言失去了其应有的教育作用。

另一方面，其他学科的老师也会利用班会时间去完成本学科的任务，班会便成为任何一门学科的"备用课"；班会有时也会变为学科测试的时间。此外，班主任如果有事外出，班会课也会被作为学生的自习课，一节正式的班会课时间便付诸东流。班会本身作为一门被安排在课表上的课程都不能得到充分的落实，可见开展主题班会的次数更是屈指可数。主题班会对于学生的教育意义很明显，不仅能拓展学生的思维、提高学生的道德发展水平，也能增进师生交流，更能加强班级管理、增强班集体凝聚力，但是班会课次数有限，一周只有一节，作为教师兼班主任，工作量不容小觑，很多工作需要安排，时间比较紧。偶尔准备开展一次主题班会，主题班会的选题确定、内容设计，开展过程中的气氛调动，以及可能出现的问题导致主题班会不能按时完成等都需要考虑到。

德育主题班会要想真正达到其教育效果，关键在于学生是否以积极的态度去参与，如果有学生总是不能积极参与讨论，游离于群体之外，甚至有学生扰乱主题班会秩序，这不仅影响其他学生的参与情绪，也会降低德育主题班会的实效性。基于班主任本身的工作量及开展主题班会所要投入的时间和精力较多等原因，可以看出部分班主任确实存在召开次数较少的情况，甚至有些教师出现应付现象。主题班会作为德育实施的重要途径，必须保障其开展的时间，否则选题再有教育意义，内容与形式再吸引人，如若实施的时间不充分，也无济于事。

（三）德育主题班会中的教育环境不理想

德育主题班会是以学生为主体、教师为主导的活动课程，满足学生的需求是开展主题班会的主要目的，而师生之间也需要在主题班会开展过程中进行适当的互动与交流。本次调查发现，现实中中学德育主题班会的教育环境并不理想。

1. 德育主题班会活动中规则教育大于道德教育

在对学生进行道德教育的过程中，教师对学生的身心发展特点及规律的掌握程度以及学生已有的道德知识及经验结构的了解，关乎教师能否对学生的教育发挥良好的引导作用，与此同时，对学生的道德水平发展也有直接影响。然而，再看现实中的教育实践，在主题班会开展过程中，教师似乎并不在意以上方面的重要性，相较于学生在主题班会活动中是否接收到道德教育，是否给学生带来内心体验，教师往往更注重学生是否在活动中遵守了规则。在这种以规则为主要关注点的主题班会中，教师往往制定出属于班级的班规，或者以学校的校规或学生规范等规则为原则，要求学生在主题班会中严格遵守，用规则来约束、监督学生的言行，并以此为评价学生道德水平的标准之一。此时，教师往往容易偏向于把规则作为教育学生的起点和终点，以期通过让学生遵守规则习得行为规范，成为遵守规则的人，甚至期待学生因此而成为有道德的人。这种更看重规则的教育方式，过于在意学生是否遵守了规则，如何遵守规则，更关注学生外在的行为是否与规则相符，从而难以重视引领学生思考自己内心是否已经接受了道德知识并渗透到生活中。以规则为中心的道德教育往往会让学生产生功利性的道德取向，即学生通常会为了成为老师眼里遵守规则的好学生而努力遵守规则，进而在接受道德教育的同时形成保持必须遵守规则的道德知识结构。事实上，这只会让学生机械地接受道德知识，无论是学校、教师还是学生都会渐渐忽略道德潜在的深意。如果学生长期接受的是以规则为中心的道德教育，那么学生就会从功利层面去处理问题，从而使学生不能从人生道德境界的角度去分析问题，无法体会道德的美感，也无法真正意义上接受所学到的道德知识。

2. 师生间的道德教育与习得未能实现平等交流与探讨

道德教育需要一个理想的教育环境，德育主题班会的有效实施也需要师生进行平等对话、允许学生对道德知识进行质疑与反驳，进而双方以辩论的形式进行沟通与讨论，从而达到对道德的教育的理性对待。然而现实的主题班会中，一些教师不注重引导学生，不放权给学生，常常使教师自身成为班会课最具权威的主导者，很少为学生创造发言的机会，学生没有发言的机会，便失去了质疑与反驳的机会。长此以往，学生渐渐习惯性不发言，这样的结果就是学生不仅会把主题班会当作"放松课",进而对主题班会失去兴趣,也会阻碍学生的思维拓展,丧失了主题班会原本的教育意义。缺乏理想的教育环境,师生之间便无法平等交谈,学生的道德理性便也难以生成。

3. 班主任过于重视批评教育

一般情况下,班主任在班会课上对阶段性班务做评价与总结时,经常以批评的方式进行,而这种总结方式较简单粗暴,既反思了上一阶段的不足,也提出了下一阶段的计划,学生容易理解与服从,却也容易引起学生的反感与抵触情绪。每个班级都有一些扰乱班级秩序、学习不够上进的学生,教师对这部分学生往往有偏见,因而忽视这部分学生的其他优点,这样一概而论的方式便会导致学生从内心深处就觉得自己一无是处,也便更加无畏,甚至自暴自弃。即使做到了批评,也很少做到对被批评学生的纠正与监督,导致其不能正确认识错误,同时学生也得不到及时改正。另外,班级大部分学生都会认真学习,遵规守矩,但教师往往认为这是学生本分,没有必要对此做出表扬,或者只是简单给予鼓励,而缺少充分的肯定。有错批评本没错,但一味批评而忽视部分学生的"对",这就过犹不及了。

(四)德育主题班会内容脱离实际、形式单一

主题班会的内容和形式与常规班会相比,事实上其内容更加充实丰富,形式更加多样灵活,也更能调动学生参与活动的积极性与主动性。虽然近年来很多教育者都在为探索和创新主题班会而努力,但其内容、形式方面仍然存在不足之处。主题班会是对学生进行德育教育的重要途径,因此在内容的选择上要与各班实际、学生生活实际相结合,并且注重德育目标的落实。学校主题班会课的内容方面主要存在如下问题:

1. 预设内容过多

通常老师可能都偏向于主题班会预设内容多一些,以此满足学生的求知欲,也使主题班会内容更加丰富,更有吸引力。然而,有时主题班会中难免会出现不可控的因素阻碍活动顺利进行,从而预设内容无法得到充分利用,甚至过剩。这说明教师未能充分结合现实,以学生自身的学习能力、班级实际情况为依据准备和安排适量的主题班会内容,虽然出发点可能是为了使学生学到更多的知识,使主题班会开展得更加完整,但却适得其反。

2. 远离学生生活世界

学校不仅是学生学习知识的地方,也是学生进行生活实践、道德素养提升的最佳场所,因此,德育主题班会要与学生的生活实际联系起来。而学生的实际生活并不仅仅包括班级的管理与建设、学生的学习成绩分析与提高,还有学生在生活中遇到的问题,比如师生之间的沟通问题、学生与学生之间的交往问题;不仅包括学生的校园生活,也涉及学生在社会生活中的问题等。然而,目前很多学校的德育内容常常与学生生活实际联系不甚紧密,让学生感到厌倦与无趣,甚至觉得与自己无关。除此之外,学校制定的德育目标不够接近学生实际,学生难以理解,因而也就无法使学生积极参与并为之努力。如果学生的道德学习离开了其生活世界,那么学生所学到的道德知识仅仅是一种外在习得。

学校在开展主题班会时,其形式设计同样存在问题。

其一,形式较单一,即主题班会通常是采用"以不变应万变"的方式来开展的。事实上这样的主题班会在一般情况下氛围较为和谐稳定,极少发生班会以外的问题,可保证整个过程能够顺利进行。与此同时,也可减轻师生负担,形成惯性行为,使学生和教师之间产生默契,维持一种和谐关系,促进师生交流与沟通,就此而言,教师的"教"发挥的效果较为明显和良好。但从整体来看,全程以一种形式开展的主题班会,存在着很大的弊端。从教师方面来说,虽然教师在工作上轻松了,但长此以往,教师专业素质得不到提升,其教学质量也会随之降低。对学生而言,以一种单一的形式接受道德教育,学生思维上得不到拓展,对主题班会也会形成一成不变的印象,从而以一种无所谓的态度去参与主题班会,降低了主题班会本身的存在意义。

其二,零散无序,即某些活动形式与内容以丰富充实为主,而较少考虑二者及其他因素之间的契合度,从而使得活动的效果不佳。主题班会的形式与内容看似合拍,实际上并不兼容。主题班会的开展形式多种多样,例如班主任主讲、师生讨论、辩论、情景再现、文艺表演等,一般情况下都可根据具体主题设计具体开展形式。但有些教师为了吸引学生参与,或是为了完成教学指标,不顾主题班会主题、内容、形式等各因素的衔接,一节主题班会设计多种活动形式。比如一节关于"学雷锋"的主题班会,设计教师讲述、学生讨论、文艺表演、音视频资源展示等形式,看似运用的所有形式都贴合主题,整个过程也似乎是循序渐进的,但设计的形式过于丰富,由于时间有限,且不论每一种形式是否真正与主题班会的主题、内容贴合,每一种形式之间是否合理衔接,最重要的是每一部分内容所要表达的意义是否能够整体呈现,学生究竟有没有接收到知识和教育不得而知。这样梳理着看整体,每一种形式又似乎是单一存在的,在主题班会中起着各自的作用,而使整体看起来混乱,未能真正实现整体与部分的相互融合,从而阻碍了主题班会中德育的实施,阻碍了主题班会的前进与发展。

(五)德育主题班会中学生的主体性相对缺失

德育主题班会中,学生几乎都以看客的身份参与主题班会,而对于班会主题确定、设计等环节,学生极少自主或要求参与。

1. 班会主题多由学校确定

主题是主题班会得以开展的基础,主题选取的适当与否关乎主题班会的德育作用能否得到真正的发挥,因此,主题在主题班会中的作用不容忽视,并且在提炼主题时应与学校、班级、教师、学生等实际相结合,简短却能真实表达出教育目的。然而,大部分主题的选择都是学校确定或决定的,学校会给教师开展主题班会的主题,而教师会视本班情况决定是否开展。一是偶尔有科任教师会为了课程任务而选择占用班会课,也有教师会利用班会课组织学生进行课程测试;再加上中学生课业负担较重,认为学生成绩更重要的教师会将班会时间留给学生自学。二是班主任是最了解本班实际情况的人,尽管学校提供了主题班会的主题,但是教师会在完成任务的情况下,也会根据学生的生活实际、班级实际来决定是否需要开展主题班会；或是教师可能认为自身对于主题班会主题的选取更适合学生发展。然而，从学校主题班会的主题选取上来看，学校决定主题已经不能完全适应道德教育的要求，同时也会使学生的主体性在一定程度上缺失。

2. 主题班会多由班主任自行设计

但有时候有学生参与设计时，主体也多为少数学生，即班干部或者少数优秀学生。因此，在主题班会的开展中，大部分学生未能也无法真正全身心参与到主题班会中，这主要是教师没有真正把学生视为主题班会的"主人"，而是以多色眼光看待不同的学生。

其一，任何人都喜欢品学兼优的学生，面对都是本班学生的教师也不例外。对班级得力干部和优秀学生的特殊情感使得教师更为信任他们，从而会将主题班会分配给部分学生进行设计，而其余学生则只能听从和观看，并不了解主题班会是如何设计的，也不理解主题班会要想开展好有多难。

其二，如果教师不给学生干部及部分优秀学生展示机会，那么就是教师根据自己的已有经验对主题班会课进行设计。虽然教师与学生接触最多，但这样的主题班会并没有真正使学生感受到主题班会与自己有关，对自己的教育意义更大，只知道教师设计了、班会开展了就得参与，并不理解自己为什么要参与。

3. 主题班会中互动环节较为缺乏

主题班会作为对学生进行德育教育的重要途径，对学生思维能力的提升和良好品德的形成有着不可忽视的作用。但根据对调查结果的分析，学生在主题班会中参与主动性不强。事实上中学生的能力、时间和精力有限，但适当参与主题班会的设计、问答、讨论等环节必不可少。在主题班会活动中，很多学生习惯性不发言，不太主动去参与发言并且提出自己的意见。对主题班会较有兴趣的学生还会聚精会神地观看整个流程。但教师的重点基本都放在了个别学生身上，有时会走神的学生也很难引起班主任的过多关注。还有学生对于主题班会活动根本没有兴趣参与，将班会课当成放松课，在下面做小动作、左顾右盼；也有学生将班会课当作自习课，在开班会的时候也只是自己完成当天的作业，不会跟老师互动，老师讲老师的，学生做自己的。说明在开展主题班会的过程中，学生的主体性没有得到充分的发挥，学生参与积极性也相对较低，从而使学生对主题班会的兴趣得不到大幅提升。

第三节 缺乏完整的德育体系和评估体系

当前学校德育尚没有形成完整的教育体系，一般以分散的、临时的教育为主，有时学校德育也只是针对严重"有问题"的学生个别进行；没有完整的德育体系，更没有完整健全的评估体系，学校德育评估一般以期末报告或总结的形式由班主任填写，带有很大的主观性和个人色彩，这种评估不能客观准确地反映学生的真实情况。

一、绩效管理的步骤与德育评估体系

（一）绩效管理的步骤

绩效考核经过了相当长的发展历程。在一开始绩效考核是将员工视为消极的个体，因此，考核仅仅是在一个工作期的末尾对于员工的表现进行测量，并以此为根据给员工进行工资结算。然而，随着管理学的发展，特别是工业心理学的发展，管理学界逐渐认识到，员工是有主动性的个体：员工自己会思考，有欲望，会自己采取行动。此外，商业伦理和管理研究的发展，也使得管理更加注重员工的个体发展，认为这是组织义不容辞的责任和企业成长的来源。因此。绩效考核逐渐开始进化为绩效管理，即重视激发员工的内在动力。激发员工的积极性，促进员工自我成长。总体来说，现在的绩效管理主要包括以下四个步骤：

1.绩效计划

在一个绩效管理周期开始的时候。管理者会和被考核者共同制订这个周期的绩效计划。通过这次谈话，双方首先会对岗位职责进行梳理，增添新的变化，删除不符合现状的内容，并且明确该岗位应该达到的目标。在此基础上，根据个人的现实情况.制订个人的工作计划。

2.绩效实施

被考核者会根据个人的工作计划，开展工作内容，以期达到既定的目标。在这个阶段，管理者更多的是起到导师的作用，即在日常工作中监督提醒，同时在被考核者遇到困难的时候进行指导和沟通。通过这些工作，管理者会尽力避免被考核者个人控制之外的因素干扰绩效。

3.绩效考核

通常在周期的末尾，管理者会根据总体的目标进行考核。而在绩效实施过程中，可能也会定期或者不定期地考核。这是因为，相关研究发现，在过程中进行考核会有助于个人调整目标，获取激励，从而达成最后的目标。

4.绩效谈话

考核完成后，管理者会根据考核的结果，与被考核者进行谈话。谈话内容会包括绩效完成的情况。但是最重要的是，根据上一周期的表现，讨论遇到的问题以及改进的方法，同时明确个人在下一周期的发展目标，帮助个人实现绩效揭升。需要注意的是，绩效考核结果不是目的，而是工具，是桥梁。

通过以上四个步骤，在组织中，通过绩效管理，管理者尊重了被考核者的主动性，促进了被考核者的发展，帮助了被考核者实现个人成长。相关实证研究也发现，以上绩效管理系统对员工有时是有利的。

（二）德育评估体系

绩效管理与教育新理念在很多地方都是契合的，即同样尊重个人主动性，调动个人内在动力，帮助个人实现发展。而如果我们联系德育与绩效的相同点，即都是个人可控的，会受外部影响的，是在持续发展的，我们就可以在德育评估体系建设中借鉴绩效管理的合理部分。但是，考虑到德育发展是需要推动力的，即需要老师等相关者的教育，在一开始我们应该注重德育课程的讲授，名为德育讲授。因此，在新的德育评估体系中，我们可以设计以下部分：

1. 德育讲授

作为一个周期的开始，学生们将会被集中起来，接受德育教育。但是这种教育不应该是被动的，灌输性的，相反，应该鼓励学生们加入课堂当中来。老师、学生共同建立对德育标准和规范的理解，让学生们自己体会应该到达的德育境界，感召约束自己的德育标准，并为自己的德育生活制定相关规范。

2. 德育测评

在一定时间的德育生活过去之后，班主任可以对学生进行德育方面的测评。让学生根据自己当初制定的德育标准和体悟的规范，进行自评以及互评。之所以这样，是因为自评能够保证个人的注意力和清醒认识，而互评可以纠正自评出现的自我偏差或者忽视等因素。

3. 德育谈话

在最后，一定要根据德育评估的结果，来进行德育谈话。谈话的目的不是批评，而是教育和提高。双方可以根据评估的结果，以及在实际生活中遇到的问题，讨论相互的认识。班主任应该起到一个引导者的作用，帮助学生克服遇到的问题，鼓励学生加入下一个周期的德育评估，促进学生的思想品德发展。

通过这个体系，我们既发挥了学生的主动性，给了他们发展的内在动力，又通过个性化的谈话、指导等实现了每一个学生的成长，使其符合教育新理念的要求。因此，从体系上来说，这个思路是可行的。

二、德育评价的基本内容

（一）全面系统的德育评价体系内容

德育评价体系的构建及其权重的分配，是我们对形成德育工作质量的各种因素及其规律的认识，具有鲜明的导向性和规范性，而全面系统的德育评价体系能对德育工作的开展起到事半功倍的效果。全面系统的德育评价体系的内容主要针对四个部分：针对政府部门的德育评价体系；针对校长管理德育评价体系；针对教师德育教学评价体系；针对学生德育评价体系。

首先，德育工作的开展是需要各个部门和单位协同合作进行的，其中政府部门就是一个极其重要的组成部分。没有相关政府部门和单位的理解和支持，德育工作的开展很容易在社会复杂的大环境中遭受阻碍。因此，作为国家的各级教育、政府等相关部门，应明确自身的责任和义务，在相关法律政策的指导下，为德育工作的开展给予力所能及的帮助，尤其要避免向各学校指派升学目标，以此来作为评价学校教学能力和水平的标准。因此，各级政府、教育部门的德育评价体系内容具体应包括：在思想上端正德育工作开展的目的，树立素质教育的正确思想；建立领导机制，促进德育工作的实施；对德育工作实施进行帮助和投入；对各级领导人对德育工作开展进程的评价，督促政府、教育等相关部门的行为落到实处。

其次，学校是德育工作开展的主要阵地，是德育工作实施的关键所在。而处于学校管理核心地位的校长，在贯彻实施学校、国家的教育方针政策中起着组织和领导的作用。因此，要在学校开展德育工作，校长的认识和行为就很重要。校长能准确有效地实施开展德育工作，必然会获得更好的德育效果。所以，一定要建立一支思想开放、与时俱进的合格的中小学校长队伍，以他们的领导力来推动德育工作的实施。而一个合格的校长就需要从以下方面进行评价：

1. 思想素质的考察

对学校领导者思想素质的考察也是必须的，作为整个学校的组织管理者，校长肩负着树立榜样的责任。一所学校风气如何，师德如何，学生的行为习惯如何，与校长的为人品质和行为作风也是有着密切联系的。因此，校长必须非常注重自身的品质修养，注重自身的人格魅力，以良好品质和高尚行为去影响人，感召人。

2. 管理能力

除了肩负着成为榜样的责任，校长还应该要担负起整个学校各个部门正常运作的管理责任。一所学校教学质量的高低，是否有竞争力，很大一部分也要取决于学校校长是否采取了有效的管理措施。想要提高教育教学质量，就必须提高校长的管理水平，不定期地对学校校长或者其他管理人员进行考核。

3. 工作绩效

工作绩效的好坏也是考量一个学校管理者的重点，对学生德育评价的效果的考察还应该看该学校是否实施了有效的德育活动，对校长德育工作开展的绩效进行科学的评判，才能评判在校的学生是否得到了应有的道德教育，德育水平是否获得了成长和发展。

再次，在学校开展德育工作，直接的实行者是教师。而正确、及时有效的教师评价可以指导教师高效完成教学任务，并促进学生德育全面发展。因此，各级领导要及时发现并推广有效的德育教学经验，激励教师做好德育工作。教师的德育教学评价主要内容包括：第一，教师自身的基本道德素养评价；第二，德育教学工作过程的评价；第三，教师德育教学工作绩效的评价。同时，将师德教育纳入教师培养培训课程体系这一举措，能很好地督促教师在德育建设的过程中不只是起到教育和督促学生的作用，还能够起到时刻提醒教师在德育教学的同时不忘充实自己，提高自身修养，才能更好地武装自己，教育好学生。

最后，针对学生的德育评价体系相对来说更明确了。检验德育工作是否成功的途径就是看学生的思想道德素质是否得到了全面发展。学生是德育工作的实施对象，而学生质量又是作为衡量学校教育质量的最基本依据。

（二）科学客观的德育评价体系内容

随着社会发展日益多元化的趋势，德育载体也日益丰富多彩，想要科学、客观、公正地评价学生的道德水平就应该结合多方面的因素进行综合考察，必须要摒弃传统的德育评价观念，从单纯的道德认知成绩的评定转向对学生各方面综合素质的全面考核。要进一步完善德育评价体系的内容，就要在传统评价体系基础上注重突出创造性评价内容，加强实践性考核，重视人文素养，关注环境意识，促进心理健康教育，以此充实德育教育的内容，丰富德育教育的内涵，形成完善的评价体系。因此，可以将科学客观的德育评价内容的组成要素简明地归结为德育理论知识学习、学生自评、学生自主德育实践、学生之间互评、教师评价、家长评价。并且，在这些组成要素中尤其应注重学生自主德育实践的考核，尤为注重学生自身思想、道德水平的发展。德育评价体系是检验德育水平和质量并得到持续改进的途径，对学生的德育评价考核至少应该建立两级评价体系，才能更科学、客观地呈现学生的德育发展状况，其一是针对整个学生班集体的德育评价，其二则是针对单个学生构建的评价体系。

关于第一级别，针对学生班集体的德育评价体系内容，重点在于考查学生所在班集体的德育水平，比如班集体在参加校园活动中能否保证良好的团队精神和合作精神，是否呈现积极的整体精神面貌。

第二级别关于学生个体的德育评价体系，可根据新课标以及学校自身的教学制度、教育特点来制定适合各级各类学校发展的学生德育评价内容标准。例如：

1. 小学德育评价内容

内容包括爱的情感的表现、行为习惯的养成、诚实守信的品质、责任担当意识、学会感恩、励志乐学的心态等六个方面：第一，爱的情感的表现主要是评价学生对自己、家人、朋友，以及祖国表现出来的情感的评价；第二，行为习惯的养成的考查是学生在日常学习生活中，劳动的积极性、家庭作业的完成情况、上课学习的表现以及是否遵章守纪；第三，诚实守信的品质的评价是针对学生是否树立诚信意识，在学习和生活中是否做到言行一致；第四，责任担当意识的考评主要集中于学生的责任心以及是否具有勇于承担错误和责任的意识，旨在培育学生的社会责任感；第五，学会感恩的评价旨在评价学生是否在日常学习生活中，懂得对父母、对他人、对社会，对帮助过自己的人怀着感恩的心情去沟通和交流；第六，励志乐学的心态重点在于考查学生是否能够保持一个乐观的心态面对人生，也是为了更好地促进学生树立正确的人生观、价值观。

2. 中学德育评价内容

鉴于中学生与小学生在心理和年龄成长上的差异，中学德育评价内容可针对"五爱"情感教育、雅言雅行教育、现代意识教育、自我调节能力和情趣志向等五个方面：第一，"五爱"情感教育的评价重点在于考评学生对"爱自己、爱家人、爱社会、爱祖国以及爱生活"这五大块的表现;第二,雅言雅行教育的评价是为了帮助学生树立谈吐文雅、举止文明的社会公德和行为习惯;第三,现代意识教育的评价着重强调知识掌握这一块,中学生主体意识、法律意识、生命意识等等也开始慢慢显现,因此,这一方面主要考查的是学生在日常生活学习中表现出来的对国家社会法律的遵守以及对自己和他人生命的尊重;第四,对学生自我调节能力的评价是为了帮助学生培养学会自我控制、自我调节、保持心态和平的途径。中学生成长发展的这一阶段是人生的特殊时期、叛逆期,很多时候也需要靠自己来调节自己的生活节奏。坚定的意志和自我调节能力会在面对问题和困难的时候起到很大的作用;第五,情趣志向的评价主要是为了帮助学生树立正确的人生观和价值观,中学生即使没有远大的人生目标也应该有正确的人生规划,对学生情趣志向的评价能够及时纠正学生未来在人生道路中走"偏"路。

(三)多元化的德育评价体系内容细则

随着社会生活中不断出现的新事物、新思想,以及网络信息技术的发展等,不仅仅使学生们在学习之外,丰富了他们的日常生活,同时还产生了许多与日常伦理生活密切相关的道德问题和心理问题,对学生提出了更高的道德要求。道德要求多样化的趋势与当前德育评价内容存在的某些方面的单一性发生了冲突,这就需要德育评价内容不断地拓宽和完善,以更好地应对社会转型和革新的压力。

第一,在制定德育评价的内容时不仅要切实符合现实社会的实际需要,还要充分尊重学生的意见。想学生之所想,急学生之所急,不但能够体现学生的主体地位,而且能突出学生的个性,也促使以后德育工作的开展能够更加贴近学生的生活。

第二,在遵循当前中小学德育大纲的前提下以及基于德育自身所具有的时代性和地域性特征,各学校也可以根据自己的实际情况制定相适应的德育评价内容。例如,农村和城市学校之间、沿海和西部地区的学校之间各方面都存在差异性,德育评价目标也要相适应地进行一些修改。

第三,注重德育评价内容中的人文价值取向。从最初倡导的主观主义观念到崇尚科学合理性的科学主义再到强调维护人性尊严的人文主义,纵观教育评价方法的发展演进史,体现出教育评价的方法绝不能仅局限于一种模式。单一的教育评价方法极容易导致评价结果的不科学性以及片面性,无法为教育工作者提供科学可靠的信息和数据。科学主义,之所以能够替代主观主义,在于它能够在教育评价的过程中保证严谨的工作态度以及精确的科学考究,而在评价过程中强调关注人的主体性、重视民主性评价的人文主义逐渐替代了科学主义在评价方式中过分注重评价结果量化的不足。因此,在制定德育评价内容时,应该要着眼于整体,重视学生的个体性存在,以中小学生的人文精神发展为重点,努力在建构德育评价内容时注重人文素养方面的评价,体现师生之间的交互理解性。

第四,德育评价目标制定要有弹性,如果出现评价结果与制定的德育评价目标出现偏差,不符合或者有相背离之处,可以根据评价的结果对德育评价目标进行修正与调整。这样,不但保障了德育评价目标不偏离德育大纲的方向,而且还能够使德育评价目标根据各个学校的实际情况及各方面的变化做出适时的改变，从而避免了德育评价目标的僵化以及德育内容的"空""泛""虚"。

三、新时代德育评价实践中存在的问题

作为学校教育系统的子系统，德育工作几乎成为所有学校在制订各种教学工作计划时考虑的"掌心肉"，但从现实实际来看学校德育的效果并不尽如人意，而学校最终的归因多半是："辛辛苦苦教五天，回家两天变成零"，认为来自社会家庭教育的负面影响盖过了学校的德育成果。的确，学生道德规范的缺失，原因固然包括社会道德的失范以及家庭教育的失当，但当前学校教育存在的问题主要还是与我国当前德育评价实践中出现的问题有关，具体表现在德育评价的依据问题、评价标准的合理性问题以及德育评价的形式和方法问题。

（一）德育评价目标的问题

德育评价和任何实践活动的开展一样，都带有一定的目标性。德育评价的目的就是为了帮助学生在道德情感、行为态度、思想观念等各方面不断取得进步和发展。具体说来就是从德育评价的结果中获得信息的反馈，借此来改进学校德育工作，更好地实现学校德育目标，促进学生思想道德水平的提高，充分发挥德育的实际作用。笔者根据现有资料，主要总结出以下三点有关当下德育评价目标中存在的问题。

1. 德育评价目标不明确

这一问题是当前德育评价实践中出现的首要问题，从当前许多学校的德育评价中发现，许多学校德育活动的开展更关注的是德育活动的功利性，如：对德育评价功能认识的片面性和单一性，导致在德育评价的过程中过于强调其甄别和选拔功能；只关注到学生与学生之间德育横向比较所体现出的差距与不足，将学生盲目地划分出三六九等，评定高低，忽视学生个体内在的发展和进步，严重扭曲了德育评价的最终目标，忽视了德育评价中激励和改进的基本功能；而对学生成长过程中的纵向对比所表现出的进步与发展视而不见，容易造成对学生的否定性评价居多，激励性评价欠缺，忽视了学生自身发展以及人格的养成。同时，也有很多学校在对学校德育评价目标的定位上出现误区，认为学生德育评价是为了对学生在思想品德课、社会课等知识的掌握上进行比较性鉴定，或者简单地通过德育评价将教师和学校的德育工作量和德育工作的效果画上等号，使德育评价形式化、功利化。

2. 德育评价目标脱离现实需要

由于德育具有理想性，一般认为，提出一个较高的德育目标能够对学生的教育起到一定的激励作用。但有一些学校在设立本校的德育目标时往往过于抽象、空泛、统一，不同教学阶段设立的目标与目标之间缺乏适当的层次和衔接，而且也不符合学生和学校德育的实际，难以反映学校德育的特点以及学生思想品德发展的特殊性，表现出一种"抽象有余、具体不足"的现状。因此，学校在设立德育评价的目标时，脱离现实、设立过于抽象

的德育目标，是很难达到加强学校德育工作的规范管理，促进学校德育工作科学发展的最终目的的。

3.德育评价目标制定的依据单一

这一问题极易导致对学生德育评价的结果不够客观、全面。例如，单纯依据国家的教育方针和教育目的制定大的德育评价目标，容易导致对学生的德育评价过于宽泛和抽象，难以捕捉学生个体的实际情况。笔者认为，德育评价目标的制定应充分考虑到时代与社会发展需要，国家的教育方针和教育目的，民族文化及道德传统，受教育者思想品德形成、发展的规律及心理特征等因素。到目前为止，在一些学校德育考查和鉴定都还存在着与德育目标相脱节的问题，大多数教师往往凭自己的主观经验给学生的个性心理品质"盖章标榜"。事实上，现代学校德育评价的目标和德育目标在本质上是一致的，所谓德育评价就是对德育目标实现与否的考查。因此，评价的目标也应该和德育目标是一致的，并随着时代的变化发展而做出相应的调整。如果德育评价的结果与德育目标有了偏差，或者是完全背离了方向，则德育工作者首先就应该肩负起纠正和调整的重任。同时，德育工作者必须充分把握最新的国家教育动态、德育目标。因为德育评价的起点就是对德育目标的分析，只有德育工作者自身已经掌握了国家制定的教育方针及目标，才能更好地理解和认清德育评价的目标。

（二）德育评价标准的问题

当前我国德育评价标准的内容有待进一步拓展和发掘，还存在突出对学生知识掌握的评价，而忽视对学生在学习过程中产生的思想情感以及行为意识上的评价的问题。

1.评价标准欠缺实践能力的培养

首先，当前德育工作的内容大多数是以课本的方式、绝对真理的形式、课堂教学的方法呈现出来，极易对学生创造性实践能力的培养以及自我价值批判能力的形成造成相当大的抑制作用。

其次，当前学校德育旨在为未来社会主义事业的健康发展培养合格的社会主义公民，而许多学校则将实现该目标的德育的涵义错误地与道德理想的教育相混淆，忽视学生的实际情况。

再次，公众对学校教学质量高低的评价以及上级对学校教育教学的考核还主要以升学率为依据，而学校考核教师的教学能力也主要以学科成绩为依据，这都极易导致很多教师不能充分把握学生的个性，无法从客观的角度对学生的心理素质等方面进行更详尽的分析，从而也就导致了对学生的评价多采用抽象模糊的评语性评定方式。比如："热爱班集体、乐于助人"，"刻苦努力、勤学好问"等这类评价，虽然评语表面看起来"实"，事实上细细一琢磨却又是实实在在的"虚"。

当前我国学校德育评价还倾向于关注对学生思想道德知识的理论性教育或是表面行为的监督，对学生内心关乎道德情感、思想意识的变化发展缺乏关注和指导，在日常德育活动的开展中常忽略学生对德育的真正理解和看法，从而造成德育课程与活动的开展仅仅是为了完成教学内容，而不是为了学生的发展。这种不从学生角度出发、不考虑学生思想情感的发展的德育评价标准，使得学生不能够真正地"学以致用"，在学习和生活中不能够做到"知行合一"，从而难以客观公正地反映德育活动的社会价值。社会处在不断的变化发展中，每个历史时期都有自己的特点，而能够反映新历史时期特点的德育内容和学生个性特点的学校德育评价却未能充分融入整个德育评价大体系，这是值得我们教育工作者和研究者不断改进的地方。

2. 评价标准欠缺灵活性

当前学校建立的德育评价体系，德育评价多以学生对道德知识掌握的多少来进行考核和估量。造成这种现象的原因之一，是在当前我国学校，德育活动还是以课堂教学的形式展开的，而在课堂教学中，教师多采用说服式的灌输教育模式来开展德育课程。这种强制说服的教育模式在教学过程中常常带有明确的限制性，具有必须服从的强制性，在这种模式下，学生大多数都处于一个被说服或被动接受知识教育的地位，甚至有的学校还将学生对这种教育模式的接受程度进行单一的定量分析。这种单一的、通过分数的高低来评价学生品德的发展、检验德育工作开展的价值效果的教育评价模式，实际上忽视了学生德育的现实需要。

（三）德育评价的方式及模式问题

德育评价的形式和方法直接影响着德育评价结果的科学性以及客观性，同时对反映学生的发展动态，与德育活动的社会价值密不可分。

1. 德育评价形式上欠缺公平公正

当前我国不少学校采用的德育评价形式，是由相关教师凭着日常教学活动中对学生的少量接触，对学生进行主观上的德育评价。将本应是复杂、长期的道德发展过程归结于简简单单的几句话或者是毫无意义的数字。同时，在一般情况下常常是由班主任或辅导员掌握着评价的主导权，其评价也被看作具有绝对的"正确性"，即使教师在评价中出现不公正、不客观的情况，作为被评价者的学生本人甚至连申辩的权力也没有。德育评价的形式或表现为班主任、辅导员简单地用一小段操行评语对学生进行总结归纳，又或者将德育评价转变为通过以思想品德、思想政治课考查或考试的方式，并以简单的分数来呈现对学生的德育评价的高低和好坏。

2. 德育评价模式单一

在小学德育工作中采取注重荣誉、单一的评价模式，从某些角度来看是存在一定积极作用的。比如：能够在学生的意识领域中树立一个良好的、积极向上的榜样，培养学生对社会道德的强烈认同感，端正学生的行为习惯以及态度情感；有利于实现以点带面、以个体带动整体的德育效果，既能够使受表扬的个体产生强烈的榜样意识，再接再厉的心态，同时也能够使其他受教育个体产生道德共鸣，主动向积极的道德行为看齐。但是，事物都有两面性，在这种注重荣誉的评价模式下，其缺陷也是无法避免的：道德中原本属于一个整体的紧密联系的道德行为和道德感逐渐被剥离开来，道德行为脱离了道德的实质内涵而逐渐演变成学生为得到赞扬以及荣誉的工具。道德本应该是个体发自内心并自觉遵守的行为准则，不应该仅仅是为了获得某荣誉而被迫产生的行为或者情感。

因此，在单一地注重荣誉的德育评价模式影响下的道德行为的主体在本质上可能并没有多少道德感可言，这种德育评价体系所带来的道德行为和道德感的剥离，极易造成接受学校德育的某些学生个体被世俗化，被当前社会上出现的不良风气（如拜金、享乐和个人主义等）所侵蚀，逐渐产生一些信仰上的缺失。试想一下，当德育工作对象学生们变成了一个只是为了获得教师的表扬和荣誉而不是发自内心主动地去帮助他人的学生，或许就在明天可能也会成为一个为了荣誉、为了利益而做出所谓"道德行为"的伪君子，而且在做出"道德行为"的同时，实际上并非出自个人的本性，长期过分关注所追求的荣誉的评价模式还会使学生产生严重的压抑心理，慢慢地变得难以承受挫折和失败，这也造成当前社会中越来越多的学生出现心理问题，有的学生甚至严重到对自己和他人的生命都丧失了最基本的尊重和爱护。而在这些走上歧途的学生中，我们会发现有的人就曾是教师和家长口中的"好榜样"，当作某种榜样被许多人所瞩目所喜欢，但在最后却走上犯罪的道路。有一个共性就是缺乏一定的生活耐挫能力，因此，我们不得不追究这种评价模式带来的社会不良反应，必须得到学校、学生、家长以及社会各界的重视。

四、班主任德育评价实施中的难点

（一）评价观念错位及功利化

德育评价的实现需要恰当有力的方式。一线班主任基于班级的共同发展目标，制定了大量具体的评价方式。然而，班主任的德育评价常常与学业评价杂糅，甚至完全混同，这是一种严重的德育评价观念错位。

学生学业上的成功是学生发展的核心指向，但"才"与"德"本身是辩证统一的矛盾体，我们既要看到它们的关联——学业上的成功离不开品德培育的支持，更要看到它们的区别——学业上的成功并不决定品德的高度。因此我们普遍接受"先成人，后成才"的理念。在班主任德育评价工作中，学生的学业成绩左右着班主任对其品德的评价，成绩好是很多学生在德育评价中占据有利位置的根本原因，班主任甚至无法辨析学业评价和德育评价的不同。

之所以产生这种情况，其中有对班主任评价方式的内在原因，而班主任在德育实践中的不觉知也是重要的因素。如果混淆了这两种评价方式，只会让德育评价陷入完全功利化的泥淖中，甚至走到"只看学业"的死胡同中。其实，即便认为学业是第一位的，班主任所期待的用德育评价去助推学业的愿望也常常无法实现。因为，学生在班主任错误的德育评价观念引导下，会渐渐迷失。没有好的品德支撑，学业最终也会受到影响。

（二）评价方式窄化

在班主任的德育评价实践中，我们可能听到过这样的"传说"：有些学生的量化加分达到了200分，有些学生则减了200分。那么，这样的量化评价存在的意义是不是要打一个问号呢？在很多班主任的德育评价实施过程中，量化评价却成了唯一的方法。

可以看到，量化评价来评价去，就是一个"分"在作祟：无论是个人量化、小组量化、班级量化，概莫能外。量化，是一种数字思维，冷冰冰的，没有温度，而德育工作偏偏需要温情和关注。因此，二者本身就是巨大的悖论，这也是量化评价经常无法顺利开展的根本原因。其实，量化评价能坚持到200分，至少说明了班主任和相关同学的耐心，实际的情况可能是量化没多久，那些本来最应该被量化的学生早已退出了。即便在量化的具体细化上，许多班主任想出了看似无所不包的角度和方面，但却无法从根本上纠正量化方式的狭窄倾向。

第六章　新时代班主任德育渗透工作模式

第一节　建立班主任德育工作导向

一、利用小事情来教育学生

要培养学生良好的思想素质，就一定要先从小事着手，毕竟做事情如果没有一点点地去积累，是永远都没有办法达成目的的。因此，班主任一定要注重学生之间发生的一些小事，先从小事着手来教导学生。

（一）重视礼貌用语

看见老师问声好。利用晨会课时间，教育学生看见老师要主动打招呼，遇到认识的老师要加上姓，要说"×老师好"，遇到不认识的老师，只要说"老师好"。遇到有客人老师参观学校时，也要主动向客人老师问好。放学回家的时候要和老师说再见。

让学生学会有了错误一定要讲"对不起"，还要宽容别人。

学生来报告时，只会讲别人怎么惹他了，总是在找别人的原因，要转化成找自己的原因。因此，学生来报告时，要求学生首先讲自己怎么和同学发生矛盾了，自己错在哪里，教师要平心静气地处理，经常这样，班级慢慢形成良好的班风，这就是和谐。

（二）培养自理能力

重视教室的整洁，这是环境育人的重要组成部分。对学生们提出的标准是：课桌椅摆放整齐，横竖对齐。以一排为标准。三净一靠拢：地面清扫干净，桌面干净，桌膛干净。桌椅要靠拢。劳动工具按固定地点放好。黑板讲台、教学用具擦干净，按固定地点放好。值日生劳动结束后在自己的位置前站好，请组长检查劳动成果。

（三）分阶段提出养成教育重点

学生良好行为习惯的养成不是一蹴而就的。可以分阶段提出养成教育的重点，在一个阶段，重点养成一种良好的行为习惯。通过一个又一个养成教育重点目标的实现，学生在许多方面养成良好的行为习惯。除了学校每周提出的本周目标，班主任还要制订一些个性化的目标，比如在开学初，为了养成专心听讲、认真完成作业的习惯，提出"上课认真倾听，作业整洁干净"的养成教育重点。天冷了，有些同学上学迟到，可以提出"早起几分钟，不做迟到生"的养成教育重点。其他的诸如"站如松，坐如钟""说话轻轻，走路轻轻"

等。需要注意的是，各个阶段养成教育重点的提出，可根据学生的学习、生活实际情况而定，做到语言精练，易读易记。

（四）如何实现养成教育重点

分阶段提出养成教育重点以后，绝大多数学生能主动自觉地去做，但也会有少数学生反应冷漠，有的学生甚至违反规定，这就需要老师从以下几个方面做起：

1. 教师率先垂范

黑格尔说："教师是孩子心中最完美的偶像。"教师的一言一行都会对学生产生潜移默化的影响。常听到孩子说："这是我们老师说的""我们老师就这样做的。"因此，教师要利用孩子这种特殊的心理，在养成教育重点提出来以后做出表率，给学生以积极的影响。比如，看到地面有纸屑，教师要放下架子，弯腰捡起。

2. 加强个别教育

在个别学生不按养成教育的重点要求去做，违反规定，犯了错误时，教师不能凭一时的怒气大发雷霆，更不能讽刺挖苦，要讲究方法，让批评转个弯。养成教育是一场持久战，每一个小细节都决定着战争的成败。要想取得最后的胜利，就要重视每一件小事，小是大的基础，大是小的积累。

二、从正面展开教育

班主任要学会怎样去包容学生，当学生做错事情的时候，不要一味地严厉指责学生，应该从好的出发点来指导学生。

（一）正面管教的重要意义

学生需要鼓励，就如植物需要浇水一样。如今，仍有不少家长认为将孩子送到学校就是让他学习功课，并且不少教师也是以此为准则进行班级管理的。但是有一些教育学者在多年的研究中发现，其实以惩罚和奖励为基础的传统管教对于学生长期的行为改变并没有任何效果，甚至会使学生丧失信心，从而导致反叛、报复或者退缩等现象的发生。惩罚是认为孩子需要为自己做的错事或没有做到的事情付出代价。也就是说，"为了让孩子们做得更好，我们必须先让他们感到更糟糕"，这种方式通常会导致不良结果。奖励是认为孩子只有得到外在奖励才会做一些事情。这种方式否认了贡献所获得的内心良好感觉，通常会导致孩子要求更大、更好的奖励。

所以，一种完全不同的管教方式应运而生——正面管教。正面管教的目的并不是要控制学生，而是培养学生学习的勇气、激情和人生技能，从而让他们能够专注地解决问题。例如，面对一些一直忘记或者不愿意做课前准备的学生，教师经常会说："你应该在上课前做好课前准备！"而用正面管教的方式来说这句话则是："为准备上课，你应该做些什么？"比较这两句话的不同，前者是告诉学生要做什么，并且学生都知道他们会因为顺从教师而得到肯定，反之就会得到惩罚；而后者则是在请学生思考上课前应该做什么。那为什么后者的"问"会比前者的"告诉"更为妥当呢？"告诉"通常会让学生产生抗拒心理，听到这句话后就会向大脑发出"抗拒"的信号。教师如果能秉持着尊重的态度问学生，会让学生感觉到放松，那他们大脑发送的信号就是"要自己去寻找答案"，他们能够感觉到自己是被教师尊重的，也就更愿意去思考这个问题。

（二）正面管教的三个要素

1. 创设一个安全的环境

那怎样才能真正有效地进行正面管教呢？在校园里，教师就是学生的"家长"，所以教师的作用相当重要。要想在班级内实施正面管教，首先就要求教师与学生之间能进行很好的沟通。当学生觉得自己没有归属感时，他们便会做出一些不正当行为，其实这都是他们为寻求归属感和自我价值感而选择的错误方式。换句话来说，教师要能够给予学生足够的安全感，让他们觉得教师是可以信任的，这就是正面管教实施的第一个要素——创设一个安全的环境。

2. 犯错误不会受到羞辱

在班级管理中总有一些学生会犯错，但是教师要用沟通、引导来让学生进行自我反思，而不是一味地责骂甚至羞辱，因为任何关系都需要互相尊重，其中当然也包括师生关系。我曾见到过这样一个场景：在中午午休时，教师会把那些在班级中扰乱秩序的学生的名字写在黑板上并且让他们站到教室外面，与其说这是一种严厉的管教还不如说是一种逃避，让那些学生离开了自己的视线，这件事情就解决了吗？其实并不是，只是一种心理安慰罢了。所以说责骂、羞辱或是严惩，对于学生的不当行为是没有任何作用的。学生年纪虽小，但是他们也有自尊心，所以教师不能因为一时生气去伤害他们幼小的心灵。这就是正面管教的第二个要素——犯错误或者失败时永远不会受到教师的羞辱和责骂。

3. 让学生拥有一种力量

正面管教的最后一个要素就是让学生能从自己的错误中反思，进而转变观念和行为。要让学生形成自己很重要的观念，学生需要感觉到周围有人愿意倾听他们的感受和看法，并且能够认真地对待他们。还是以午休吵闹的事为例，大部分学生都能够很好地遵守纪律，而那些扰乱秩序的学生肯定有一些特殊情况，教师需要好好地了解情况，弄清事情的原委，让这些学生知道他们很重要，并且有价值。在正面管教的班级里，每个学生都有机会在一个相互尊重、有纪律的环境中表达自己的观点并提出建议，每个学生都能在班级里找到归属感和自我价值感。把错误隐藏起来会让人固步自封，而且这个错误无法得到解决，学生也不能从中学习到经验，正确地判断来自曾经的错误经验。一个采取正面管教的班级，学生能够感受自己身上的责任感，他们能够为自己犯的错误承担责任。例如在某次测验中，一个学生得到了"待合格"的评价，倘若他能学会放弃受害者心理，即"老师给我的成绩是'待合格'"，而是秉持着一种坦然接受、勇于承担的心态，即"我的成绩是'待合格'，因为我没有努力，我应该好好努力"，那他就真正被赋予了改正错误的力量。

（三）教师的领导风格——和善而坚定

当一位班主任用单纯的奖励或惩罚管教学生时，学生对自身的价值判断就会变得困感。但是当教师秉持着和善与坚定的态度管教学生，就能帮助学生成为负责任、有能力和自信的人。这就是在正面管教中教师应有的领导风格——和善而坚定。

具有和善而坚定领导风格的班主任能够让学生知道错误是学习的机会。当学生真正懂得他们能够在错误的经历中学习到经验时，他们就不会再介意为自己的错误买单了。和善而坚定的班主任要善于运用鼓励，而不是空洞地赞扬和奖励学生。面对优秀或是表现较差的学生，都要一视同仁，优秀的学生需要鼓励，沮丧、没有自信的学生更需要鼓励。

正面管教需要教师拥有足够的耐心，同时教师和学生的相互尊重是必要基础，和善与坚定并行才会鼓舞学生的信心，才能使他们获得归属感与成就感，进而改善他们的行为。

改变是一个连续、具有挑战的过程，在这个过程中，学生很难改变自己的行为，除非教师先改变自身的行为。为帮助学生学会自我控制、承担责任，掌握解决问题的技能，班主任要先毫不犹豫地带头改变自己的行为。

当教师愿意放弃控制学生，转而用一种合作的方式与学生一起努力、一起进步时，正面管教才真正有效。那些懂得要"多问少告诉"的教师，会使学生真正融入班级、融入集体，能让班级力量拧成一股绳。当学生犯错时，能够被教师尊重并且受到鼓励，这样他们会更愿意思考自己的不足从而更加努力。

三、采用笔谈的方式交流

通过文字来进行交流也是进行学生思想工作的有效方法之一，这可以摆脱那种严肃紧张的面对面交谈的方式，而且教师可以采用亲切、鼓励的话语去改变学生的思想行为方式。这种德育方法适用于全体学生。对于品行不太好的学生，可以有效地除去其对抗情绪；对于不善于表达、很少和其他人交流的同学，能够消除其内心的紧张和腼腆；对于学习比较优秀的学生，可以有效地预防其骄傲的情绪产生。

（一）笔谈的优势

1. 笔谈不受时间限制，有利于节省学生时间

面谈会受到时间限制。在生活节奏日益加快的今天，老师、家长的工作都很忙，学生学习紧张，因此，老师找学生面谈的时间只能选择在课间和自习时间。课间时间短，匆匆几句难以取得效果，在中午、活动等时间，常受其他人和事的影响，师生较难静心，效果不佳；晚自习时间由于学生学习紧，如占用时间太长，可能影响学习任务的完成。而笔谈则不受时间限制，可在任何时候进行。教师通过一封信、一张便条与学生交流、沟通，使发现的问题能得到及时解决。

2. 笔谈方式多样化，内容活泼生动、丰富

面谈是师生之间、老师和家长之间进行面对面交谈，形式较为单一，而笔谈可通过一本作业本、一张便条、一封信或一张卡片等途径和学生进行思想交流。方式和途径多种多样，且笔谈内容也活泼生动。笔谈内容可以是一句格言、一则笑话、一幅漫画等。教师可根据学生具体的思想问题，选择合适的笔谈内容和合适的笔谈方式，将对学生思想教育工

作起着意想不到的效果。

3.笔谈可以消除学生的心理顾虑，让学生敞开心扉

每位学生都有自己的隐私和较强的自尊心，班主任找学生谈话，无非是在办公室或走廊，这些场所人多口杂，容易分散学生的注意力，甚至损伤到学生的自尊心。因此，他们经常像被宰的羔羊，耷拉着脑袋，任凭老师滔滔不绝、大讲特讲，老师的教育却成了耳边风，对学生的思想教育毫无效果。若改用笔谈这种方式，送上一句格言、一个寓意深刻的故事、一份关心，学生反而乐于接受、易于接受。而后，学生也会冷静思考、反省、体会，从而乐于向老师敞开心扉，和老师做朋友，交流师生情感。

（二）笔谈方法的运用

笔谈具有独特优势，在思想教育工作中可发挥重要作用，但并不是任何时候都要运用笔谈，运用笔谈这种教育方法还须注意以下几方面问题：

1.运用笔谈，要选择最合适的时机

当学生对当面教育觉得厌烦时，可运用笔谈触动其思想，令其震动和反思。有些后进生性格固执，又屡屡犯错，老师找他谈话的次数多，他会在心中筑起一道坚固的防线，单凭"苦口婆心"是难以奏效的。若采用强制性措施，则会增强其逆反心理，使师生关系紧张化，这种时候，不妨给他来个笔谈。

当学生对老师有误解时，笔谈能架起一座师生情感的桥梁。学生的思想素质认识水平决定他们中的许多人并不能完全理解老师的苦心，难免对老师的有些言行产生误解，这种时候适宜采用笔谈。

当学生感到困惑或心中有隐私时，笔谈能坚定他们的信心，抚慰纯真而脆弱的心。中学生处在成长发育的关键时期，思想上会有许多波动，心理承受力有限，学习成绩、同学关系、家庭和社会对学生的心理和思想会产生很大的影响，特别是当学生面对挫折时，自信心会遭受很大的打击，对人生观、价值观的认识不深刻，甚至不正确，处在人生道路的十字路口，这种时候，宜用笔谈化解学生心中的疙瘩，让其坚定信心去创造、去奋斗，迎接美好的未来。

2.笔谈对问题的针对性要强

乌申斯基曾提出，如果教育家希望从一切方面去教育人，那么就必须首先从一切方面去了解人。班主任运用笔谈去教育学生，必须彻底摸清学生的有关情况。针对不同的问题，选择不同的方式、不同的内容，有针对性地对学生进行教育，做到有的放矢，方能取得预期的效果。

3.运用笔谈，把爱心传递给学生

万物因爱而生。只有付出真诚的爱，才能获得真诚的爱的回报。因此，班主任运用笔谈对学生进行思想教育时，内容要做到动之以情、晓之以理，字里行间要浸润着老师对学生的那份深沉的爱，只有这样，才能得到爱的回报。比如，在需要的时候写上几句热情洋溢的话，给人鼓舞、催人奋进，传递一份真诚。当心被真诚和爱占据后，所有教育技巧都

是那样自然和富有活力,因为有了爱,教育也就成了一种美。

四、培养学生的主体意识

每个学生都是班级里面的一名成员,都是班级的小主人,他的日常行为都代表着班级的形象。因此,让学生意识到自己在班级里的重要性,能够有效地激发起学生参与班级管理和维护班级荣誉的热情和积极性,提高学生的团队精神和集体荣誉感,间接地提升学生发现问题和解决问题的能力。教师可以进行班级文化建设,多举办各式各样的班级活动,设立竞争制度,构建班级自主管理等方式。班主任要定时开班会,通过班会的模式来培养学生的组织能力以及创新能力。班会要适时,班会的主题可以和班干部一起讨论来确定,形式可以交给学生和班干部来讨论,集中大家的意见和智慧,可以收到更好的效果。让学生坦率地发表自己的意见,自己做主,这样可以让班会的内容形式更加多样,可以取得更好的效果。

(一)发挥学生的自主性

发挥学生的自主性,是时代发展对学校德育观念提出的新要求。突出学生的自主性,必须紧密结合学生的实际,实现教育者的启发、引导、指导与受教育者的认知、体验、践行的互动;尊重学生的主体地位、尊重学生的人格;坚持以发展学生素质为本,为发展学生素质服务,为学生的自由和全面发展服务。

在德育实践中,一方面教育者应给学生自主权,引导学生发现问题,主动、独立地创造情景、表现自己,让学生体验主体角色;另一方面,引导学生在道德观念教育实践中亲身体验,学会自主地进行思想道德信息的沟通,相互交流学习体会,相互进行思想火花的碰撞,展示自己,认识他人,并使自己的思想道德感情从中得到升华。

(二)要增强学生的体验性

现代德育强调让学生主动参与德育过程,充分了解德育内容和问题,在既有的社会规范基础上,经过自己的理性思维,独立地做出道德判断和道德选择,自主地调节自己的道德行为,完善自己的道德品质,丰富自己的道德情感,培育自己的道德自律能力和社会责任感。道德源于人类协调社会关系和完善自身的需要,它产生于实践,且只能通过实践产生。学校培养学生的德性也只有通过具有道德意义的具体的实践活动才能实现,德育本质上就是通过活动造就主体的过程。

在德育中,学生对道德规范的真正理解和掌握,形成道德能力,仅靠课堂上道德知识的传授是远远不能实现的,更多的是通过生活中对道德活动的实际参与,在一定的道德情境中真切深刻地体验道德情感,进行道德判断,并在此基础上产生认同感,将道德规范内化于自己的道德认知结构和道德价值体系中,并在此基础上逐步养成道德习惯,形成相应的行为方式,促进个体健全人格的养成。体验是生命存在的直接形式。当前的道德教育之所以不能进入学生的心灵深处,并实现道德内化,其根本原因是忽视了学生心灵的体悟、情感的激发、生命之间的交流。只有重视学生的生命体验,才能真正发挥学生的主动性和主体性。

（三）变封闭性为开放性

未成年人的成长不仅仅是在学校，他们时刻在受着家庭的熏陶和社会环境的影响；再者，学校本身不能也不可能承担起教育未成年人的全部责任。学校在整个社会环境中的影响是有限的，孩子的成长是包括学校、家庭和社会在内的整个大社会大环境的事情。随着教育改革的纵深发展，学校教育日益从封闭走向开放，学校必须重新认识家长在学校教育过程中的角色、地位、职责，转变学校的管理模式和工作制度；学校要注重对社会教育因素和教育资源进行有效的整合和利用，积极面对和发掘社会教育的有利因素。

作为学校道德教育的微观外环境，家庭在发展青少年道德教育中具有重要的作用。在人的一生中，家庭是一个人成长发育、健全人格、情趣培养的重要场所，父母是孩子德育的首要参与者。他们不仅是孩子的首要教育者，是孩子的第一任教师，而且也是孩子终身的教师。在校外，可以定期组织学生参观爱国主义教育基地、烈士陵园、博物馆等德育基地。不定期组织学生参观城市、农村、名胜古迹和大型工矿企业，了解改革开放的巨大成就和祖国悠久的历史文化，还可以进行社会调查。只有将丰富多彩的活动作为道德建设的主要载体，让学生深入社会、了解社会，在社会实践中磨练自己的道德意志，激发自己的道德情感，他们自身的道德素质才会得到提高。

（四）师生关系的平等性

在德育中，师生之间是"主体间性"的关系。而主体间性所表明的是主体与主体在积极交往过程中所表现出来的以交互主体为中心、为特征的和谐一致性。它致力于各个主体之间的互相理解、对话、沟通，以实现认同，达成共识，形成视界融合。所以，主体间性或主体际性主张人与人之间是一种两个或两个以上主体之间的关系而非主体和个体的关系。这样，人与人之间的沟通和交往就有了人性基础，同时也具有了现实可能性，并使得人与人之间的交往、沟通超越了物性思维的限制而走向了意义建构。而只有在具有意义的世界里，人的生活才是一种主体间性的生活，也才是一种人的生活。在主体间性交往中，师生关系不是"我—他"型，而是"我—你"型，主体之间共同分享经验，相互理解，相互交流。

总之，经济全球化和信息化时代的德育，担负着培养现代道德人格、发展现代道德观念、提高现代道德品质的使命。道德教育必须直面现实的挑战，紧紧跟随时代的步伐，走出传统的依赖型、封闭型、一元型的道德教育模式，实现内容、方式和手段的现代化。

五、善于利用叙事艺术

德育教育可以提高教学质量，健全学生的人格，帮助学生树立正确的价值观。所以在德育教学的过程中教师要充分地重视德育教学，使用多种方式进行德育教学。伦理叙事故事对德育教学十分重要，也是教学的重要手段，可以激发学生对德育课堂的兴趣，使其积极参与到德育课堂的教学中，进而提高课堂的教学效率。

（一）教师伦理叙事意识及能力的提升

1. 教师对伦理叙事的珍视

（1）教师要深刻体悟和高度认同教育的向善性

求真、向善、尚美是教育质的规定性，是评判教育是否优良的最主要的价值尺度。在柏拉图看来，"善"是一种最高的"相"，也即最终极的价值。他将"善"比作太阳，若没有太阳发出的光芒，其他任何事物都无法被发现。可以说"善"统治了"真"和"美"，如果没有"善"，那么其他的任何事物都没有价值。善分为两种，"外在的善"即身体和物质上的"好"；"内在的善"即灵魂的善，也就是人的德行。教师只有深度体悟教育的质的三个规定性，并且一直坚守教育向善的信念，才能真正重视思品教学，这也是教师进行伦理叙事的观念前提。

（2）教师要深刻理解伦理叙事的多重价值

根据价值来看，一是工具价值，指的是通过对事件的伦理叙述使学生掌握相应的伦理精神和道德规则，提高学生的道德判断力、涵养学生的道德情意、养成学生良好的道德行为习惯，使学生逐渐成为一个合格的社会成员。但伦理叙事的价值更在于其自身的目的价值。从最初意义上来看，伦理指的是灵长类的居留地，隐含着对人类存在的一种呵护与关照。所以，伦理并不仅仅是对人类的约束与限制，它的终极目的是使人抵达精神的家园，实现心灵的安顿，从而使人的存在变得更有意义。对于思品教学来说，教师对学生的伦理叙事不仅促进了学生明白存在的意义，也使教师与学生处于伦理式的关系中，从而使教师的存在意义更加丰盈。当教师珍视伦理叙事，就会自觉地对自身教育价值观不断地进行反思与重构，就会对自身的教育观念进行更新。如过于追求分数的态度的转变，对于德育理念进行更新，意识到德育不能靠知识的灌输，教育并不是一种功利的行为而是追求善的过程。

2. 教师知识结构的优化

教师德行的建构对良好的知识结构有着高度的依赖。譬如，"好仁不好学，其蔽也愚；好知不好学，其蔽也荡；好信不好学，其蔽也贼；好直不好学，其蔽也绞；好勇不好学，其蔽也乱；好刚不好学，其蔽也狂"（《论语·阳货篇》）。意思是说，人光爱好仁德而不爱好学习，它的弊病是容易被人愚弄；爱耍小聪明而不好好学习，它的弊病是容易放荡不羁；爱好诚信而不爱好学习，它的弊病是危害亲人；爱好直率而不爱好学习，它的弊病是容易说话尖酸刻薄；爱好勇敢而不爱好学习，它的弊病是容易出乱子；爱好刚强而不爱好学习，它的弊病是容易狂妄自大。苏格拉底同样认为，"美德即明智"，美德即明智的判断力。但苏格拉底认为并不是所有知识都会使人明智。关于物的知识是技术性、细节性的知识，这些知识并不会使人明智，而关于"何为美好，何为美善生活"的知识才能使人明智。

根据一般的学科分类标准，可以将学科分为三类：自然科学、社会科学、人文科学。因此，教师应从这三个领域全面优化自己的知识结构。自然科学表面上与思品关联程度不高，但教师若缺少自然科学知识的支撑或科学精神不强，他们在进行伦理叙事时会引起伦理方向的偏离。譬如教师在讲述中国传统故事"卧冰求鲤"或者"黄香温席"时，没有遵循科学的精神就会误导学生单纯地去效仿。

伦理是社会中一种客观的习俗，教师需要对政治学、经济学和法学有足够的认识，才能对国家的伦理现状有深入的理解。譬如，在家庭、市民社会、国家这三个伦理实体中，现代人不得不逐渐脱离家庭这个伦理实体进入市民社会，而市民社会并不是一个最理想的伦理实体，因为它是一个遵循利益交互原则的实体。虽然其中有制度和规范，但它充其量只能使人们呈现原子式集合并列，而不能达到真正的伦理关联。因而市民社会需不断地过渡到国家这个伦理实体，使每一个个体都与国家紧密联系，体现出培养学生的爱国主义情感的德育目标，促进学生对中国民族文化的认同。

从人文学科来看，伦理叙事是一个充盈着人文精神的过程，因此教师需从文史哲中不断地汲取人文滋养。比如美国哲学家罗蒂就强调，"从哲学之外进入哲学，用非哲学的方法来讲解哲学"。伦理叙事本身就是一种道德哲学，教师在伦理叙事时要依据自己所汲取的文学涵养与文学积淀。每一个伦理故事都有其存在的社会、文化、历史背景，因此教师需不断学习哲学，增加叙事的深度与高度。

3. 教师生活阅历的丰富

伦理叙事不仅仅是让学生理解事件所包涵的一般的伦理意义，更要让学生从事件中发现它对自己的个人意义。因为，事件一般都有两层意义，一是假定性意义，是一个事件本身想表达的意义；二是个人从事件中所生成的对自己个人来说有价值的意义。

伦理叙事需要以教师的丰富阅历去支撑。因为教师只有具备丰富的阅历，他（她）才能从整体的、连续的角度面对学生叙述事件，才能在叙事过程中，不断发掘和向学生揭示事件本身的多重意义。并且，教师只有具备丰富的阅历，他（她）才能及时捕捉和引导学生从事件中不断生成对于自己有价值的个人意义。"能近取譬"出自"夫仁者，己欲立而立人，己欲达而达人。能近取譬，可谓仁之方也已"（《论语·雍也》）。意思是仁爱的人，想要别人对你仁爱首先自己需对别人建立仁爱之心，别人对你宽容是基于你首先对别人宽容的基础之上，能就自身打比方，能够从身边的小事做起，推己及人，这就是实践仁义的方法。可见，孔子对弟子进行教诲时并不是讲述大道理而是以自身为例进行解说。同样，教师也只有具备丰富的阅历，才能将事件与广泛的社会生活、自己的日常生活充分结合起来，以"极高明而道中庸"的方式向学生进行通俗易懂的叙述，更能激发学生对伦理叙事的参与。

教师阅历的丰富需要教师适度跨越边界。教师的本职工作是教书育人，但同时也需要适度地走出校园，进入学生的日常生活领域，进入社区，进入社会公共领域。边界的适度跨越使教师可以接触和深度了解丰富的事件，可以从不同的视角去理解事件。这就为教师的伦理叙事奠定了坚实的基础。

（二）丰富课程的伦理意蕴

课程是伦理叙事的中介，除了要提高教师伦理叙事的能力，还要丰富课程的伦理意蕴。课程可以分为显性课程和隐性课程，显性课程主要指思品课教材，隐性课程主要指校园空间、校园人际关系等。在此，需用两个维度进行叙述：

1. 德育课堂中伦理故事的充实

（1）依据伦理发展方向充实伦理故事

中国伦理发展方向是对传统伦理的创造性继承及与现代伦理的有机结合，传承其优良精神、增益其时代内涵。现代伦理主要是指公民伦理，把公平、正义、自由、平等作为主要的价值。因此，德育教学中伦理故事的充实需遵循传统优良伦理与现代伦理有机融合的向度。具体而言，从对传统优良伦理的弘扬着手，可以向学生叙述丰富的伦理故事。

首先，对传统伦理的创造性继承。传统伦理主要是指"父子有亲，君臣有义，夫妇有别，长幼有序，朋友有信"，这五伦关系虽然有时代的局限性，但仍然有一定的伦理价值。

其次，充实现代伦理故事。关于现代伦理故事典型的著作有西方著名的《美德书》，旨在帮助人类已有的伟大工作即孩子的道德教育，其分别从同情、责任、友谊、工作、勇气、毅力、诚实、忠诚、自律九个方面来讲述。通过一个个有趣的小故事，向孩子们述说：什么可以做，什么不可以做，什么是美的，什么是丑的，当然也包括具体清晰的指导、规劝和训练……其中的每一个小故事、小情节、小诗歌都充斥着伦理道德。除了在著作中，在我们的身边也无时无刻不上演着很多故事，师生要善于捕捉美德，如有学生熟知的"雷锋叔叔""公交车上礼让座位，尊老爱幼""爱护环境""珍惜生命""勤俭节约"等等，这些都是充实现代伦理故事的重要依据。

（2）依据德育目标和学生年龄特征充实伦理故事

伦理故事是伦理叙事在德育中应用的中介，内容上需贴合各发展阶段的德育目标，并且要适应作为既是叙事客体又是叙事主体的学生的年龄，才可以称作是具有积极影响的桥梁。新课标下的德育目标如下：

首先，培养学生正确的政治方向，初步形成科学的世界观和共产主义道德意识。为实现这一目标，对学生进行政治教育的案例数不胜数，有抗日战争中的英雄事例，也有类似《法制与社会》的电视节目中的事例，都可以作为伦理叙事有影响力的中介。

其次，培养学生良好的道德认知和行为习惯，培养学生的道德思维和道德评价能力。

最后，培养学生的自我教育能力，通过伦理叙事，学生进入故事反思，如果自己是主人公或者自己是反面人物会怎么样做，并会受到什么样的评价，这是最有效和直接的方式。

2. 校园空间伦理叙事功能的发挥

空间不仅具有自然性、物理性，还具有社会性。也就是说，空间弥漫着社会关系，它既生成社会关系也被社会关系所生成。伦理关系是社会关系的重要构成，因此空间既为伦理关系所生成，同时也在不断地表现伦理和伦理叙事。譬如，从空间的建筑来看，建筑的功能不仅满足人们的各种生活需求，而且可以代表着一种身份或地位，不同的建筑具有不同的伦理象征意义。比如，四合院（又称四合房），是北京经典居住房，是中国传统的庭院建筑。四合院的"北屋为尊，两厢次之，倒坐为宾，杂屋为附"格局体现了尊卑有别的伦理观念。

同样，作为隐性课程的校园空间，它不仅是教育活动所依赖的物理空间，同时还具有伦理叙事的功能。因此，从伦理叙事的角度来看，校园（包括教室）应当是一个充满伦理意蕴的伦理空间。

首先，师生在校园中从"相处"走向"相依"。在校园空间中，师生、生生不仅是制度化的互动关系，更应当是以情感为纽带的伦理关系。这就使学校成员由"陌生"到"半生不熟"，再发展到"相依"的类似兄弟姐妹的熟人关系。

其次，学校是个制度生活场所。因此，校园空间应当通过制度来象征优良的伦理。对于空间的使用，要有严格的制度规定。学校的空间使用都是按照功能的区分进行的。一般而言，教学区、生活区、办公区是有严格划分的，相互之间互不干扰。这虽然限定了学校成员的活动范围和行为方式，但它同时也有益于培养学生遵守伦理角色的意识和行为。

最后，校园空间是一个"道德净地"。作为"道德净地"的校园空间无时不在进行着伦理叙事，对学校成员提出更高的道德要求。譬如："不要忘了，你是老师！""不要忘了，你是学生！""你是老师啊！怪不得这么好！"这些言语从侧面折射出社会大众对学校道德优越性的认可。身处校园空间这块"道德净地"，学生思想品德的发展就有了良好的伦理氛围。

（三）优化互动，提升学生伦理叙事能力

1. 学生伦理叙事能力不足

叙事指有组织地表述事物或事件的语言能力，是语篇能力的重要组成部分之一，伦理叙事能力则是要在掌握相关伦理知识、有思维转变能力及具备伦理的叙事方式技能的前提下的语言能力。造成学生伦理叙事能力不足的原因可以从宏观和微观两个角度来看。

首先，从宏观角度来看，由于学生接触的知识面具有局限性，在进行伦理叙事时无法对与事件情节相关的基本要素进行分析，如起因、时间、地点、人物背景等。

其次，从微观角度来看，学生的思维不够成熟，他们的思维发展在青少年时期还是从具体到抽象的阶段，而伦理是一种道德哲学，属于抽象的范畴，因此不容易被学生理解吸收。

最后，在伦理叙事时，不仅需要注意语言内部结构，还需用符合伦理的叙事方式。据笔者观察，由于学生喜欢表现自己，他们在讲述故事时会以自我为中心，喜欢强行将自己的想法表达出来，不愿意接受别人的质疑，因此无法呈现自由、平等的伦理方式。

2. 伦理互动的内容及方式

教学是师生组成的双边活动，在活动中双方会产生互动，互动是任何一个教学过程的内在要求，思品教学中伦理叙事更强调师生的互动，只有互动才能让师生、生生借助事件

的中介作用达到精神上的相遇和意义上的不断生成，才能真正地实现伦理叙事的目的。

首先，加强伦理叙事中知识上的互动，在这种互动中，教师要引导和激励学生本着和而不同的原则积极地跟老师和同学分享自己关于事件的信息和观点。对学生而言，知识互动是从教师身上习得伦理知识，有助于不断地积累成为文化内涵的资本；对教师而言，知识互动是促进教师知识更新、建立与学生的关系网的过程。如孔子有弟子三千，其教学艺术在于对话式教学，"对话是探索真理与自我认识的途径"，对话式教学即通过语言实现知识互动，弟子在与孔子的对话中实现互相的言说与倾听，这正是符合伦理叙事的教学途径，这不仅丰富了学生的知识结构，更促进了教师的知识产出。

其次，加强伦理叙事中情感上的互动，教师在伦理叙事时，将自身情感融入到事件并通过肢体、口头语言向学生充分表达自己的情感，达到情感渲染的目的。教师需及时地关注和捕捉学生的情感表现，再对学生做出相应的情感回应，从而达到情感共鸣的目的。这种互动属于内在的互动，可以促使教师与学生彼此了解，建立良好和谐的师生关系。心理学家安得森的研究表明："课堂上人与人之间相互作用的特性不仅影响学生学习的质量，而且也影响学习动机。"师生的情感交流与教学效果成正比，伦理叙事的过程不仅是态度的表达，还是事实的展示，在这个过程中语言表现出了其第二层功能即传达情感，教师通过与学生语言互动创设情感场，利用教师的情感价值引导其自身的内隐诉求后受到客体的回应，达到师生情感场域共振，缩短学生与教师及事件人物的距离。

最后，加强伦理叙事中人格上的互动，教师对学生更多的是人格魅力的积极影响，譬如子夏曰："君子有三变：望之俨然，即之也温，听其言也厉。"（《论语》）其大意是，子夏说：君子会使人感到三种变化：远远望去庄严可畏，接近他时却温和可亲，听他讲话则严厉不苟。因此，作为教师，就仪容而言，举止要端庄；和学生的交往上需有温和亲切的态度；从言谈上来说，说话要准确严谨而不是声色俱厉。教师需要有一个标准，该庄严的时候要庄严、该和蔼时要和蔼。《论语》中对孔子的评价是"子温而厉，威而不猛，恭而安"，意思是说，孔子温和而严肃、威严而不暴烈、诚敬而安详。孔子一生有三千多弟子，既有成年人也有未成年人，孔子是其弟子眼中的至圣先师，完全是靠德行、智慧和才学吸引众人。在伦理叙事中，教师需利用优秀的伦理资源不断进行自我人格完善，从而在思品教学中通过人格力量对学生产生正面的影响，发挥事件的积极效应。

第二节 重视班主任师德师风建设

师德师风意为教师个人在教育工作中所表现出来的工作作风、思想、素养等，属于教师个人职业道德修养的重要组成部分。包含了关心政治、热爱职业、团结同事、爱护学生、积极进取、严于律己等诸多品质，涉及了教师自身的思想观念、职业精神、职业道德等多方面内容。良好的师德师风是对教师这个职业最为本质的要求，更是教师队伍建设永恒的主题。

一、加强师德教育是班主任师德建设的基础

师德建设包括"教"和"育"两个方面。

（一）师德建设的"教"

师德建设的"教"是指给班主任建设完善的教育法规体系，包括思想建设和道德建设等层面。同时，建立完整的教育法规体系，能够直接影响到教师的行为规范，依据道德准则来约束调节班主任的日常行为。师德建设作为班主任教育工作的主要内容，应建立健全班主任师德建设的学习培训机制，把班主任的师德建设作为学校的重要教育工作，把教师的职业教育和职业培训有机结合起来。应坚持长期开展班主任的责任、纪律、道德教育工作，培养师德情感，启发师德思想，提高师德意志，树立师德理念，使班主任逐渐学会培养自身的道德修养，学会在教育过程中自我约束，做到先树己、后育人。

（二）师德建设的"育"

师德建设的"育"其实是一个从"他律"逐渐学会"自律"的过程，即思想道德培养。班主任应该加强自身的思想道德建设，把社会要求的和学校制定的行为准则、道德规范牢记心中，使其成为自身的一种行为习惯。在教书育人过程中，应该按照道德尺度来做事，关爱学生，热爱职位，不断为教师事业而奋斗。班主任在教导学生时，应有正确的人生观和价值观，耐心育人、刻苦求知，这样才能帮助学生形成良好的思想道德素质。

二、培养责任感是班主任师德建设的灵魂

良好的师德建设来自正确的教学理念，班主任的教学理念主要体现在班主任工作的责任感和事业心上，班主任的奋斗目标和精神追求来自对党、对我国教育事业的忠诚奉献。班主任在教学过程中应该把自己全部的知识和精力都奉献给学生，引导学生全面发展，成为新时代社会所需要的人才。班主任在课后应该及时预备下一节课的内容，精益求精。班主任在管理班级的过程中，应注重自我形象的塑造，多与学生沟通交流，联系学生的实际情况，以便更好地教导管理学生。最优秀的老师应该是学生的良师益友，既能帮助学生解决学习上的困惑，又能帮助学生解决生活中的难题，模范践行"为人师表"。

（一）教师责任感的内涵

教师的责任感主要指教师对自身的职业角色所承担的教育责任和达到预期的教育结果的承诺，对教师今后的发展和自我调节有着十分重要的意义。在教育工作中，教师的责任感的形式并不单一，而是与工作满意度、教学积极性、教学信心、教学实践以及敬业精神等都有紧密的联系。形成教师责任感的过程是社会大众对教师的期望和教师主体需求的协调统一过程。当前，教师的责任感主要可体现为：

1. 对国家和社会的责任感

教师需要严格按照国家法律法规和职业道德规范，将教育方针政策全面地落实到工作

中，并按照教学大纲合理地制订教学计划，高效地完成教书育人的工作。

2. 对学生的责任感

教师需要全面贯彻"以人为本"的教学理念，以学生的发展为核心开展教育工作，培养学生的核心素养，为学生今后的发展打下坚实的基础。

3. 对自身的责任感

教师需要不断地提高自身的道德品质和职业素养，要做到有爱心、良心、关怀、公平、公正、奉献等，对教育有着极强的理解能力。

综上所述，学校和教师需要充分认识到教师责任感的内涵，加强师德师风的建设，最终打造高素质的教师队伍，促进教育事业的可持续发展。

（二）目前教师的责任感现状

当前学校教师的来源渠道较为广泛，有师范院校毕业的，有院校师资整合而来的，这就导致教师队伍的质量参差不齐，教师之间学历、能力、职称等都存在较大的差距。尤其近年来教师入职的标准放宽了，部分非师范专业人员也投身到教育工作中，这就导致教师队伍中不少教师缺乏专业的训练，教学能力以及职业素养都相对较低，缺乏良好的责任感，具体表现为：

1. 职业认同感不强

职业认同感越强，则说明这个职业的价值越大，教师也不例外。近年来，教师负面新闻的不断报道，导致社会对教师职业的认同感有所降低。同时加上教师队伍质量的参差不齐，部分教师对自身的职业也缺乏足够的认同感，在学校工作中常常抱着混日子的心态，教学过程中缺乏进取心、事业心和积极主动性，缺乏与时俱进的创新精神，被动地开展教学任务，常常是为了教学而教学，对自身职业发展目标十分模糊。产生这种状况的原因有很多种，如人们只对高等学府、含金量高的院校给予足够的重视，对其他学校的发展并没有给予多少关注，并且对师范类学生也没有给予多少期待，这就对教师产生了严重的影响，导致教师很容易产生自卑、缺乏认同感的心理。

2. 职业自豪感偏低

教师的主要任务就是教书育人，为社会培养更多优秀的人才。但在当前教育工作中，学校与家长之间明显缺乏有效的联系，家长对学校的实力等方面都缺乏了解，甚至对学校还存在一定的偏见，认为学生学习成绩好是学生自身的能力，而如果学生学习不好都是教师的责任。这就导致教师在这样的认知和偏见中开展教育教学工作，既要做到为人师表，培养学生的综合能力，又要做好教学计划和自身职业的规划，明确自身的发展，久而久之，教师对自身的职业价值产生了怀疑，缺乏职业自豪感。

3. 教师专业素养不高

当前还明显存在教师专业素养不高的问题。首先，大部分选择教师职业的学生都存在一定的侥幸心理，认为教师职业压力较小，有很充足的业余时间，工作环境也十分轻松，只是为了有个稳定的职业，而自身对教师职业却缺乏热爱。其次，部分教师对自身的教学理论知识缺乏深入了解，对学生教学常常是照本宣科和纸上谈兵，并不能将知识浅显易懂地传授给学生，严重地影响了教学的有效性，学生很难产生学习的兴趣和积极性。同时，教师对学生缺乏足够的了解，不能认识到学生的差异性，无法实现对学生的因材施教，这严重阻碍了学生核心素养的培养。这些问题都是由教师专业素养不高所引起的。

（三）教师责任感的培养

制定科学的政策法规，从制度层面保证教师的责任行为有法可依，有据可循。文化水平高的人其道德行为不一定高，同样，责任认知水平高的人，其责任感未必强。然而，责任意志水平与责任感呈正相关的关系，即：一个人的责任意志越强，他的责任行为越高尚。现实生活中知行不统一的现象很多，有些教师在既定条件下能够去履行责任而不去做，这说明他们并没有真正形成正确的道德责任价值观。毋庸置疑，指导这些道德责任观念的是先前的道德思维，要破除先前的错误概念不是一朝一夕就能完成的，这需要一个长期的磨炼责任意志的过程。

无规矩不成方圆，对于无形的责任感来说更是如此。国家制定加强教师责任感的政策法规，一方面可以为教师的责任行为提供法律依据，使平凡的责任行为有了严肃的法律意义；另一方面，国家的政策法规高屋建瓴，引领社会文化和媒体的走向，为教师的责任行为赋予了国家的意义，为其责任感的培养奠定了基础。学校制定科学合理的考核制度，规范教师的责任行为。教师的实际工作岗位是在学校里，学校规章制度对教师的道德价值观的取向有很大的影响。

建立培训长效机制，促进教师责任感的提升。责任感既看不见也摸不着，要想对它进行改正和加强就要对它的外显形式下功夫。设置模拟情境，对教师进行实战演练是一种有效的途径。一方面通过模拟实战演练来考察教师的责任意志，并从中发现问题，对症下药，避免盲目的一刀切；另一方面，教师本人亦可借此机会来考验自己，磨炼自己的责任意志。加强培训纪律的约束亦是提高教师责任感的基本内容。纪律从本质上说是义务制度化的一种重要形式，它使主体在任何情况下都履行自己的责任，而不是仅在监督控制下才履行自己的责任。对教师进行纪律培训和训练有利于他们对道德、法律义务的理解与遵守。但是，社会学研究表明，那些能进行自我约束的主体在责任行为的举止方面明显强于屈从于外部强制纪律的主体。因此在对教师进行纪律训练方面必须发挥教师的主体能动性，引导教师把外部客观纪律与自身主观需求相结合，使纪律不仅成为教师的约束，更是他们需求得到满足的途径。

营造良好的文化环境，从舆论层面监督教师的责任行为，培养其责任感。生命不是一个孤立成长的个体，环境给人的影响，除有形的模仿外，更重要的是无形的塑造。"与善人居，如入芝兰之室，久而不闻其香，即与之化矣。"这说明了环境对人的熏陶作用是很大的。教师群体作为一个特定的职业群体归属于一个特殊的环境——校园，校园环境对教师个体影响最深。社会的舆论作用是不可估量的，不负责任的行为会受到指责，责任感强的行为会受到所有人的赞赏，在这样一个健康、责任感强的舆论环境里一定会培养出责任感强的教师。教育家斯宾塞说:"野蛮产生野蛮,仁爱产生仁爱。"生活在一个素质修养高、责任感强的环境里,教师自然就变得责任感较强。

加强道德责任理论教育,提高道德责任判断能力。道德责任判断可以分成两种:一是事先的道德责任选择,它发生在行为之前,是指教师的自我选择;二是事后的道德责任评价,它出现在行为之后,是他人、社会舆论的评价。不管做出什么样的责任判断都要根据一定的标准或凭借某些令人信服的理由。因此,提高教师的道德责任判断能力,就是要提高教师依据正确的标准进行正确的道德责任选择和判断的能力。这需要有关工作者对一定时期教师普遍关心的社会道德性问题、教师群体里存在的普遍道德性问题有科学、明确、独立的道德立场思考,解答教师的道德困惑。此外,社会还可以通过提高教师的工资待遇和社会地位,奖励负责任的高尚行为,从经济上鼓励教师的责任行为。学校可以开辟出一块专项基金,专门奖励教师的高尚责任行为,为培养教师的责任感提供一定的物质奖励。

营造健康和谐的家庭环境,从精神方面支持教师的责任行为,促进其责任感的培养。教师的家庭的支持对他们责任感的培养有着非常重要的作用。试想一位教师如果做了责任感强的高尚行为后却得到家人的奚落和不屑,这位教师恐怕再也不会做出类似的行为;如果他得到了家人的支持和肯定,那么往后他就会做出更多的高尚道德行为。因此,建立和谐家庭对教师责任感的培养提供重要的精神支持。和谐家庭主要表现出四个方面的和谐,即关系和谐、生活和谐、发展和谐、心理和谐。教师亦然。但工作的责任感与自我实现的冲突会影响教师的心理。学生的成长、成才并非一日之功,教师难以获得更多的职业成就感,自己的闯劲会随着工作时间的递增而锐减。教师作为知识和道德的化身,常常潜意识地把完美作为自己追求的人生目标。如果不能理性地分析失误,把原因都归结到自己身上来,就会内疚、自责,甚至感到悲观厌世,带来心理上的不良反应,产生心理问题。教师家庭对子女的教育和婚姻方面有更高的期望,如果无法达到,会影响教师的情绪,家庭的幸福感会降低,导致情绪低落、自卑感增加、工作效率下降。这些自然会对教师的心理发展、人生价值观的形成、责任感的培养造成负面影响。

教师责任感的培养需要和谐的家庭环境,但教师和谐家庭的建设是一项庞大而复杂的系统性工程,绝非朝夕之功,而是需要一个长期的过程。而教师责任感培养的紧迫性需要我们尽快整合社会资源,调动一切积极因素,即政府、教育行政部门、学校、民间组织及家庭自身联合起来,建立多方面的科学协调的社会机制来指导教师建设和谐家庭。

三、塑造师德形象是班主任师德建设的途径

学校在班主任师德建设过程中应注意舆论引导,找出师德建设中班主任的个别典范,把树立优秀班主任榜样与培育优秀班主任工作紧密结合,达到以群体抓典型,以典型带动群体的目的。班主任应该从身边的榜样中得到启示,找到自身的不足,努力完善自己的道德行为,塑造良好的师德形象。学校在加大投入公共设施建设的同时,应该提高对校园文化建设的重视度,根据学校的实际情况,合理组织校园文化活动,为师德建设打造良好的

平台。此外，学校应该加大对校园精神的培育，潜移默化地影响班主任工作，逐渐形成良好的校园风气，为学生创造良好的育人环境。

（一）班主任必须爱岗敬业

教师最基本的道德准则就是忠诚于党的教育事业，学生、家长和社会之所以对教师寄予重望，是因为"振兴民族的希望在教育，振兴教育的希望在教师"。一个没有敬业精神的教师根本不可能为培养人才的教育工作尽心尽力，一个班主任只有具备了高度的责任感和强烈的事业心，才会在教育实践中，全身心投入，潜心钻研业务，努力掌握现代科学理论知识，广泛搜集最新教育信息，不断改进教学方法，树立正确的教育观。同时有了对事业的热爱之心，就会甘于平凡、淡泊名利，为人民的教育事业默默奉献，在平凡的三尺讲台上奉献自己的才智和毕生的精力。作为班主任要时刻注意加强自己的师德修养，讲奉献、展风采、树形象。教师的职业就是奉献的职业，因此，只有具备高尚的师德，才能对学生产生正面的影响，才能展示出教师的风采，树立教师的光辉形象。

（二）班主任要做学生的表率

班主任的言行对学生的成长具有深刻的影响，班主任是知识的传授者，更是教会学生如何做人的引路人。古人就知道"身教"重于"言教"，班主任应注意自己的行为对学生的教育和影响，用自己良好的行为习惯去对学生进行潜移默化的影响，去感染学生，让学生以班主任的行为为榜样，慢慢形成自己的良好行为习惯。"捧着一颗心来，不带半根草去"。无论在为人处世还是在工作上班主任都应该成为学生的表率，处处以身作则，言行一致，品格高尚，乐于奉献，爱岗敬业；严格地以师德规范要求自己，真正做到"为人师表""言传身教""以身作则"，使学生清楚和明白做人的道理，教会他们懂得做人的真正价值意义。在学生心灵深处培植乐于奉献、爱岗敬业的理念。"其身正，不令则行，其身不正，虽令不从"，只有以身作则，才能赢得学生的尊敬，才能深孚众望，像磁铁石般吸引学生。因此，每接一个新班级，班主任都应尽快熟悉他们，在最短的时间内形成一个团结向上、学习风气浓、纪律好的班集体。班主任要严格要求自己，加强自身修养，从点滴做起，用自己的言行去影响学生，感染学生，班主任要每天第一个走进班级，最后一个离开教室，用行动去感化每一个学生。

（三）班主任要无私奉献自己的光和热

作为一名班主任，其生活平凡得不能再平凡，其工作普通得不能再普通，它不是珍珠，但在拾取它的过程中也会在生活的沙滩上留下一串串脚印；聚集起来，也能汇成一簇簇明丽的色彩。班主任爱一个学生容易，要做到爱所有的学生却很难，班主任要用青春和汗水去实践这一崇高的目标，走进学生心灵，把学生当作自己的孩子看待，关爱每一个学生。很多优秀的教师无论在课堂上还是课外都是那样和蔼可亲、循循善诱。师爱是教育力量的源泉，是教育成功的基础。班主任只有付出爱，才能赢得爱。你爱学生，学生也会爱你，你才能从工作上获得更多的乐趣和收获。在日常生活中，学生们总是个个生龙活虎，可是这些看似长大的孩子也有稚嫩的一面，他们需要有人理解、有人关心、有人支持、有人呵护，班主任要把这样两句话作为自己的座右铭："假如我是孩子""假如是我的孩子"。班主任要努力以一个教师和家长双重身份的爱去理解、激励、尊重和关心每一个孩子。学生是我的孩子，也是我的骄傲！看着他们从不懂到懂，从无知到知，那是一个完美的过程，更是生命的价值体现！

（四）班主任要努力提高教学质量

要想提高教育教学质量，必须在课堂教学效率上下真功夫，课堂教学效率的提高是提升教育教学质量的核心。班主任要在课堂上千方百计"向四十分钟要质量"。因此，为了能真正达到目的，收到较好的效果，班主任要精心设计每一节课的教学流程，激发学生兴趣，引导学生愉快地学习。由于小学生注意力不易持久，单调乏味的练习容易让学生产生厌倦情绪进而降低学习效率。因此，班主任要在课堂上尽量做到趣味化、形式多样化。

（五）班主任要与时俱进

作为一个班主任必须能紧跟时代的步伐，不断更新教育教学理念。新课程理念的核心是关注人——"一切为了每一位学生的发展"，新课程改革的具体目标是改变课程中过于注重知识传授的倾向，强调的是使学生形成积极主动的学习态度、获得基础知识与基本技能的过程以及学会学习和形成正确价值观的过程。在科学知识飞速发展的今天，我们班主任要与时俱进。首先可以通过读书学习，读书是我们终身学习的方法之一，人们常说：读万卷书，行万里路。我们从书中学到自己未开发的领域，让自己的知识面开阔了，视野更广了。其次可以通过培训来学习，培训学习是让我们借鉴别人先进经验，来填补自己的空白。这是一种快捷有效的提高自身素质的途径。再者可以通过交流进行学习。人常说：近朱者赤，近墨者黑。通过结交朋友和靠近素养较高的人，学习他们做人、做事的风格以及丰富的社会经验，从而提高自身的素养。俗话说："活到老，学到老。"

班主任只有不断地学习，不断地充电，才能赶上这个知识爆炸的时代。只有提高了自身的素质，在班主任工作中才能立于不败之地。所谓教书育人，教书者必须先为人师，育人者必须先行为示范，教师的职业特点决定了教师必须具备更高的素质。班主任只有在三尺讲台上不断发扬吃苦耐劳的精神，不断充实自己，时刻把教书育人尽心做好。班主任只有在树立良好的师德形象的前提下才能圆育人之梦，让每一位班主任都行动起来，努力争做一名新时期的优秀班主任。

四、推动知行合一是班主任师德建设的关键

随着时代的不断进步，教育体系的不断完善，班主任的师德建设也应该不断创新。师德建设应该与时俱进，打破传统陈旧的教育方式和教育理念，着眼于新时代的风貌，引导班主任提高教育素养，发现教育的本质和灵魂，使班主任能够认清新形势，迎接新挑战。教师是精神文明的推动者，是历史文化的传承者，是民族振兴的引路人。班主任的师德建设是当今教育的关键，师德建设是调节班主任教学管理的规范，师德建设得好与坏决定着教师的教育态度和教学水平，影响着学生学习态度和思想道德的形成。加强班主任师德建

设是新时代教育的需要,是当代教育改革的需要,是帮助学生树立正确价值观的需要,也是为社会培养更多优秀人才的需要。

(一)班主任工作要有丰富的情感性

班主任工作不是冷冰冰的说教,而是充满丰富情感的诱导、教育和交流。在一定意义上讲,"通情"往往是"达理"的前提。"感人心者,莫先乎情"。列宁也曾说过,"没有人的情感,就从来没有也不可能有人对于真理的追求"。班主任工作固然重在以理服人,但中学阶段的学生已是初具七情六欲的复杂情感之人,教育中就不能忽视情感因素,不能不在诉之以理、以理服人的同时,动之以情、以情感人。只有这样,才能真正使学生"心悦诚服",激发其对科学的向往和追求,激发其向善、向上的信心和力量。使学生在一种和谐、愉悦的情感体验中比较顺利地接受某种正确的认知,抑制学生由消极情感产生的对立情绪等减力效应。师生的情感渗透,就会使班主任在日常工作中有机地由管理者转化为引导者,因为角色的对等形成信息的对称,准确的信息可以预测学生某些状态下的心理反应和行为方式,从而实现对学生的有效指导和引导。

(二)班主任工作要有可靠的真实性

班主任要待学生以诚,推心置腹,情真意切,就会敏感地发现、把握、排解学生的心理问题和学习问题;决不可装腔作势,言不由衷,给学生以虚假的情感。真实是做好班主任工作最重要的因素之一,是情感富有感染力的条件,又使班主任人格与学生素质形成交融。法国罗兰说"真实的东西才是美好的,它不会使人失望,而令人对未来充满信心"。俄国别林斯基曾说过"只有真才美,只有真才可爱。虚假永远无聊乏味,令人生厌"。因此,真实是诚实的基础,是做好班主任的基本品质。只有具备这一点,学生亲其师才能信其道。正确的理论固然能让学生明白,但是,要让他们真正接受这些理论,则需要建立在彼此信赖的基础上,通过情感的催化、亲和的激发,学生就能轻易接受,情通而理达,如果失去诚和真,我们的教育方法再好,道理再正确,学生也会当作耳旁风,任其飘走。渴望沟通和交流是人的本性,真实宽松和谐的交往环境,才能使学生的兴趣和个性品质得到自由发展,才能使他们主动地去探索和创新。

(三)班主任工作要有相对的开放性

班主任工作不是使学生封闭、压抑,使学生厌烦、痛苦,而是使其舒畅、愉快,使其振奋、昂扬。要达到这一步就要通过搭建各类平台,让学生展示自己的特长,激发其自尊、自信等内在的积极情感,使身心素质得到提升。在教育过程中受教育者都有自尊、自爱、自重的需要,学生也如此,希望老师、他人尊重自己的人格、权利,也希望自己的能力和才华得到他人公正的承认和赞许,并能在学习活动中发挥自己的作用,在班集体中确立自己的地位。因此,作为班主任要积极帮助学生建立自省、自查、自控、自激和自我教育的意识,平时多跟学生交往,关心其学习、生活和思想,既做良师又做益友,搭建心灵沟通的桥梁;在和学生接触时,必须始终保持良好的情绪状态,精神振作,情绪饱满,充满信心,善于使用"表情动作",使学生感应出奋发向上的精神;在和学生的言谈中要风趣、幽默、振奋人心，产生共鸣。即使"重槌"敲击，也能使那不响的一面"鼓"重新发出愉快音响。班主任的管理工作应该是使学生一直处于愉快之中，不仅是一时的愉快、即时的愉快，而是长期的愉快。"一个孩子，你把他看成什么、说成什么、怎么对待，不久的将来，这些都会变成现实。"这就是著名的"罗森塔尔效应"。在工作中要给予学生实实在在的鼓励，要把握时机，注重细节、恰如其分。

（四）班主任工作要有充分的理解性

班主任要对学生存在的某些缺点、错误、过激言行给予宽容和谅解，以推动学生产生积极的情感和正确行为。但是，在给予的过程中，宽容不是纵容，谅解不是放任，理解不是不讲原则。对于原则问性题是不能宽容的，而是要给予严肃的批评乃至纪律处分。理解学生的本身就是贯穿、包含着必要的批评和帮助，没有惩戒的教育是一种不完全的教育，但在应用惩戒教育时要充分理解学生产生缺点、错误的具体条件和原因，又要顾及对错误做出处理后的学生处境，不得已再做出宽容性处理，以触动学生的思想感情，促使其提高认识，进而改正错误。另一方面，当学生在学习、思想认识上取得初步成功时，不拘泥于过去，不纠缠于"复发"上，还要给予及时的鼓励、表扬、指导，让学生看到希望，增强信心，使学生由成功的喜悦上升到进一步勤奋学习、刻苦求知、不断进取上来，形成情意环境，提高教育效果。

（五）班主任工作要有较强的协调性

一要处理好班级与学校的关系。班级是学校的组成部分，局部应服从整体；二要处理好与科任教师的关系。要经常教育学生尊敬科任教师，听从科任教师指导，树立科任教师威信；三要处理好学生之间的关系。班级是由学生组成的集体，因此，同学之间有亲疏之别、男女之别，时而"反目成仇"，时而和好如初，作为班主任要多留神、勤观察、早疏导，防患于未然；四要处理好与学生家长的关系。要通过家长座谈会、家访等形式，及时了解学生（尤其是"留守学生"）在家庭中的表现，通报学生在校情况，以争取家长的配合。家庭是习惯的学校，父母是习惯的老师，教育就是培养学生的好习惯，从而形成健康的人格。五要处理好与社会有关方面的关系。社会对学生的影响具有复杂性、广泛性、深刻性和持久性。要争取社区的教育配合，加强对学生的有效社会教育；六要处理好班主任工作与个人教学的关系。班主任首先应该是一名合格的教师，绝对不能因处理班级事务而影响自身的学科教学。只有胜任本学科的教学，并有较高的教学艺术，才能增强其影响力，掌握开展班级管理工作的主动权。

五、完善班主任德育教育的激励机制

随着新课改的实施和推进，当代教育对青少年的德育教育提出了更高的要求。班主任作为青少年的直接管理者，是开展德育教育的主要负责人。而激励机制是符合青少年心理、年龄特点的有效方式，能够有效提高学生的综合素质，促进学生的全面发展。

（一）激励要从生活实际出发

班主任的德育工作应该从生活实际出发，采取科学的激励方式。德育教育要将激励落到实处，考虑到学生的思维方式较为简单，如果直接对其本身进行激励，有可能会导致严重的后果，使学生产生毫无根据的自负心理。所以，激励应该发挥出正面作用，应该从生活实际入手，让学生真切地感受到激励内容的真实性、真诚性、合理性，使学生有根据地产生自我认同感，进而使学生重视生活中的小事，逐渐提高学生参与德育教育的积极性，全面促进其德育素质的提高。除此之外，班主任还可以从生活实际出发开展德育活动，并在德育活动中融入激励机制，使学生正确认知自己，有效提高学生的综合素质。

从实际生活出发的激励才能真正为学生所感知、所铭记。而班主任在德育教育的过程中，要重视利用生活实际来达到激励的目的。例如：在日常的行为习惯上，有一些学生能够主动收拾垃圾，助人为乐，还能够尊重长辈、爱护同学。针对这些大家都能看到的具体的事情，班主任应该积极给予学生激励和表扬，并明确告诉学生这些行为是正确的，是值得坚持、值得表扬的，如此便能使学生明白在生活中做这些小事是正确的，从而为学生正确价值观的确立奠定基础。

除此之外，班主任还可以通过任务的安排来达到激励学生的目的，如鼓励学生主动帮助家长做家务等。通过激励和表扬，学生可以认识到这种行为方式是得到班主任认同的，做得好是能够得到老师表扬的，如此德育教育的质量必然能够得到提高。

（二）激励内容要因人而异

德育教育的主体是学生，而学生之间又具有很大的差异性，这就意味着德育教育的开展必须因人而异。对学生的激励也应具有一定的针对性，以保障德育教育工作的顺利开展。因人而异的前提是能够找到学生的"异"，并能够将不同的"异"结合到一起，使全体学生的道德素养都能够得到提升。所以，班主任在德育教育中进行激励之前，一定要对自己的学生有一个全面的了解，包括学生的兴趣爱好、性格特点、家庭情况等。在对学生有了了解之后，班主任便可以着手将学生进行分层了，而层次性的德育教学能够最大限度地发挥出激励的作用，使不同层次的学生都能够获得不同程度的发展，从而有效提高德育教育的实效性。

由于学生之间差异性的存在，在德育教育中的激励内容也应因人而异，其目的是能够最大限度促进学生整体道德素质的提升。例如：在德育教育中，班主任根据对学生日常学习习惯和行为习惯的了解将学生进行分层，针对平时表现良好的学生，鼓励学生朝着更高层次去发展，并通过适当的引导让他们及早地认识到道德在学习、生活、社会中的重要性，使其成长之路更加平坦；针对平时表现较差的学生，班主任要从学生的一些小优点入手，并结合一些口头激励语加深学生的印象，从而提高学生的自我评判能力，提升学生的道德水平。显然，这种分层激励的方式能够使不同层次的学生都获得发展，久而久之，必然能够提高学生的自信心。

（三）激励语要触动学生心灵

激励策略实施的关键是能够触动学生的心灵，而语言是激励机制中的重要内容，所以班主任在德育教育中务必要重视激励语的作用。从当前德育教育的情况来看，很多时候，班主任缺少的都是一种自然、亲切的激励语言。实际上，青少年对语言的注意力和敏感度是非常高的，所以模式化、单一化的语言很难真正地让学生有所感触，久而久之，不但达不到激励的效果，反而会阻碍德育教育的实施与发展。为了使激励语发挥其重要作用，当代班主任要从多方面研究激励语，使学生能够感受到班主任的感情。考虑到青少年的整体特点，教师应该在激励语中加入学生的主体行为，或者使激励语更加幽默、恰当，从而达到触动学生心灵的作用。

对于班主任而言，掌握正确使用激励语的方法能够在一定程度上提高德育教育的效率。激励语多种多样，但是要想发挥出激励语本身的作用是需要一定的前提条件的，也就是应将语言技巧和班主任自身的感情结合到一起，如此才能保证激励语能够触动学生的心灵，得到学生的重视。所以，在德育教育过程中，对于一些在交流中有主见的学生，可以这样赞赏他："这个想法很棒，你真的很会思考，跟一个小科学家一样。"对于擅长与学生进行合作的学生，班主任可以根据一些合作的细节表扬学生："你的理解能力很出色，非常适合跟同学合作！"显然，这些激励语的运用在提高学生自信心、培养学生道德品质上发挥着重要作用。

（四）重视奖与惩的双向结合

在激励机制中，奖与惩的结合更偏向于正向激励和反向激励的结合，也就是正确对待学生的行为习惯，奖惩有度，使学生真正明白何为对错，并有针对性地改进，进而促进德育教育的有效提高。实际上，适当的奖惩结合能够在一定程度上保持学生心理上的平衡，使学生不至于因为奖励而滋生骄傲。同时，班主任在对学生的行为和学习情况进行奖惩时，要有意识地将这种形式与德育相结合，以配合德育教育的深入，从而更好地践行德育，促进学生综合素质的提高。除此之外，班主任还要重视学生的改变，关注这一激励方式的效果，并进行有效的改进，以更加适应学生的德育教育。

奖惩结合的最大优势是能够在提高学生综合素质的基础上帮助学生改正自身的问题，使德育工作更好地开展和落实。所以，在德育教育过程中，班主任要重视对这两种方式的协调使用。例如：针对一些乐于按时完成作业、热心帮助他人的学生，班主任要根据他们所表现出来的闪光点发自内心地表扬，鼓励他们再接再厉，在根本上增强他们的自我认同感，使其思想道德素质更上一层。与此相反，针对一些素质低、行为不佳的学生，班主任要适当地给予学生惩罚。但是，在惩罚的过程中不要对其进行指责和训斥，而是要以平等交流的方式去了解造成这一后果的原因，从而引导学生认识到自己的错误，再给予他们适当的惩罚，使他们心服口服，从而有效提高学生的道德素养。

第三节 开展家校协同育人模式

家庭是学生成长发展的第一课堂,良好的家庭氛围有助于学生形成更为健康的心理,促使其得到更好的进步成长及发展。为强化德育工作的实效性,班主任在组织进行德育教学工作的整个过程中,应当注重家庭教育工作的开展实施,通过强化家庭教育与学校教育的融合性,为班级学生的成长及发展创造良好的家庭环境与学校环境,引导其走向茁壮成长及发展的道路。

一、家长委员会——家校合作的主力军

建立班级家长委员会是构建家长和学校交流的平台,对于完善家、校、社三位一体的教育体系,推进素质教育实施具有重要意义。成立家委会可以充分发挥家长的特长和优势,为班级的教育教学活动和社会实践活动提供帮助与支持,家长委员会的成立还可以促使广大家长的教育素质和家庭教育水准得到大幅提升。班主任要为家长委员会的成立提供场地和条件,邀请家委会代表参与班级管理,与班主任共同教育和管理学生。

(一)新时代家长委员会的特征

新时代家长委员会是推进建设依法办学、自主管理、民主监督、社会参与的现代学校制度的重要内容,是充分发挥家长在教育改革发展中积极作用的有效途径,是构建学校、家庭、政府、社会密切配合的优良教育生态体系的举措,是推进教育治理体系和治理能力现代化的渠道之一。

1. 家长委员会建设中存在的认识误区

有的家长委员会依附于学校,家长的教育管理权被逐渐削弱;有的家长委员会主体意识匮乏,由学校全盘负责,家长委员会参与教育管理的积极性和热情很低;有的家长委员会过度关注孩子的成长,过多干涉学校工作,一定程度上扰乱了学校正常的教育教学秩序;有的家长委员会出现"被指定"的情况,甚至出现了"权贵家长委员会"……概括而言,建设家长委员会过程中常见的认识误区可归纳为以下六种:

(1)家长委员会是学校工作的"传话筒"

学校与家长委员会在交流中的地位不平等。学校有需要传达给家长的信息,即由家长委员会代为传达,美其名曰这是与家长委员会协商讨论的结果,是经过双方同意的。家长委员会成为摆设,话语权弱。

(2)家长委员会是学校的"服务员"

家长委员会就是帮学校干活的,给学校"打杂"的,工作被动,学校让干什么就干什么,家长委员会与学校的关系严重失衡,没有独立的思考与风格,变成了"可有可无"的组织。

（3）家长委员会是学校的"代办员"

由于种种原因，学校有时不方便出面，家长委员会就成为"自愿"号召家长的"代办员"。

（4）家长委员会是学校的"代言人"

家长委员会对学校和教师"言听计从"，结果导致家长埋怨家长委员会的"听话"与"奴性"，学校亦感觉家长委员会办事不力，不会处理问题，家长委员会费力不讨好。

（5）家长委员会是个别家长利益的"代言人"

这种做法就从根本上误解了"家长委员会"成立的意义，成为不问青红皂白维护家长所谓权益的代表，家长委员会与学校没有形成相互支撑的关系，反倒变成学校发展过程中的绊脚石。

（6）家长委员会是自行其是的"散兵"

家长委员会成分单一，缺乏民主性，缺少凝聚力，工作没有规划，没有约束，想怎么说就怎么说，想怎么做就怎么做，忽略了自己的职责，忽略了广大家长的信任与托付。

2.新时代家长委员会的特征

（1）新时代家长委员会是代表全体家长意愿的组织

新时代家长委员会是由最能代表全体家长意愿的在校学生家长代表构成的；是代表全体家长参与学校民主管理，支持、监督学校做好教育教学工作的群众性自治组织；是学校联系广大学生、家长之间的桥梁和双向沟通的纽带。

（2）新时代家长委员会是与学校相对独立、相互制约、相互促进、共同提升的教育组织

新时代家长委员会与学校是一种合作与监督的关系，各自权利的行使和义务的履行都有一定的范围，与学校不存在隶属或者依附关系。新时代家长委员会应该有高度、有担当、有大爱、有追求；具有正确的教育观念，掌握科学的教育方法；热心学校教育工作，富有奉献精神；有一定的组织管理和协调能力，善于听取意见、办事公道、责任心强，能赢得广大家长的信赖，能带动更多家长参与家校共育活动，并壮大家长委员会组织，是一支致力于促进形成家、校、社教育合力，为学生的健康成长创造有利的条件，勇于担当的团队。

（3）新时代家长委员会积极支持并参与学校的管理工作

新时代家长委员会支持并参与学校管理工作的内容可分为五个方面。一是建立家长与学校间双向沟通的桥梁，探索沟通模式，做到沟通必有效，和谐促家校；二是监督学校各项工作与措施的落地实施，做到监督不添堵，同心共育人；三是积极参与学校管理，为学校发展出谋划策，做到参与不干预，到位不越位，与学校共同寻找最佳解决方案。四是加强自身管理，定期召开家长委员会会议，就各项措施落地情况进行沟通与互动，做到管理有章法，工作有尺度。第五是促进学校与社会、家庭建立更密切的联系，做到服务非附属，独立自运营。

（4）新时代家长委员会能够积极盘活社会资源

新时代家长委员会不仅关注学生的教育、家庭的亲子关系，还要融合、融洽学校、家长、社会三者的关系、支持学生的生涯规划教育、实践活动、国防教育、劳动教育等校外教育，同时还可邀请有关专家、学校校长和相关教师、优秀父母等组成家庭教育讲师团，面向广大家长定期宣传党的教育方针、相关教育法律法规和政策，传播科学的家庭教育理念、知识和方法；组织开展形式多样的家庭教育指导服务和实践活动，引导社会重视家庭教育和社会教育，形成全社会共同参与的教育治理新格局。

（5）新时代家长委员会能够自主成长

新时代家长委员具有自发、自主的成长力，能够学习、分享、传播专业化的家庭教育知识和理念，影响和带动更多父母成为学校教育的合作者、支持者，使家长能够在孩子成长的道路上成为教师的重要教育同事，在家校协同共创和谐的家校共同体过程中，担当起重任。

（6）新时代家长委员会最终成长为家长社群组织

新时代家长委员会是一个有共同目标、有温度、有大爱的家长社群组织。家长委员会社群，其实就是因对学校的认同感、对教育的美好憧憬，大家有意聚合在一起，通过不断交流、碰撞、发展、壮大，组成的有利于孩子健康成长的教育团队。家长委员会社群有明显且共同的社交属性，那就是协同家庭、学校、社会让孩子享受幸福而又充实的学生时代，对学校教育教学具有参与管理、监督评议、提出合理化建议、协调解决家校问题等方面的权利。家长委员会社群具有良好的组织管理生态系统，组织结构松而不散，是一个有目标、有方法、有执行、有保障、有闭环、有作为、有案例的，紧跟时代步伐的先进组织。新时代家长委员会有比较完善的组织结构与责任分工，每个成员在社群中都是不可或缺的贡献者，同时也是领导者和受益者。

（二）家长委员会参与班级管理的方式

首先，向家长们传达成立家长委员会的信息。向家长们传递家长委员会成立的通知，在通知中阐明成立家长委员会的原因、目的、优点和职责，呼吁家长们踊跃参与。可以采用以下方式告知家长们成立家长委员会的信息：

消息群发。消息中一方面可以表达成立家长委员会的愿望，另一方面可以说明参加家长委员会的要求。

在家长会上通知。家长会上家长们聚集到一起，最适合宣布事情，班主任可以在家长会上向家长们详细地介绍组建家长委员会的核心价值和对孩子的好处，调动家长的积极性。

其次，确立家长委员会成员，选出主席和副主席。由于家庭环境、文化程度等因素，家长的水平和素质参差不齐，家长委员会成员是起带头作用的一部分家长，家长委员会成员需要具备一定的条件：热爱教育、较高的素质、富有爱心、有较强的责任感和组织能力、有一定的空闲时间等。家长委员会的数量可以根据班级学生数量和家长素质来定。

最后，制定家长委员会章程，确定成员分工。选出家长委员会成员之后，班主任需要和家委会主席、家委会委员们召开一次会议，宣告家委会的正式成立，探讨家委会的初期筹备工作、老师和家长之间应该如何配合、家委会需要做哪些工作等内容。制定家委会章程是家委会第一次会议必需的议题，章程是指导家委会工作的重要指南，需由班主任和家委会委员们集思广益，共同商议，最后由主席归纳总结，做成文件，分发给家长们并分工监督执行。

二、家长会——家校合作的主阵地

家长会是家长了解学校工作，学校了解学生在家表现的主要手段，学校每个学期至少召开一次家长会，邀请家长参与，共同探讨学校工作和学生情况，以期得到家长的信任与支持。开好家长会是班主任的一项重要工作，开好家长会，得到家长的支持与配合，形成家校合力，有助于班主任德育工作的开展。

（一）家长会的功能

传统教育观认为，在教育方面，学校是主导者，家长要绝对地服从学校的管理，但同时家长已经无须对孩子的教育负责，另外对学生而言，家长会是无须参与的，也就不能到这里表达自己关于当前学校教育状态的诉求、对家庭教育的意见以及自己的想法。

1. 家长会的三重功能

教育是一个复杂的系统，它是由学校、家庭和社会三者相互作用而构建成的一个系统的教育生态圈。家庭和学校是影响学生发展的微观系统当中的子系统，并且子系统之间相互作用、相互影响，即家庭教育的发展情况制约着学校的教育情况，学校的教育情况反过来又影响着家庭教育的情况。家长会充当了沟通学校和家庭的重要桥梁。教育的作用通过家长会与学校、家庭、学生的相互影响得以发挥。

（1）家长会是家校共育的桥梁

从教育生态系统的角度出发，学校和家庭是同样重要的。因此，家长会不能仅仅只有汇报信息的单一功能。家长会是将学校和家长聚集在一起，共同商讨如何搭建更为有利于学生发展的教育平台。在这个平台上，一方面有信息的传递——教师向父母汇报孩子的发展情况，告知家长孩子在发展过程中存在的问题，同时，家长也有义务告知教师孩子在家中的具体情况。另一方面也是家校双方关于教育理念和教育方式的相互交流。

（2）家长会也是家长的学习课堂

已有研究表明，家长的教养认知决定着教育方式。不恰当的教养方式会导致孩子出现学习困难以及适应不良等情绪行为问题。从学前期开始，幼儿出现的情绪行为问题就具有持久性，它会持续影响到孩子日后的社会适应，而孩子的社会适应不良，自然学习成绩会受到影响。家长的教养认知来源于自己的教养经历以及自己的教养知识的获取，教养经历来源于自己的原生家庭，教养知识则可以由自己后天的学习获得。因为教育的个体存在差异性，教育的形式可以多样化，教育的内容可以多元化，教育的方式也可以迥然不同。但是教育的目标和理念在教育过程当中应该是一致的。在教育的专业性上和教育资源上，学校是专业的平台和资源聚集地，因此，家长可以通过学校的专业性平台来端正自己的教养态度和观念，提高自己的教养技能。

（3）家长会促进积极的亲子关系和师生关系的构建

在教育系统理论当中，学生也是影响教育的有效因子，其与家长和学校也存在着相互影响的关系。学生是具有主观能动性的独立个体，其对于家长会信息的传递没有选择权，主体性被忽视。教育者在讨论被教育者的优缺点时，被教育者的主动性被抹杀了，这是忽视人的主观能动性的，同时也忽视了教育个体本身。因此，应该促进积极的亲子关系和师生关系的构建。

2. 发挥家长会的三重功能

在教育生态系统视域下的教育质量要依靠学校和家庭相互合作实现。要发挥家长会的三重功能，促进学校、家庭和学生个人共同发展，就需要从以下几个方面入手：

（1）家长会功能认知的转变

要实现家长会作为家校共育桥梁的功能，学校和家长必须在认知上意识到，处在教育环境下的学校和家庭是同样重要的，两者相互作用、相互影响。

从学校的教育出发，教师需要得到家长的认可、支持以及配合，以缓解教育压力、稳固教育的效果，从而提高教育的质量；从家庭的角度出发，家长同样需要教师的信任和支持，增强自己的教育知识专业性和提高自己的教育技巧。

家校双方只有保持教育的一致性，才能为学生的成长构建良好的环境。家长会就是学校与家长各取所需的桥梁。家长要意识到家长会就是表达自己诉求的最好机会和平台。在家长会上，家长要发挥自己的主动权，不仅仅作为参与者，更应该是筹办者和受益者。

学生也应该是家长会的参与者之一，不仅仅是家长会所讨论的对象。只有学生真正地参与进来，一切关于教育的讨论才有可能转变为现实。学生作为教育的主体，不可否认地具有决定自己教育效果的选择能动性。再好的教育措施，只有学生参与其中，了解接纳，学校与家长的教育合力，才能在学生的身上付诸实践，并转化为教育效果。

从认知上改变对于家长会功能的看法，在开家长会的时候，校方、家长和学生才有可能改变自己的参与心态，以积极主动的态度参与其中，才有可能改变传统教育观下"家长会"单一的定向功能。

（2）学校与家长建立合作型伙伴关系

家庭和学校是影响学生发展最为重要的两个因素，且学校与家庭是相互影响的关系。因此，学校与家庭之间的关系是否良好直接影响着学生的发展。

学校和家庭在明确自己的教育职责与目标后要建立彼此的信任。尽管学校的职责与家庭的职责不同，但在教育目的上是一致的。没有信任的沟通是无效的，这样的家长会也会流于形式，没有真实信息的沟通与传递，更无益于学生的进步与发展。

（3）家长会由三方共同参与策划

家长会的主题应由学校、家长和学生共同商定。商定家长会主题可采取圆桌讨论的方式，在了解学生对于目前家庭与学校教育的认可程度、个人意愿和态度以及教育诉求的基础上，学校需要传达学生在校的信息以及传播正确的价值观，家长需要获取专业教育知识，并与学校沟通转变教育方式，满足学生的教育诉求，从而达到最佳的教育效果。

家长会的参与者包括教师、家长和学生。教师和家长应该将学生也邀请在一起，像朋友一样共同探讨教育问题。一方面，是为了在学校构建更积极的师生关系，建立师生之间的信任。另一方面，也有利于化解家庭矛盾，建立更积极的亲子关系。积极的亲子关系和师生关系的特征是可以得到更多的回应和关注的。研究表明，积极的亲子关系和师生关系是可以显著地预测学生的学业成就和社会适应能力的。

（4）家长会的内容应多元化

对于学校而言，家长会是一个促进家校沟通与合作的契机。家长会是校方教育理念的贯彻会，通过家长会，学校传播教育理念，贯彻教育理念，从而实现家校教育的统一。

对于家长而言，家长会是一个交流会。家长会的内容应该包括家庭教育理念的交流、家庭教育困惑问题的交流、家庭教育策略的支持等。以家长教育内容为讨论交流的重点，校方提供专业的支持平台，解决家庭教育问题，保障家庭教育的质量，实现教育的合力。

比如，让在某个领域具有丰富经验的家长担当学校教学活动的志愿者，个别有条件的学校还可以邀请家长作为活动的筹办者、兴趣小组的领导者，建立具有针对性教育知识的家长课堂，选择机会邀请进行授课：一方面交流先进经验、心得体会；另一方面也能转换教学视角，为教师完善教学活动、创新教学思路提供参考。

此外，家长会还可以作为一个家校问题处理站，通过沟通可以帮助双方建立积极健康的信任关系。家长会可以充分发挥家长对教师的监督作用，学校可以对家长发现的问题调查解惑，对教师存在的违法违纪问题查实一起处理一起；与此同时又要加强对家长的教育引导，从家长自身做起，为净化校园环境、保持纯洁的合作交流关系贡献自身的力量。

对于学生而言，家长会是一个表达自我想法和需求的平台，是建立积极的亲子关系和师生关系的契机。学生是教育的主体，家长和教师在教育过程中是指导者与陪伴者。家长会应该允许学生进行表达，学生也有权利知道学校对于自己表现的评价、教师对于自己学习情况的评价和建议、家长在自己成长过程中的困惑，以及自己应该做出何种表态和改进、自己能够接受何种方式的教育、自己对于目前教育有何不满。通过家长会，学生以一种主人翁的方式参与到教育过程当中，这是一种积极的促进自我成长的方法。

（二）家长会模式创新

1. 创新家长会形式

传统的家长会通常是班主任在讲台上自导自演，家长作为"听客"在台下听，老师们讲完了家长会就结束了。这种单向输出的家长会模式取得的效果并不理想，家长会千篇一律，久而久之，家长们对家长会失去了兴趣，举办家长会的目的无法实现。家长会应该紧跟时代步伐，与时俱进，打破传统，更新观念，创新家长会形式，切实提高家长会实效性。班主任在召开家长会时要注意避免只顾自己发言，不顾家长的意见和建议。鼓励家长积极发言，讲述孩子在家的表现，通过学生学校表现和家庭表现的对接，更加科学合理地开展教育工作。

2. 丰富家长会内容

家长会一般在考试后举行，传统的家长会做法是针对考试成绩做分析，然后提出提高成绩的做法。但是家长会不是"成绩发布会"，不是"告状会"，不是"批斗会"，也不是教师个人展示会，家长会应该是展示学校成果和家校交流的平台，家长会的内容不应只是学生的成绩，应把重点放在如何实现对学生教育的有效提高上，真正把学生的个人发展作为工作重心。首先，家长会主题应具有针对性。不同年级的家长会应具有不同的主题和内容，比如低年级学生年纪小，自控力和自我约束能力差，家长会的重点可以放在学生良好行为习惯的养成上。高年级的学生年龄稍大一些，有了一定的接受能力和思考能力，家长会可以把感恩教育、青少年思想教育等作为会议重点，关注学生思想状况，促进学生正确三观的形成。

3. 注重以生为本

教育的主体是学生，家长会的根本目的是促进学生的健康成长，所以家长会要注重以生为本的理念。首先，班主任应从多角度分析学生。班主任应积极向家长反映学生的在校情况，家长则反映学生的家庭情况，比较两者之间的异同，发现学生在成长过程中的问题，找出原因，采取合适的措施促进学生的成长。其次，班主任要注重赏识每个学生。班主任的赞赏对于学生自信心的建立有很大作用，班主任要找到每个学生的闪光点，尤其要关注后进生，他们更需要老师的赞赏和鼓励。在家长会上，班主任对学生的态度会影响家长对学生的看法，班主任对学生的鼓励可以给家长带来自信和动力，利于家长对学校工作的配合。

三、家访——家校合作的助推器

家访是学校教育工作的重要环节，是班主任工作的重要补充。家访不仅可以直接和家长交换意见，而且可以亲自观察学生的生活环境，感受学习氛围。班主任在对学生原生家庭教育情况基本了解的基础上，不仅可以有选择性地修正学校教育的不足，还可以有目的有计划地指导家长进行家庭教育，将科学的教育方法传授给家长，通过家庭教育的积极配合推动班主任德育工作的顺利开展。

（一）家访在班主任管理工作中的重要作用

家访是促进班主任、家长和学生三方进行良好沟通的有效途径。针对班主任的教学管理工作，通过家访，班主任工作的针对性和指向性增强，班主任的教学管理思路得以拓展。通过家访，班主任与家长进行沟通，与学生进行交流，充分了解学生的个性、爱好、兴趣、学习习惯和家庭情况等各个方面。在此基础上，班主任就能针对学生的优势和不足制定相应的教学管理方案，让学生的学习行为发生明显的、积极的改变。例如，当了解到学生喜欢阅读课外书籍时，班主任可以以学生喜欢的课外书为突破口，先详细了解学生喜欢的书籍类型，找到一些该类型的课外书进行阅读。在与学生谈话时，鼓励学生学习他们喜欢的书籍中的主人公身上的优点，养成良好的学习习惯，在学习生涯中一直坚持好好学习。

班主任与家长沟通的过程中，还可以了解家长对孩子寄予的期望，帮助家长和孩子构建和谐的亲子关系。如果教师在家访的过程中发现学生与家长之间的关系比较紧张，那么教师可以进行调节，让家长和孩子双方互换角色，站在各自的角度换位思考，软化他们之间的尖锐矛盾，让学生的家庭关系更加和谐。

班主任可以向家长传达教育管理要求，就自己的教学管理计划与家长进行探讨。在交流的过程中，向家长寻求意见与建议。通过家长的反馈，班主任就能够发现自己的教学管理工作上存在的不足，然后进行整改和完善。同时，通过家长的反馈，班主任能够获取一些创新的教学方式和方法，教学管理思路得以拓展，可以有效提高自己的班级管理水平。例如，在教学过程中，班主任要求学生背诵重点内容，请家长辅助检查学生背诵情况并签字。而在家访过程中，通过与家长的沟通发现，虽然学生比较自觉，但是家长由于工作原因每天回家时间不固定，辅助完成班主任的学习要求的时候存在不便。由此，班主任发现之前的要求存在不足，然后进行针对性完善和改进。

班主任的家访工作能够帮助家长树立起先进、正确和积极的教育理念。在家访过程中，教师能了解到家长对家庭教育的态度。有的家长对家庭教育不够重视，在学校教育需要家长配合的时候，家长不以为意、漫不经心；有的家长对孩子过于放纵，让孩子自己管理自己的学习，只在衣、食、住、行等物质层面关心孩子；有的家长则对孩子过于苛刻，要求孩子必须拿到第一名、必须考到 90 分以上等，不考虑现实情况，标准机械化，显然存在较严重的教育理念问题。而在家访的过程中，班主任通过与家长的沟通，能够发现家长的教育态度，通过交流，向家长讲述家校合作、共同促进孩子成长的重要性，引导家长以科学、合理的方式参与对学生的教育管理，潜移默化地影响家长的教育理念。

进行家访能够拉近班主任与学生之间的关系，增进班主任与学生的感情，以情感为动力驱使学生保持高效学习。在这种情况下，教师通过家访与学生、家长进行深入沟通，主动了解学生，让学生感受到班主任对自己的关心和爱护，让学生感受到正向的情感激励，从而提高学生对学习的积极性。同时，家访也能够对学生进行个性化指导。在家访完成以后，教师对学生的整体情况有了更深入的了解，就能够制定更加有效的教育策略，从思想、情感和态度方面提出有针对性的措施，对学生加以引导，从而增强教学管理的效果。

（二）班主任做好家访应遵从的要素

要做好家访工作，班主任需要遵从五个要素。

1. 目的要明确

班主任要明确每一次家访的目的，切忌完成任务式走过场。一些班主任把家访当作一项任务，一次性走十几家，家访下来对学生的情况还是不了解，这种"拜年式"家访没有实际意义。班主任在家访前要明确目的，家访数目不可贪多，根据学生的具体情况分清轻重缓急，以此保证家访的实效性。

2. 准备要充分

上课之前要备课，准备充分的教案是上好一堂课的基础，同理，有效的家访也需要备好"家访课"。既然是"访"，那班主任就要提前准备好"访"的问题以及自己想要收到的效果。要提前设想预案来应对突发状况，避免陷入尴尬境地。家访前提前跟家长约好时间，避免盲目扑空。在家访时，要注意自己的着装、言行、说话方式，确保以轻松愉快的气氛完成家访。

3. 谈话要艺术

一般班主任是带着学生的问题进行家访的，目的是通过家长配合解决学生的这些问题，弥补其不足之处。要顾及学生的颜面，向家长传递积极的信息，这就要求班主任说话要有艺术性，先表扬学生的优点，再委婉地向家长指出学生的不足，请家长积极配合，共同促进学生的成长。

4. 方式要合理

家访和上课一样，不能用"灌输式"和"填鸭式"，要给家长留有表达意见的余地，在家长说话时要认真聆听，在适当的时候对家长的言论给予补充。这种充分尊重家长、在家访时让家长处于主体地位的方法，便于引起家长在情感上的共鸣，更加积极配合班主任工作。同时，班主任也能汲取优秀的家庭教育理念和方法。

5. 反馈要及时

家访结束并不代表家访完成，家访是否取得了效果还得看学生今后的表现，这就需要积极地反馈。第一，家长要把家访后学生在家的表现情况及时反馈给班主任。家访之后，家长采取了哪些家庭教育方法，学生改变了多少，都需要在一段时间后反馈给班主任。第二，班主任要把家访后学生在校表现反馈给家长，看看通过家访，学生在学校是否有进步，进步了多少。班主任要将情况及时反馈给家长并督促家长也及时反馈，以家校合力达成教育目的。

（三）强化家访作用的具体措施和注意事项

在家访过程中，班主任要对活动流程和内容导向等进行提前安排，充分发挥家访的作用，从而使班主任的教育管理工作更加顺利地开展。

首先，在家访过程中，班主任要注重引导家长和学生发表自己的想法，以轻松的方式与家长、学生进行交谈，避免用命令式、教导式的语言将自己的教学理念强行灌输给学生和家长。受传统的"灌输式教育"影响，通常学生都厌倦大道理说教。因此，在家访的过程中，班主任要学会转变自己的立场，注重倾听和引导，相信学生已经有了足够的能力去判断事情的来龙去脉，能够选择正确的求学道路。即使学生在某些方面存在误解，班主任也要以委婉的方式引导学生去思考和辨别，避免直接告诉学生结论和答案，让学生产生逆反心理。在家访过程中，家长如果一直听教师说话，而没有表达自己的想法，这是不合理的。班主任要充分尊重家长，认真倾听家长的想法，可以用聊家常的方式放松家长的心情，消除家长面对教师时内心的紧张，用平和友好的姿态与家长沟通。

其次，班主任在家访过程中要注意增加对学生的认可。不同身份、不同年龄的人，在面对同一个问题时，可能会因为不同的考量得出不同的结论。世界上的许多事情没有办法用单纯的对和错来区分。因此，班主任在家访过程中，当学生的想法、行为与自己的要求不符时，要先把对错放在一边，转换自己的思维模式，站在学生的角度思考问题。很多时候，也许学生的想法并没有错，只是因为认知和经验不足而存在一定的局限。班主任要放下架子，先肯定学生的想法，然后再提出学生没有考虑到的问题，引导学生认识到自己的不足，最后提出更加具有可行性和针对性的措施。通过这样的方式，学生的认识会得到提升，也会更认同班主任，参考班主任提出的方法和建议调整自己的言行。

此外，班主任在开展家访时，还要注重创新，利用现代化信息技术手段与时俱进，利用现代网络社交的优势，提高家访的效率。

四、班主任德育评价形式

（一）拓展微时代的"微评价"形式

当下的德育评价，面临着十分严峻的与时代脱钩的问题，单纯从学业出发和单一的量化方式早应该被新的时代遗弃。当前，整个教育生态已经不可避免地进入了所谓的"微时代"，微时代的核心是"以互联网为主要表现形式的社会形态"。

在微时代，青少年德育受到外界因素的影响非常大，互联网技术将青少年卷入了无数个"微空间"领域，那里充斥着鱼龙混杂的信息，但普遍具有隐秘化和个人化特点，对德育主体的青少年学生产生着复杂影响。这种影响，简单来讲，就是让学生"心里的世界"变小了，他们更加关注自身，关注自己的聚焦点，而常常对外界的评定和反馈不以为意。

面对这样的新语境，班主任德育评价工作必须基于"微时代"做出新的改变。学生的课余时间已经大部分被卷入了"微空间"，如果我们只是简单地去封锁，显然是不切实际的。班主任应主动建立"微空间"，打破和学生"微空间"的壁垒，走进学生的"微空间"。

在"微时代"的大背景下，能够借助现代社交媒体的新方式，开拓出更多的"微德育评价空间"，对于学生来说，这不仅仅是他们越来越喜欢的方式，更重要的是，他们在这样的空间中可以获得舒展的张力。许多德育的困境来自德育对象的不配合甚至抵触，我们过去总是将之归咎于德育对象个体的品行问题，而忽略了德育如何施行的问题。因此，探出一条顺应时代的德育评价小路，就是走上德育评价大路的先导。

（二）构建全员教师德育评价体系

班主任德育评价工作的理念偏误和方式的窄化也会触及学校的大管理理念。班主任是班级管理的中心角色，把控着班级正常运行的方向、节奏，然而就如同高铁列车，高性能的"子弹"车头要更好地飞驰，不可能少了后续任何一节车厢的加持。学生广泛地分布在每节车厢，每节车厢又安置着一位列车员，这些列车员就是班级的任课教师。

在当下许多班级中，任课教师只履行自己教书的职责，教完知识走人，课下和学生的交流也大多限于知识层面，教师们不自觉地认为德育是班主任的事，德育评价和自己没有关系，有些老师甚至觉得自己没有这样的"权力"。

在实践中如果能够把德育评价和班主任的联系"弱化"一些，德育评价之路反而可能会越走越宽。作为德育评价对象的学生有着学科和学科教师的喜好倾向，他们有丰富的心灵和感受。假使，学校能基于学科教学进行德育评价实践的探索，是不是会有全新的面貌呢？

中学阶段的学生，已经具有初步的独立意识，他们的观念中自主选择的成分越来越明显，一个基本的事实是：班主任很可能并不是某位学生最喜欢的老师，这个时候，如果再让班主任强硬地施加德育评价，对于这个学生来说可能就是"灾难性"的，若启用他喜爱认可的老师，效果也许就会完全不同。

（三）联动家庭德育评价

班主任德育评价工作多倚重的是学校、班级、班主任，自然无可非议。但教育发展到新时代，人们已经充分认识到家庭教育的必要性和重要性。班主任德育评价工作中对家庭的借力在当下多呈现"随机性和偶发性"：学生哪方面出了问题，就通知家长来解决该方面的问题，而没有建立完善、系统的整体联系。

班主任对学生的德育评价，主要在学校的场域中进行，过于集中的评价环境常常让学生精神压力过大，这样在潜意识中，家庭和父母就显得尤为重要了。通常所说的家庭德育评价总是从家长的角度出发对孩子进行随机的点评，结果往往适得其反，如果学校赋予家庭一定的"评价权"，将学校在德育方面对孩子的考察与家庭同构，家长也实实在在地给予孩子多角度的评价，这样，孩子看问题的空间就会有一些张力，进而全方位地去思考自己的表现。

家人和孩子有天然的亲近感，这是班主任或其他人永远无法取代的，德育的很多问题都是"软性"的，值得沟通的，如果在学校、班级、班主任的向度上阻塞了，家庭就会自然成为另一条通道，而打开这条通道的前提是家庭被授予同等的评价"合法性"，这是班主任德育评价的应有之义。

（四）开展雕塑内心的德育评价

班主任在德育评价的实施过程中，着力点总在方式、方法上，我们知道，有效的举措无疑是保证德育评价效果的"良药"。然而，所谓"君子不器"，如果我们去追溯德育评价的本源，它终归是教育者与被教育者相互作用的"人事"。

班主任在德育评价工作中，首先要考虑的是教育者和被教育者自身的实际情况。任何措施都要建立在适宜的"人"的基础上。换言之，要把"人"作为班主任德育评价工作的主体。学生的心灵世界是无限丰富的，是班主任开展工作首先要探求的，这是必要的前置性要求。反过来说，班主任的德育评价终极指向是学生为主体的自我评价，没有有效的自我评价，完全依赖他人评价，这中间的阻隔必然会制约班主任德育评价工作的纵深发展。

德育评价必须重塑自我评价的主体地位。美国学者埃德加·沙因在探讨企业文化时，提出过一个"三层次理论的建构模型"，我们可以把它移植到德育评价中。三层中的最外层即外部的制度、环境、评价，这种成分距离内核是最远的，因而极容易疏离。第二层叫作信念和价值观。沙因认为，这一层的获得和第一层没有直接的关系，甚至往往是逆反的，也就是说，当我们刻意去寻求却不能得到，而我们非功利地去漫游，恰恰可能获得。最后一层，总的来说就是信念和价值观得到升华，自我对某件事有了完全的默契和认识。

当我们给学生一份"自我"德育评价的允许，他们会让许多外部的因素逐渐内化于心，这和强制灌输和施加是不同的路径。最难评价的是"人心"，最好的班主任德育评价是走进学生的心灵。这样，我们可以期许的就不仅仅是短期内班级的凝聚、班风的提升、正能量的汇聚，还包括学生一生的心灵建设。

五、家校合作中班主任微信群的使用

家校微信群为家校沟通提供了便捷的渠道，学校对家长们的信息传达、家长们对校务信息的咨询都在家校微信群中进行，在这之中，班主任就起到了沟通桥梁的作用，为学校转达通知及任务，同时也为家长们解答校务信息的详情。在家校微信群中，班主任的工作压力也凸显了出来，除了日常处理学生及班级事务外，家校微信群中数不完的未读消息及家长们烦琐的询问也增加了班主任的工作负担。由于微信群的便捷，班主任对家长们通知消息也主要集中在家校微信群中，近年来，学校及上级部门对班主任监督落实活动也越来越多，除了线下的作业，线上的"作业"也需要班主任督促完成。同时，部分家长的消极参与、对班主任的不信任以及家校微信群中的矛盾冲突更使得班主任疲于应对，近年来频频爆出家校群中的负面事件，使班主任在家校微信群中常常害怕因说错话而被家长谴责并传播。因此，家校微信群也是班主任的工作压力来源之一。

（一）班主任微信群的使用现状分析

1. 家长参与因素分析

（1）家长参与和合作意识不高

家长的参与与合作对家校沟通至关重要，家校微信群不是班主任单向地下发和传达信息，有很多消息及任务需要家长们及时关注并给予反馈。家校微信群的便捷给学校、班主任传达消息提供了有利条件。

在家校微信群中，班主任不仅需要向家长们告知学生的学习生活情况，还需要按照学校及上级部门的要求通过家校微信群进行学生的学籍信息统计、完成每周安全平台作业等。各种通知和任务繁重，而且这些统计信息及任务都是需要在一定时间内完成，如果家长没有及时关注或及时参与，就需要班主任对其进行一次又一次的催促。部分家长在回复班主任消息时，跟风回复或者不看清通知要求就回复，不仅不能使班主任统计真实的人数，也可能会误导后面看到消息的家长。

而且，青少年正处在青春期，面对家长越来越高的期望和要求，学生往往存在一些抗拒心理，造成了家庭中家长与学生的无效沟通与管理。部分家长就把孩子的教育问题全都归咎于班主任和其他老师，这样转移教育责任不仅增加了班主任的压力，而且也不利于实现家校合力，影响学生的健康发展。家长的参与和合作是家校共育中不可或缺的一环，家长的参与和合作意识不高，就会妨碍班主任正常的教育管理工作，给班主任带来工作压力。

（2）家长网络沟通素养有待提升

家校微信群中的沟通不限时间、地域，区别于以往传统的、面对面的家校沟通方式。而且，家校微信群是一种群生性集合，打破了传统家校点对点的沟通。家校微信群是一个公共空间，班主任发布的话题以及任务都是面向多位家长的，任何一位家长在家校微信群中的发言也都会成为集体间的信息交互。所以，家校微信群中家长的沟通素养也会影响群内秩序及正常互动。

学者毛清芸曾从微信媒介场域内的空间与秩序角度对家校微信群进行分析，在家校微信群中，个体间的任何交流都会因微信群场域中众多他人在场所引发的信息的时刻唤醒变成集体之间的交互。公共空间的一个显著特点就是共有公用，公共规范与规则是实现公共空间有效使用的有力保障，公共空间意识的建立需要基本的规则与规范意识。建立公共规范意识，使微信群中的成员能够自觉践行公共意识规范，这是保障信息有序传播的前提。

在家校微信群中，部分家长沟通素养不高，在群内发布与学生无关的信息或话题，甚至发布与学生无关的广告、投票等，家校群变成了"闲聊群"，就会使家校微信群的效用性降低，班主任不得不及时制止这种消息的出现。另外，家校微信群中不免也会有冲突及矛盾的发生，近年来关于家校微信群中的负面新闻频频出现，部分家长在与班主任或其他家长意见不一致或沟通出现问题时，往往不是选择与班主任或其他家长私下沟通解决，而是直接在家校微信群这个公共空间里对学校、班主任提出质疑及批评，对其他家长恶语相向，最后矛盾升级为冲突，家校微信群成了宣泄负面情绪的"战场"。

无论是何种因素造成的冲突矛盾，都会影响家长们对班主任的信任程度，如果事件升级扩大被传播，班主任也不仅会受到相应的处分，而且也会有很大的舆论压力。这些由于家长们的沟通素养造成的家校微信群中的冲突及无关信息，使班主任不得不花费时间精力去处理应对，这也给班主任带来了很大的工作压力。

（3）家长对班主任的要求和期望过高

家校沟通是为了达到教育合力最优化，家校共育中家校双方都要积极参与并互相理解。赵福江等人在对我国中小学班主任工作现状进行调查时发现，班主任感觉最大的压力来自家长与班主任的教育理念不一致、家长对教师和孩子的高期待、家长不愿参与班级工作。家长对班主任的要求和期待过高必然也会给班主任带来压力。

班主任这一岗位不仅要能进行正常的学科授课，也要有极强的组织能力、沟通能力和管理能力。班主任在班级管理工作中承担着多种角色，工作量很大，这使得他们的职责压力要比非班主任的任课教师更大。在这种职责要求下，班主任自身对于班级管理必然有相应的经验和能力。但是，部分家长对班主任仍然不信任，并对班主任提出了更高的要求和期望。在一些家校微信群中，经常出现在班主任的休息时间或上课时间，家长点名班主任，要班主任为他传递消息或是咨询问题的情况。由于班主任没有及时回复，多数家长还是能够表示理解，但小部分家长仍认为班主任就应该"随叫随到"，是这一整个班级学生的"保姆"，从而对班主任产生不满情绪。这些高要求和不理解成了家校矛盾爆发的导火索。

另外，班主任在家校微信群中谈论学生的学习生活时，如果某位学生被批评或表扬得少了，家长也会因此质问班主任，这样不仅把家庭教育的责任推给了班主任，而且还把对孩子的期望间接转移到对班主任的期望上。班主任的工作繁重，并不能一直围绕着家长展开教育教学管理工作，每一位班主任都有自己的安排及计划，家长与班主任之间的沟通少了、理解少了，反而对班主任持有高要求和高期待，这必然会导致家校之间关系的不协调。

让每位学生都能健康全面发展不仅是每位家长的心愿，这也是每位班主任的奋斗目标，如果班主任工作缺少了家长的支持和理解，那必然会给班主任的正常工作造成阻碍，给班主任造成较大的压力。

2.班主任自身因素分析

（1）班主任缺乏管理家校微信群的知识和经验

家校微信群是近来年逐渐兴起的家校沟通媒介，极大缩短了班主任与家长之间的时空距离，使家校沟通摆脱了传统家校沟通的地域限制和时间限制。作为一种群组交流，家校微信群也区别于以往家校沟通点对点的方式，这种便捷是传统家校沟通方式没有的。但是一些班主任在创建起家校微信群后，只顾在群内发布校务通知和作业，而对于家校微信群中一些与学生无关的信息、广告、投票甚至冲突矛盾"视而不见"。班主任对这种乱象如不及时治理，仍对家校微信群"建而不管"，不仅会使家校微信群中的沟通变得低效，而且也会影响家长们对班主任的信任，最后也会转变成班主任的工作压力来源。

学者植华清曾从家校关系的异化与矫正角度对家校微信群进行分析，他认为家校微信群中所体现的家校关系异化源于社会多样化，冲突和无关信息的出现与家长的参与、班主任的管理密切相关。但是最直接的原因是家校微信群中缺少制度规范，导致一些家长在群里随意发布低效、无关信息，造成家校微信群中的种种乱象，影响班主任的正常管理工作。没有群规的制约，家长们可能会在群里讨论与学生无关的话题，进行大量的刷屏，也可能会在班主任的休息及上课时间要求班主任对自己询问的问题立即做出回复，没有规则和制约就有可能使家校微信群"乱了套"，给班主任造成不必要的压力。

而且，在对班主任年龄分布与家校微信群沟通中班主任的工作压力总体情况进行的差异性分析中，年龄较小的班主任比年龄大些的班主任工作压力更大，这有可能是由班主任的教育管理经验不足造成的。而且，部分教师对于家校微信群中辅助管理的工具、小程序等了解不多，不善于运用接龙、投票、群公告等实用工具，从而加大了班主任的工作量。

对于家校微信群中给班主任造成工作压力的种种乱象，不管是"建而不管"还是"不知道该怎么管"，都是由班主任缺乏管理家校微信群的知识和经验造成的。

（2）班主任缺乏网络沟通技巧

家校微信群区别于以往面对面、一对一的传统家校沟通方式，因此，在与家长进行沟通交流时，交流的方式以及策略都是非常重要的。

家校微信群作为便捷的家校合作技术手段，可以有效地促进家校沟通。但是微信群中的社交在满足人们自我价值实现、情感表达等需要的同时，还体现了弱控制的特点，容易引发道德滑坡、语言非理性和快餐式交往等失范行为。班主任作为家校微信群中的"意见领袖"，发布的消息都会引起家长们的关注，但如果班主任说话的方式不当，被家长误解，就会造成不必要的麻烦。陶佳从哈贝马斯交往行为理论的视角进行分析，她认为教师与家长在网络交往中应该形成平等、和谐、互相尊重的交互关系，主体在进行言语交流时，应遵循真实性、真诚性、正确性的原则。然而，在家校微信群爆出的各种乱象中，不少学者都认为，在群内班主任就是"意见领袖"，在功利化的影响下，家长们常常在听从班主任的命令时，还会对班主任进行追捧。这种不平等的关系使家校微信群中权力关系向班主任倾斜，家长与班主任之间不能进行平等的沟通，必然会使家校微信群中的沟通偏向班主任单方面地下发通知。而班主任如果不能与家长们进行平等、真诚的沟通，就会造成家长们对班主任的不满，久而久之，造成对班主任的不信任，成为家校微信群中矛盾与冲突的导火索。

不仅如此，网络交流中沟通双方不能面对面，无法捕捉到对方的感情及说话的语气，由于双方对文字的理解以及交流的习惯的不同，就可能使家长和班主任对一句话产生大相径庭的理解，甚至引发不必要的误会。而且，在以往的新闻报道中，就有家长对班主任的言论进行过度解读，将班主任的言论进行曝光的情况。

总之，在家校微信群的沟通交流中，网络文字交流区别于面对面的谈话，沟通双方捕捉不到对方的感情色彩，就可能产生误会和冲突。在这样的情况下，如果班主任没有良好的网络沟通素养，就会使家长和班主任产生隔阂，致使家校微信群中产生矛盾和冲突，给班主任造成压力，使班主任在家校微信群中不得不"小心翼翼"。

（3）班主任自身与岗位的不匹配

班主任相较于普通任课教师，还需要兼顾班级的管理，做好与学校、家庭沟通的工作。班主任工作时间长、强度大、负担重、内容烦琐、压力大，已成为普遍现象。我国中学班主任往往是从任课教师中选拔出来的，身兼数职，然而，各地教研中心很少有针对班主任的专项培养，班主任缺少有意识、系统性的培训教育。甚至部分学校在面对"班主任荒"时，强迫教师进行轮岗，让一些缺少教育管理经验和能力的年轻教师担任班主任。这就导致部分班主任并不能实现良好的人岗匹配，在管理家校微信群时，相应的管理知识和经验不足，不能维持家校微信群中的正常秩序、处理好家校微信群中的冲突和矛盾。根据工作要求—控制模型，高要求与低控制的"高压力"工作最容易产生心理紧张和身体疾病。当班主任面对繁重的工作量和变相延长的工作时间而自己无法很好地进行解决和处理时，就会产生高强度的工作压力。

同时，班主任也要有很高的职业认同感、岗位认同感以及外界的高度支持等。如果缺少认同感以及外界环境的支持，也会造成班主任本身与岗位的不匹配，久而久之就会给班主任带来很大的心理压力。工作要求—控制—支持模型认为，社会支持可以缓解个体的压力水平，不论精神支持与物质支持都可以缓和工作压力的负面影响。在家校微信群中，由于部分家长的不理解、不配合、不信任而影响班主任领悟支持感，就会加重班主任的工作压力。

3.学校管理因素分析

（1）学校给班主任安排的工作量过大

首先，班级教育和管理工作占据了班主任的大部分时间和精力，很多学校班主任都是在承担了学校正常甚至超额教学工作量的基础上来开展班级教育和管理工作。因此，班主任不仅要完成正常的课时教学，还要在非上课时间段进行班级管理、家校沟通等工作，班主任的教学工作已经很繁重，还要在家校微信群中解决家长之间的问题、传达学校及上级部门的通知、监督落实家长及学生的任务完成情况等等。学校没有减轻班主任的教学量，因而也会间接造成班主任在家校微信群中的工作压力。

其次，近年来，家校微信群发挥的作用越来越大，学校及上级主管部门的通知都由班主任通过家校微信群进行传递。观看指定讲座或电影、完成每日安全作业……家校微信群仿佛是一个万能工具，学校的任何通知及任务都交给班主任完成，如果在规定时间内没有完成，学校将直接对班主任进行通报批评，将压力全都施加在了班主任身上，每日对各种任务的监督落实使班主任叫苦不迭。

最后，学校的人员配置不合理使班主任的工作量大大增加。在家校微信群中，家长们认为只要有关校务及学生的事，都可以询问班主任。可是，班主任并不是学生全天候的"保姆"，也不是一天24小时都在岗的"咨询助手"。学校的生活老师及后勤部门也应积极配合班主任的工作，在其职责范围内帮助家长们解决问题。

（2）学校缺乏对班主任进行家校微信群管理的培训及指导

从优秀班主任的成长经历来看，入职后的专业培训对班主任的专业引领和指导有很大的促进作用。除班级管理技能、学生学习指导技能、教育学心理学的相关知识等技能外，新时代下，家校微信群管理技能、沟通协调技能也应该由学校统一组织培训。由于每位班主任的沟通风格、管理方式均不同，如果学校没有统一的培训和指导，每位班主任可能并不能发挥家校微信群进行家校沟通的最大价值，而且，在处理家校微信群中的种种问题时，由于班主任个人管理风格不同，很有可能会对班主任及学校造成消极的影响。

同时，学校如果没有对班主任进行专门的培训和指导，将各种责任明确分工，就无法实现人员配置最优化。在家长们遇到问题时，往往只会找班主任进行解决，学校如果没有把责任分配好，就会将家校微信群中的所有压力转移到班主任身上。

因此，学校不仅要对班主任在家校微信群管理中的沟通协调工作进行科学的培训及指导，也需要积极带头进行家校微信群群规的制定。《北京日报》的一篇报道就曾提到，对于家长群中的种种问题，治标还需先治本，这里说的"本"就是指群规。文中提到，要想使家长群回归正轨，就要先摆正家校之间的关系，划清各个主体的责任，学校作为教育主阵地，更应带头维护家长群"群规"。实际上，我国多省市地方教育局曾出台过关于家校联系群的管理公约，但是在本次调查中，仅有不到六成的班主任表示自己曾在家校微信群中发布过较为完善的群规。群规的制定约束了家校微信群中的聊天内容、方式和时间等，可以有效提高班主任管理家校微信群的效率。然而，仍有四成多班主任未发布过群规，这与学校对班主任进行家校微信群管理的指导和培训是分不开的。学校没有带头制定并维护群规，对班主任缺少相关的管理培训和指导，班主任在管理家校微信群时就会缺少管理经验和方法，给班主任造成压力。因此，学校缺乏对班主任进行家校微信群管理的培训及指导，也是给班主任在家校微信群中造成工作压力的原因之一。

（二）微信群助力班主任"家校联手"的策略及运用

信息技术的发展为家校便捷沟通创造了多元化的可能，创新班主任在班级微信群中的管理方式在当前微信交流占据主流沟通方式的大环境下很有必要，班主任要明确班级微信群功能和交流规范，充分调动家长参与学生成长和班级活动的积极性，利用微信群落实学生信息的反馈工作。

1.家长参与层面

（1）提高参与意识，积极关注配合工作

首先，家长的参与与互动可以大大减少班主任管理家校微信群的负担和压力，没有家长的积极配合，家校互动就不能形成一个良性的闭环。近年来，家校微信群中需要家长参与配合的工作越来越多，家校微信群是家长接收校务信息最快捷的平台。家长除了要关注校务信息及教育局通知，安全作业的完成、信息统计、提供观看指定的讲座或电影的截图等工作都需要家长根据班主任下达的通知在规定时间内完成。因此，家长们的关注与积极配合能够有效保证班主任工作的有序进行，从而减轻班主任的压力。

其次，家长们要主动承担对学生应有的家庭教育责任，而不是一味地把育人压力转移到班主任身上。根据交叠影响域理论，学校、家庭和社区之间应建立一种以儿童为中心的新型伙伴关系，这样帮助教师更好地工作，增进学校的管理和教学效能，同时提升家长培育子女的能力。在家校微信群中，家长应密切关注班主任及任课教师对学生学习生活的评价和建议，及时与班主任及任课教师或其他家长进行沟通交流，积极参与教育"群议题"。这样才能避免家校任何一方的教育"缺位"，从而促进学生的全面发展。同时，家长的积极互动与支持也可以有效缓解班主任的压力。

最后，家长们应主动分担班级事务，帮班主任分担家校微信群管理及班级事务管理的压力，其中，家长委员会就能够带头起到这样的作用。在一些家校微信群中，家长委员会成员不仅能够带头参与班主任发布的"群议题"，对班主任的通知及时予以回复，而且，家长委员会成员在班级财务管理、学生生活事务管理等班级事务中都有明确分工。在班主任发布统一购买学习生活用品或学校组织学生出游时，家长委员会内部能够迅速安排各位成员的分工，而且能够有序组织家校微信群中的其他家长参与活动。在群内出现与学生无关的信息时，家长委员会成员也会及时制止并要求撤回。因此，家长委员会不仅能为学生、其他家长服务，而且也能分担班主任在班级管理及家校微信群管理中的压力和负担。

（2）提升沟通素养，营造和谐沟通氛围

在家校微信群中，家长不仅要积极地参与和配合班主任的工作，在与班主任或其他家长进行交流时，交流的内容及方式都应遵循家校微信群中的主题及规则。家校微信群是一个家校沟通的公共平台，任何个体的发言都将变成集体之间的信息交互。若要保障这个公共平台能起到有效的家校沟通媒介的作用，群内所有成员就要有遵守公共规则和规范的意识。班主任建立家校微信群的目的是为了更好地实现家校共育，促进家校之间、各位家长之间的沟通，然而，由于部分家长缺乏公共意识与沟通素养，就会在家校微信群中发布与学生学习生活无关的话题、投票甚至广告。这些无关信息会增加班主任管理家校微信群的负担，频繁地维持家校微信群的秩序也会给班主任造成压力。

因此，对于每位家长来说，都应自觉遵守群规，围绕"学生健康成长"这个主题积极进行交流，在合理的时间内用适当的方式进行讨论。同时，对于群内出现的任何无关信息，家长委员会或其他家长应主动对其制止，避免无关信息的泛滥，家长们若积极主动共同维护家校微信群中的沟通秩序，便会大大减少班主任管理家校微信群的压力。

（3）秉持理解共情，构建家校互信关系

家校微信群是一个全天候的沟通平台，但并不意味着班主任必须在任何时刻都守着群里的消息为家长们服务。绝大部分班主任都有自己规定的课时教学，即使是不上课的时间，班主任也无法随时回复家长们的消息。而且，部分家长又认为班主任在非工作时间一定有空，对班主任在家校微信群进行咨询，可能影响了班主任的正常休息。实际上，由于班主任工作内容和工作性质的复杂性，班主任与家长们并不能随时形成"双方同时在线"。往往在家长有空的时候，班主任还有其他的安排。对此，大部分家长还是能保持理解和信任的态度，等待班主任有空时回复。但仍有部分家长认为，解决家长的问题就是班主任的职责所在，无论何时都要及时回复，稍有怠慢就会引发家长的不满，这些摩擦也可能会变成矛盾的导火索。对于班主任来说，家长们的理解和支持是非常重要的，根据工作要求—控制—支持模型，社会支持可以缓解个体的压力水平。对班主任而言，除了物质支持外，家长及社会对班主任的精神支持也尤为重要，家长们的理解和支持也可以有效缓解班主任的工作压力。同时，家长们对于班主任的信任也是精神支持的一部分。班主任的岗位要求规定了班主任必须具备良好的教学能力、管理能力、组织能力、沟通能力等。

因此，无论是在班级管理工作还是学生的教学指导上，班主任都会有一定的经验和能力储备。在学生学习生活上出现问题时，拒绝配合班主任的工作或消极地将学生的情况发布到家校微信群中，公开质疑批评班主任的工作，造成的后果是拉低了其他家长对班主任的信任程度，也加重了班主任的压力。班主任的初心和工作目标都是学生的全面发展，对于学生在学习生活上出现的问题，家长应私下与班主任沟通解决，共同促进学生的健康发展。家长应降低对班主任过高的期待，构建双方的互信关系，这样才能促成班主任管理工作的有序展开，减少班主任的心理负担。

2. 班主任自身层面

（1）学习积累经验，提高组织管理能力

班主任作为创建家校微信群的群主，在通过家校微信群传递校务信息的同时也要维持家校微信群的正常秩序、保证家校微信群中的沟通内容围绕正确的主题用恰当的方式展开。部分班主任对家校微信群缺乏有效管理，致使群中出现较多与学生无关的话题，甚至出现矛盾与冲突。这些都需要班主任花费时间和精力去处理应对，如果班主任对家校微信群只是"建而不管"，把它当作单方面下发通知的工具，那么就会大大降低家校微信群的效用性，久而久之就会变成班主任的压力来源。因此，为了避免出现冲突及无关信息干扰，班主任就需要在建群伊始在家校微信群中发布群规。有学者对家校群的群规分析后得出结论，群规的形式主要有两种，正式与非正式的。正式的群规，是为了实现对家校微信群进行有效的规范和约束而设置的规章条例，这些条例是以书面形式呈现出来的。非正式的群规指的是利用家长们的道德约束，约定俗成形成的公共意识与行为约束。作为家校微信群的管理者，班主任应发布正式的群规以约束群成员的沟通内容与方式。目前暂时还没有可以针对所有家校微信群的群规颁布，但我国不少地区的教育局以及中小学学校都发布了关于规范家校联系群的管理公约。这些管理公约明确了成立家校联系群的目的，规范了家校联系群的适用范围，并从教师、家长、学校三个主体提出了管理要求，以此来保证家校联系群的正常运作，从而促进家校良性互动。班主任可以参照这些管理公约对所在班级的家校微信群进行管理。有了群规，家校微信群的沟通秩序得以保障，便会大大降低班主任的管理负担，减轻班主任在家校微信群沟通中的压力。

另外，为了更好地管理家校微信群，更有效率地下发通知、完成任务。班主任还需要了解并熟练运用各种实用的辅助管理工具。如，在家校微信群中下发通知时，为了避免刷屏的"收到"等类似回复，班主任可以使用群公告或群代办这一功能统计各位家长收到信息的情况。在统计学生信息时，为了避免漏掉或重复上报，班主任可以使用群接龙这一群工具，既便于班主任统计，也方便家长进行填报。再比如，班主任在征求家长们意见或民主决议时，可使用群投票进行统计调查。这些实用的工具、小程序都可大大提高班主任的工作效率。

在班主任对班级或家校微信群进行管理时，也可以请家长委员会对部分班级事务进行分工。家长委员会的积极参与与配合不仅可以减轻班主任的管理负担，还可以调动其他家长的积极性，从而增强班级的凝聚力。

班主任可以从自身实践中积累经验，也可以从网络上、从其他优秀班主任的经验中总结学习，进而提高自身的组织管理能力。在遇到突发情况或繁杂的工作时可以冷静处理、沉着应对，推动家校微信群的良性运转。

（2）建立平等关系，促进家校良性交流

除了组织管理能力，班主任的网络沟通技巧的提高也会有效促进家校微信群的和谐沟通，提升家长们对班主任的信任与支持度。在家校微信群中，班主任往往被认为是"意见领袖"，掌握着班级管理的"绝对权力"，家长与班主任之间的地位往往处于失衡的状态。在一些网络报道中，家长们对班主任更是有近乎"谄媚"的态度。傅维利在他的研究中将这种现象称为"学校中心主义"或"教师中心主义"，他认为，这种学校和教师中心主义的做法，既与学生日趋激烈的选拔竞争有关，也与教师与家长长期以来不当的教育意识和角色定位有关。当家长和教师都不能准确地定位自己的教育角色，正确划分好各自的教育责任时，偏颇就不可避免。家校微信群作为家校沟通的主要平台，班主任更要保持平等和尊重的态度与家长们进行交流。班主任与家长在家校微信群中应该形成平等、和谐、互相尊重的交互关系，在进行言语交流时，应遵循真实性、真诚性、正确性的原则。这样才能有效避免冲突及矛盾的发生。另外，良好的沟通素养与语言组织能力也会使班主任更清晰地表达自己的态度和意见，使家长们增进对班主任的理解和共情。

其次，为了促进家长在家校微信群中的参与与互动，提高家长们对班级的认可度和对班主任的信任感，班主任还应积极发布群议题，鼓励家长们分享家庭教育经验，对学生的教育问题积极进行讨论交流。这样既推动了家长之间的沟通与参与度，也能够增强各位家长对班级的认可度和对班主任的信任感。

因此，班主任在家校微信群中良好的沟通素养和平等尊重的态度不仅可以避免矛盾的发生，也可以增进家长对班主任工作的支持和理解，从而增强班主任的领悟支持感，有效降低压力水平。

（3）加强专业素养，及时进行自我调解

班主任工作时间长、强度大、负担重、内容烦琐、压力大，已成为普遍现象。在多重压力下的班主任，如果工作能力不够、精力不旺盛、身体太虚弱或心理承受能力不够强，就无法应对班主任岗位上繁重的工作。我国大多数班主任都有自己的任教科目需要担任，除了课时授课以外，班主任还要进行班级管理，统筹学校下发的任务，在家校微信群中与家长进行交流沟通等。而且在家校微信群中，群里的消息是全天候且无固定工作日的限制的。在这样的岗位属性下，班主任如果没有较高的专业素养和业务能力，就无法应对日常的各种工作。根据工作要求—控制模型，高要求与低控制的工作即"高压力"的工作最容易产生心理紧张和身体疾病；班主任除了掌握针对家校微信群管理的相关知识经验以及网络沟通技巧外，还需提高班级管理能力、协调能力、计划与组织能力等，这样才能有效地处理好班主任的日常工作，投入更多的时间与精力在家校微信群中与家长们进行沟通交流。

同时，这些技能的提升不只是为班主任的在校业务服务的，对家校微信群中的沟通与管理也有一定的帮助。在高强度的工作要求下，班主任如果有良好的业务能力能够对其有条不紊地处理，那么不仅会降低班主任的压力水平，还会增加班主任学习的动机，推动班主任的专业发展，从而形成良性循环。

在提升专业素养的同时，班主任还要学会自我减压，提高自己的心理承受能力。在家校微信群中，班主任应对的不是一个两个家长，而是一整个班级近百位的学生监护人，家长们的素养参差不齐，性格以及沟通方式都因人而异。因此，在家校微信群中，难免会出现各执己见的争论或是对班主任工作的不配合。在这样的情况下，班主任除了要提高沟通协调能力，还需要提高自己的心理承受能力，沉着冷静处理问题。同时，在班主任压力过大时，也要学会自我调解，减轻压力水平。

第七章　新时代班主任德育教育工作的策略

第一节　提高教师自身的素养

教学活动开展实施期间，班主任的一言一行都会给班级学生带来相应的影响及作用，为切实做好相应的德育教学工作，强化提升德育教学工作的效率及质量，注重并积极强化提升班主任自身的德育素质，具有极其重要的现实价值。结合现实情形可知，为积极有效强化提升班主任的德育素质水平，主要可以采取的有效策略有以下几点。

一、班主任德育理念更新

（一）立德树人、服务学生的理念

德育是素质教育的灵魂。"推动素质教育发展，需要加强品德教育，将德育工作作为素质教育的核心，让学生切实掌握社会主义核心价值观，并以此使师生意识产生共鸣，共同创建新的社会思潮。"对学生进行有针对性的贴近学生生活实际的爱国主义、社会主义、集体主义教育，让学生实现知识目标、能力目标的同时树立正确的世界观、人生观及价值观。将培养学生的重点从智育向德育正确转化，真正使应试教育向素质教育接轨。按照实践育人的要求，班主任可以开展各项具有趣味性、极具吸引和内容丰富的道德相关实践活动，让学生在参与和体验的过程中熏陶道德情操，充实精神生活，并且在之后不断反思进步，提高自己的思想觉悟。德育的最终目的就是提高精神境界，而将学生作为德育的主体，不仅体现了德育在教育体系中的核心价值，也是受改革基础教育方针的指导影响。无论哪所学校的哪个班主任，都应该将学生视为一切，努力实现从各方面培养和教育学生，以此为指导，在培养学生的同时，更关注学生的精神世界，使其日益丰满。

（二）培养创新人才的理念

班主任要树立起培养创新人才的理念才能更好地培养出具有创新能力的人才。一方面，班主任要加强创新价值观的教育，要让学生都能逐渐加深对创新意义的认识，在此过程中让学生也建立起正确的创新价值取向。同时，班主任要重视对学生的实践锻炼，在实践中提高学生的创造能力，激发学生内在的创造力和创新欲望。

二、班主任知识专业化

（一）班主任专业化的基本要求

1. 学会精神关怀

班主任和学科教师的区别之处在于，不仅要关心学习，更应该注意全面培养学生。精神关怀主要是关怀学生的精神生活、道德情操和审美意识、情趣培养等方面，并帮助学生在这些方面成长与发展，即关怀他们的精神生活质量和精神成长状况。班主任教育劳动的关键内容或者说实质就是关怀学生的精神生活，在健康的精神状况下谈智力发展。因此，精神关怀是班主任的重要职责。班主任要给予生活处境困难的学生特别的关心。"所谓的精神关怀，所涉及的范围极广，学生的基本精神需求为情感关怀，包容和理解学生，尊重并信任他们，这是班主任能给予学生的最基本的关心。体现班主任的专业化素质之一，就是对学生提供情感关怀，当然，要真正地学会和做好，也需要一个漫长的过程。"精神关怀是班主任和学生之间的双向交流。作为精神关怀者，班主任要不断提高艺术性沟通的能力，让自己更好地贴近学生了解学生帮助学生。这是所谓的教育艺术和智慧，班主任不断提升自我修养，在实践过程中反思和吸取他们的经验进行学习和升华的过程中，逐渐领悟和掌握。

2. 学会班级建设

怎样正确建设班级，确保班级教育所涉及的各项体系正常运转，完美达到教育目标，是班主任所需要具备的基本专业能力，也是其特殊专业能力中最主要的一部分，具体表现为提升以下各项能力：制定符合实际的班级教育目标；设立真正意义上的学生团体，让学生充分发展自我个性；组织相关教育活动；提高班级文化学习；实施人性化管理；使班级各学科教育融为一体；不断自我完善和发展。

以上的各种能力是班主任对班级实施管理建设的前提，唯有充分掌握基础理论后，在实践过程中不断认识和反思，完善自身专业技能，才能更好地服务于班级学生。

（二）班主任专业化的标准

如何衡量班主任是否专业，国家至今没有一致的标准，国内有很多学者对班主任专业化的内涵作出了解读，我就从学者们对内涵的解释中确定几点专业化的标准以供参考。综合专家学者的意见，将班主任实际工作中各方面的情况和衡量班主任是否专业的标准整理为以下几点：第一，班主任需持有国家规定学历资格证；第二，在工作过程中不断更新观念，以素质教育为核心；第三，理解和掌握教师职业道德规范，并以其相关规定自我约束和要求，努力完成班主任相关职责，拥有很高的思想境界和觉悟；第四，具有不断学习提升的思想觉悟，坚持不断在职进修，知识结构十分合理，并具备较强的专业知识和技能，能在工作中不断吸纳全新理论并付诸实践。

（三）班主任的专业素质

班主任属于专业性岗位，因此要求其具备相应的特殊职业素养。综合各专家学者的意见，确定出班主任教师专业发展的素质结构，主要包含：专业理念、职业道德、专业知识、专业能力四个方面。

1. 专业理念

作为班主任需树立正确的专业理念，以学生为本，把学生看作学习的主体，按照中学生的自我的发展特性，有根据地进行教育，充分让学生养成自主学习的习惯，健全地发展自我个性。班主任在教书育人的过程中，需要时刻注意自身专业能力的提高，将学科知识和教育理论深入贯彻到实践之中，两相结合。坚持通过实践认识不足，吸取教训后改变方法，再次实践的反复过程，让自己的专业技能得到完善。活到老学到老，在先进理论的基础之上，配合国内外的经验技巧，实现中学教育的革新，使学生具备终身学习与持续发展的意识和能力。

2. 职业道德

各行各业都有其专门的职业道德，作为班主任也需要具有专门的职业道德。尊重学生、热爱教育事业，热爱教师岗位是班主任崇高精神品德的特征；班主任要善于以积极的工作态度和饱满的精神状态为学生进行服务，为学生做出正确的表率。对教育事业热情忠诚，积极承担工作责任，持续不断地完善和自我提升，使自己的教育能力更加出色，是班主任的基本职业道德。

3. 专业知识

班主任扮演着教育培养学生的角色，因此必须具备专业理论和技能，以更好地完成自己的任务。班主任应具备专业教育学基础知识、专业教育科学知识、专业基础性知识，以及有关操作、活动方面的知识。这些理论知识将支撑班主任的日常班级管理工作。

4. 专业能力

教育和管理，是班主任所需要具备的两大专业能力，其中饱含了对后进生不断的观察了解，使其慢慢转变，引导学生学会人际交往；组织班级活动，使班级成为一个集体；关注和引导学生心理健康；学会合作交往；妥善处理相关网络信息；具备创新意识；有预见地改变教育方法等。

上述四个专业化定位构成班主任专业化相互联动、不可或缺的有机整体。以职业道德为核心、专业学识为基础，辅以专业理念作为引导，还有最关键的专业技能。一般来说，专业知识和专业能力较强的班主任，职业道德素质也相对较高。从实践操作来看，关键是看他是否能够把一个班级建成一个合格的班集体。

三、班主任专业能力提升

（一）班级管理能力

1. 演讲表达清晰、有条理

班主任的演讲表达要清晰、有条理，使学生易于吸收、记忆。有些班主任的表达不清晰，比较啰唆，学生不得要领，从而影响了沟通的效果。清晰的表达来自思维的清晰，包括概念的准确适用，班主任要提高自己演讲表达的水平，平时要注意训练自己的思维。

2. 鼓励接受与适应挑战相结合，调动学生参与

双向沟通与多项沟通需要学生的共同参与，如果学生不敢或不愿意参与，沟通就无法进行下去。因此，教师要注意调动学生参与的积极性和主动性。首先，要注意的是鼓励和接受学生。具体来说是要肯定学生：学生发表意见正确时我们要肯定他的意见；一些学生的意见不正确或者不太正确，班主任可以用提问的技巧推动他们反思自己的观点或态度；同时班主任对学生的挑战要适度，尽可能不直接批评。

3. 灵活控场

在双向沟通和多向沟通中，由于学生的参与，班主任控制整个场面的能力就显得非常重要。有时候，学生可能因为讨论有兴趣的话题而难以停下来，也可能因意见不同而激烈争论，面对这种比较混乱的场面，一些班主任习惯用语言让大家安静下来，如果提示没有效果或者效果不佳可能变成批评、训斥。维持秩序可以有很多的办法，并非只有语言提示或者训斥。"心理学研究表明，引起无意注意的刺激物往往具有一些特点，包括刺激强度大，如巨大的响声，强烈的光线，活动的变化的刺激等。教师可以利用这个规律来引起学生的注意，从而使分散、多中心的场面转变为一个中心的场面，使学生把注意力集中到教师身上。"

（二）心理调适能力

班主任需要具备一定的心理学知识，不仅可以更好地管理班级、健全完善学生人格，加强对学生心理素质的教育，也可以在繁杂沉重的教学过程中调节自身心理状态，因此，班主任要注重加强自身的职业心理素质和抗压能力，适时地调整心理状态，用健康阳光的心态去进行教育事业。

（三）人际交往能力

1. 与学生建立关系，拉近心理距离

实施有效沟通的前提，是双方心理上的互相接受。因此，班主任与学生沟通的第一件事就是要和学生建立起心理上的联系，让学生接受自己。教师站在学生面前时，首先要在最初的几秒钟用眼睛环视学生，与每位同学有眼神的接触，这是在和每一个同学打招呼、提醒学生调整状态。教师有亲和力的脸部表情非常重要。

2. 与任课教师、家长及学校之间营造良好的沟通氛围

班主任不仅要与学生进行有效沟通，同时也要积极协调各任课教师，与家长沟通合作，与学校方面上传下达，为学生的学习与生活营造良好的氛围。作为班主任不仅是任课教师也是一个班级的领导者，更是班级对外交往的桥梁。

（四）自我反思能力

班主任在不断学习的同时，也应回想过去的教学经验，不断以科研的眼光反思自己的工作，总结过往。将教学案例中的有效经验不断完善实施，在发展中感受学生的成长和自身的进步。

四、提高班主任情感培养的能力

情感培育指的是班主任借助合适的教育方式，培养学生能够较好融入社会的正确情感和人生观、价值观和世界观。情感培育的缺失，势必造成学生不能养成高尚情操、崇高的道德品质及良好的行为规范。学生情感的培育不仅是素质教育的前提，更是保障学生道德品质的整体发展的基础。保证素质教育有效实施的必要条件是融洽的师生关系，同时可以为情感培育打好坚实的根基。第一，班主任需要自身素养的不断提高和教育理念的不断革新，尊重理解学生的情感需求和"主人翁"地位，认可学生个人价值的体现。学生并不是只会被动接受知识，而是一个具有主观能动性的个体。要尊重学生，平等地进行师生交往，从单向传输知识的旧教育观转向双向交流、理解学生的新教育观。其次，班主任要有一颗热爱学生的心。从关心爱护每一个学生出发，使所有学生切实感觉到来自班主任的关心，引起学生温暖向上的积极情感。其次，对学生的个人价值的肯定和尊重是必不可少的。所有人都重视自己的尊严和荣耀，每个个体都乐意接受他人的尊重与肯定。所以，班主任在任何情况下都需要保护学生的自尊心。只有在平时的学习和生活中时时关注和尊重学生，才能使学生在积极情感的鼓舞下不断努力前进。尤其是一些后进生，本身自信心不足，更需要班主任关注和表扬，有效地扫除他们的心理障碍。班主任既要与学生打成一片，还应注意建立起良好的师生关系，获取同学们的信任，使班主任的工作更好开展。良好的师生关系会让师生双方受益一生。

（一）全面了解学生的情感特点

实施情感教育的前提是全面准确地了解和把握学生的情感特点。教学生活中不难发现，学生在受到表扬时学习主动性与积极性会加强，受到批评则会挫伤积极性，有些还会长期处于苦闷的状态。所以，班主任应时刻关注学生生活及学习中的心理特征与情绪波动，一旦发现消极情绪，应及时展开开导教育，这样的做法，既可以让学生摆脱消极情绪，又可以拉近师生关系，便于对症下药地实施教育。日常教育工作中，要留心学生的情感性质，是迷茫、自卑还是焦虑等，面对不同的情感性质要实施合适的教育方法。尤其是带有自卑情绪的学生，班主任的处理方式要显得更加温暖与亲切，同时又不能让学生感到不适，很多时候班主任可以从家庭入手，寻求家长的帮助以更好地了解与掌握学生的情感特点。

（二）重视对学生的情感调控

在日常教育中，班主任应留心学生的情绪波动，并及时纠正和疏导学生负面的错误情绪。在教育期间的任何情况下，应适当利用眼神、语言等肢体行为进行提示和指导。在课堂授课、课外交流或批改作业等情况下，均应尽可能地表扬和肯定学生，这些态度会诱发学生积极向上的感情，促进学生在积极情绪的支配下高效完成学业任务。真正做到对学生尊严和荣誉感的保护，激发学生的学习热情，不在公共场合对学生做出否定的评价。多数班主任都会引导学生养成利用周记的形式进行自我情感反馈。班主任要利用好周记这一了解全体学生思想动态的主要方式，对于学生异常的情绪和表现要有足够的敏锐性，发现问题就要进行全面的了解与分析，采取适当的方式化解学生的异常情况。也可以通过私下个别谈话方式与学生进行面对面的情感交流并热情鼓励他们振作精神，自强进取。

五、班主任制度科学化

《中国教育改革和发展纲要》里这样要求，"学校内部的监管体制要以分配制度及人事制度作为主要项目展开改革，对教育人员实施聘任制和岗位责任制，要根据工作业绩将分配区别性对待。"这成为我国学校内部管理改革的重要任务，涉及学校管理班主任工作岗位的主要有三个方面，即：

（一）以岗位责任制为核心的责任机制

在学校管理改革过程中，按相关教育法律法规和政策执行，从学校实际出发，建立以岗位责任制为核心的责任机制，制定并实行班主任工作岗位责任制。首先，明确班主任工作岗位。这应以职能分析为前提，职能分析即借助科学的系统性方式，将班主任的工作范围、职能性质和此职能对教师自身素养的要求进行确定的历程。职能分析指的是职能资格标准。职能资格标准指的是在职人员的自身素质，涉及学历、工作经验、特长、专业技能、整体素养、职业道德、兴趣爱好、个性气质以及团队合作精神等。在具体的实践过程中，各学校核定班主任岗位职责，按照工作任务在进行调查分析的前提下，按照各年级、各专业、各类别班主任的工作任务、性质、难易程度、责任轻重和岗位所需的资格条件，科学合理地设定岗位，明确岗位层次。

针对每项工作的规定，要透过详细的规定及标准展开检验与审核。同时，进行考评。将班主任履行教育职责与否、规定的标准是否合格作为在职岗位的衡量，并进行审核。并利用多重评价体系相结合的方式判断教师的工作额度和工作质量，通过全方位的审核，对工作质量高、态度好、业绩优的班主任进行适当的嘉奖。

（二）以聘任制为核心的竞争机制

《中华人民共和国教育法》明确规定，我国实行教师资格、职务聘任制度。第三十六条提及："学校及其他教育机构中的管理人员，实行教育职员制度。学校及其他教育机构中的教学辅助人员和其他专业技术人员，实行专业技术职务聘任制度。"学校校长和其他教育部门负责人聘用具有教师资格证的合格人员承担相应教育责任职位的人事制度称为教师聘任制。相应教育责任职位通常指的是教员具体的工作职位，比如语文教师、生物教师、地理教师等，也表示教师专业类职称的级别称呼，比如初级教师、中级教师等。班主任作为具体的工作职位也属于范围以内。聘任制度的执行，可以选拔出高质量高素养的优秀人才，同时促进班主任个人职业素养的不断提高，保障了班主任这一职业的高素质要求。

但实施聘任，不等于解决了所有问题，由于班主任工作的复杂性，必须增强对班主任的任期监管，通过这种方式，来达到聘任制的目的和起到应有作用。教师聘任制的执行需采取双方身份地位平等和秉承客观、公正、合理的原则，这样才能起到聘任制的竞争性效果；要唯才是举，优中选优，责任人员要将思想政治标准合格、工作质量高、业务标准合格的应聘教师择优录取。若某一方面未能达标，都不将其列为录用的范围；录用时要秉承双方自愿、互相选择的原则，应聘教师能够按自我意识选择上任与否；同时要加强职位的责任要求，与分配制度的革新相匹配，从而使聘任制达到基本的经济保障，起到更好的效果。

（三）以结构工资制为核心的激励机制

当前，在确定编制职位、教师人员聘任制执行前提下，多数学校也对分配制度实行适当革新。特别是对校内结构工资相关制度的执行。校内结构工资由基本工资补贴工资和岗位工资等因素构成。基本工资，指的是基础岗位酬劳；补贴工资，指的是不同情况下的相应补贴；岗位工资，指的是有明确职位安排的教师人员按工作量多少发放的酬劳，有基本职位酬劳、兼职津贴补助和超课时酬劳等方面；奖励工资，指的是根据教职员工作任务完成程度、质量高低等额外获得的奖金。班主任的工资发放和工作奖励应分别归入教职员岗位工资和教职员奖励工资。对于班主任工资范围的确定，若将班主任专业职称等级由高到低划分作为衡量的标准，意味着相应等级职称的教职员应该获得与之对等的酬劳。

在班主任职级的基础上建立健全班主任岗位报酬制度，使其成为专业班主任不断完善自身的经济动力。同时从事课程教学和班主任职位的教师人员，若他的授课工作达到满量，理应获得授课岗位职级酬劳和班主任职位职级酬劳；若他的授课工作量尚有空余，他获得的酬劳水平应该按照就高原则来执行。班主任的酬劳待遇理应归入教职员岗位工资，作为结构工资的一部分，纳入国家财政支出。"这样的措施并没有给财政造成过多压力，却可以起到鼓励班主任在本职岗位上更加兢兢业业、不断提高自身素养的作用，不失为一种有效的鼓励方式，同时彰显了国家和政府对班主任这一职业的尊重和重视。"只有在满足教师与班主任的职业回报下，才能不断吸引更多优秀的人才加入教育行业，不断规范自身行为，提升自我能力。班主任在学生的成长过程中至关重要，可见班主任在工作上取得的成绩与学校教育有着密不可分的联系，对学校的荣誉和学生的发展都起着至关重要的作用。在此，希望有更多的目光关注班主任的工作现状，才能让学生在专业班主任的带领下成长为新时代的优秀青年。

第二节 加强与学生的沟通

德育教学工作开展实施的整个期间内，教师和学生作为两大关键参与主体，彼此之间得以构建和谐友好师生关系，不光能够营造健康良好的教学环境，加快德育教学工作的速度，而且还能够调动学生的德育学习积极主动性，能够较好地强化提升德育教学质量。为构建和谐友好的师生关系，主要应当采取的措施为：

一、班主任用"心"沟通

（一）"以人为本"，树立科学育人观

《礼记·学记》中说："学然后知不足，教然后知困。知不足，然后能自反也；知困，然后能自强也。故曰：教学相长也。"大致是说学生通过学能够了解自己的不足，教师通过教能够知道自己的不足，所以教师的教和学生的学是一种互相促进的过程，没有尊卑和高低之分。韩愈也说过："弟子不必不如师，师不必贤于弟子"；"道之所存，师之所存也"。这些都说明，虽然老师闻道在前，但这不代表学生懂得的教师一定都懂得，即并非知尽天下事。正所谓三人行必有我师焉。为了让学生感受到沟通交流活动中的民主，在相处氛围上的融洽和谐，班主任不妨摒弃传统的师道尊严与学生在人格上保持平等。在师生活动中改变姿态，与学生一起坐下来讨论，和学生一起蹲下来观察，和学生保持一样的高度更便于与学生的沟通和交流，只有保持了一样的"高度"才能缩小与学生之间的心理距离。

打破"唯分数论"的思维模式，要相信每个学生都是一颗会发光的金子。所谓三百六十行行行出状元，天生我材必有用。青少年阶段的他们独立性、首创性和自主性都较小学时期突出。班主任应"以人为本"及时转变观念，树立"一切为了学生的发展""每个学生都要发展""要发挥学生个性特长""尊重学生"等科学理念，顺应时代潮流，体现时代特点，肯定每一个学生，只有这样，才能实现真正意义上的沟通。新的教育形势要求班主任走进学生内心，加强与学生的交流，努力改善师生关系，用科学的育人观引领自己的教育教学行为，促进学生的健康成长。科学育人观是优化师生沟通，提高班主任工作效率，凸显班主任工作意义的重要指导思想。

（二）设置沟通专题，拓宽信息接触面

由于班主任的精力和时间有限，在沟通目标的设置上面面俱到可能性不大，但可以设置不同的沟通专题来整合沟通目标。在与学生的沟通交流中，班主任可以开设小的专题，例如：有的学生希望和班主任沟通学习方面的问题，那么有这方面意愿的学生可以在某一个时间段找班主任进行沟通；有的学生希望交流情感方面的问题，那么这一类型的学生在某一个时间段可以跟班主任沟通情感话题；有的同学有困难需要寻求班主任的帮助，则可以开一个便捷通道。班主任明确沟通专题，让学生对号入座不失为一个好的办法。

拓宽信息接触面，要求主客体之间的沟通"在一个频道"上。

增加主客体沟通内容接触面的对接概率，如在与学生的沟通过程中，可以设置一些开放式的主题以增加对接面，让沟通的主客体能够获取更多的交流机会。

在沟通过程中预设沟通主题，对学生在学校经常出现的问题及时地与学生进行沟通，将问题扼杀在萌芽之中，这样就避免了"兴师问罪"式的沟通方式，为主客体之间的愉快沟通奠定基础。

班主任要主动及时了解学生，可通过调查的方式来收集学生的沟通意愿，还可通过记周记的方式了解班内同学的兴趣、爱好、成长小故事等，以便沟通时能与学生产生共鸣。

总之设置沟通专题，拓宽信息接触面，结合学生的特点和兴趣爱好来设计沟通内容和方式，让学生通过与班主任的沟通有收获，让他们懂得与班主任的有效沟通能解决他们的实际问题，从而促进双方的有效信息交流，提高学生沟通的积极性。

（三）注重提高自身素养

德国著名教育家第斯多惠说过：教育的本能不在于知识的传授，而在于激励、鼓舞和唤醒。作为青少年阶段的学生，他不是一个成人更不是一个完人。所谓人非圣贤，孰能无过。事实证明，当学生犯错后，通过体罚的方式来实现教育目的，短时间内能立竿见影，时间一久学生又故技重演，我行我素。体罚不仅会增加学生的心理阴影，加深师生间的误会，影响师生关系；更有甚者还会造成学生破罐子破摔，使学生产生逆反心理。班主任对学生应有一种宽容的心态。宽容就是对学生的缺点、错误的包容、理解和原谅。宽容是个性坚强的表现，而不宽容是个性退缩的表现。宽容是教师最有魅力的人格之一，宽容是一种力量，能够以柔克刚的力量；宽容是一种精神，能够战胜一切的精神；宽容是一种文化，拥有这种文化就显得有内涵、有风度、有人缘。教师的宽容是等待学生慢慢成长的过程，是学生发展的一种动力。所谓"严师"应该是对学生的严格而不是严厉，班主任对学生的宽容也绝不是对学生错误的一味"纵容"，更不是教师的懦弱无能，应理解为对学生的一种理解。这种理解是对学生能够战胜错误、克服困难的信心和信任。

沟通能力是班主任重要的专业素养之一。作为一个新时代的班主任，要有意加强沟通知识的学习，提升自己的沟通能力。通过学习，提高沟通认识、懂得沟通评价的方法、灵活掌握沟通技巧。针对沟通主体评价不到位的现状，可建立沟通过程评价表，并将表格的使用方法传授给学生，通过沟通让他们学会使用评价表。在每次沟通结束后，双方及时填写沟通情况评价表，并写出自己的反思，在下次进行沟通的时候，相互交流对上次沟通的评价，帮助对方及时地调整自己的沟通方式、目标、内容等。

（四）合理使用沟通技巧，增强沟通效果

1.沟通技巧的选用

首先，学会倾听。学生的事情都不是大事，通过对班主任的倾诉，一般都会迎刃而解。班主任需要相信学生，他们能够处理好自己的问题，你只要做一个听众，而不是将他们作为信息灌输的机器。

其次，班主任要注重非语言沟通手段如"眼神、手势、表情、微笑"等的使用。往往班主任一个鼓励的眼神、一个肯定的微笑、一个夸张的手势，对学生而言都是一种动力源泉，远胜过十句话的作用，这种心有灵犀的沟通才是心灵的碰撞。班主任应将语言和非语言两种沟通手段进行巧妙融合，相信一定会有意想不到的效果。

最后，善于使用"同理心"，"同理心是一种能使你感同身受并理解他人情感的个性特征"。同理心是一种态度和能力。作为能力，它表现为能充分理解他人的担忧，并将这种理解用尊重、关心、温暖的方式呈现出来；作为态度，表现为对他人的理解、关心、尊重、接受等。在沟通过程中能让学生处于中心地位，懂得倾听学生的心声，从学生角度思

考问题，与学生共情，拉近与学生的距离，不失为一个很好的方法。

2. 班主任应努力搭建沟通平台

马斯洛需求层次理论告诉我们，应该关注学生的基本层次需要。班级活动能够成为一种强大的外部刺激，它能够触及学生的某些需要，引起其一连串的心理活动和一系列的心理反应，从而将学生潜意识里高一层次的需要激发出来。班主任可以通过班级活动等外部刺激达到激发学生内在动机的目的。一次意义深刻的主题班会，从节目的选择、彩排到最后的主持和表演，无一不是班主任与学生沟通的绝佳机会，班会课不仅让学生体验到归属感，同时让他们感受到被尊重被需要。一场别开生面的校园运动会，从运动项目的训练、队形的排列、班级口号的设计到运动员的服务等都是千载难逢的师生沟通机会，这种沟通环境和谐自然，容易走进学生的内心。此类活动不仅能提高班级的凝聚力，同时也拉近了班主任与学生的距离。班主任要有搭建沟通平台的眼光，让沟通交流的机会多起来，以此来激发学生的自我认同感，通过活动实现将外部刺激内化为学生个人行为的目的，所谓在活动中激励就是这个道理。

3. 班主任要注意把握相关策略

班主任与学生之间的交流沟通要杜绝使用学生反感的语言，多使用期望性语言、赞美性语言以及激励性语言，增强学生沟通的自信心，建立良好的师生关系。

第一，重复策略，这种重复并不是一字不差地去重复对方说的话，而是用自己的语言来描述对方的语意，让对方能够感受到你在认真地倾听，让对方感受到尊重，提高对方参与沟通的积极性。

第二，澄清策略，当一方在沟通中出现语意含糊、表达不清的时候，要让对方重新确认，避免因理解误会而出现的沟通矛盾。当双方在沟通中出现不同的见解时，要能够准确地阐明自己的观点，让对方了解自己的立场和想法，才能够在以后的沟通中避免类似情况的发生。

第三，自我坦露策略，如果不主动坦露自己，对方就感受不到你的诚意，双方关系则逐渐疏远，即便强行沟通也难以建立信任。

二、学生注重沟通意识与技巧的培养

（一）树立主动沟通意识

和谐的师生关系是一种强劲的教育力量。要实现这种和谐的师生关系，仅靠班主任单方面的努力是不够的，学生也应积极主动地与班主任进行沟通。青少年时期的学生独立性强，喜欢发表自己的见解，喜欢建立小群体，有自己独特的审美眼光，看待问题片面。有些学生背后议论班主任甚至给班主任起绰号；有的对班主任的穿着打扮带着挑剔的眼光；有的认为班主任因循守旧不够时尚；有的对班主任有自己的喜好标准；有的看待问题带有浓郁的个人色彩；还有的喜欢钻牛角尖等，这些都是不利于师生关系和谐的因素。

在与班主任沟通的时候，学生尽量避免"不平等"情绪的出现，要将班主任看作自己倾诉的对象，不应对班主任存有偏见。所谓伸手不打笑脸人，对于主动与班主任沟通的学生，班主任又怎么会拒绝甚至恶语相向呢？因此学生与班主任沟通的过程中应先克服这样一个怪圈，进入主动接触的良性互动中去。当你喜欢班主任，愿意主动接纳班主任，那么班主任也一定会喜欢你。只有先接纳对方，才能在沟通过程中占据主动地位。因而学生应树立主动沟通意识，主动积极地进行沟通，这样必定能改善沟通效果，构建良好的师生关系。

（二）学习必要的沟通技巧

学生作为沟通的主体应积极参加相关的沟通知识培训，掌握一定的沟通技巧，具体而言可从以下几方面入手：

学生要加强沟通理论学习，认识到与班主任沟通的重要性，提升自身沟通愿望。

学生与班主任进行沟通时，提前做好准备工作，从自身出发努力找到适合沟通的话题，如：兴趣爱好、学习趣事、成长故事、社会新闻等。要明确自己的沟通目标，希望班主任理解什么内容，想要传达给班主任一个什么样的信息，准确无误地表达出来，最大限度地避免被动沟通带来的沟通内容单调的现象，保证沟通的效果。

与班主任沟通时态度诚恳，选择适当的语速、语调，在恰当的时机选择合适的话题，让班主任能准确快速地明白你的沟通意图。

注意语言手段和非语言手段的配合使用，有时候语言符号表达不出或不易表达的时候可以采用非语言的方式沟通，如一个表情、一个眼神、一个手势都能够让对方明白你的意思，取得良好的沟通效果。

（三）正确及时进行沟通评价

学生应懂得沟通评价的重要性。在班主任与自己沟通完后，要及时地反思自己的问题，是否通过与班主任的沟通解决了问题？在与班主任的沟通中自己有哪些收获？在今后的学习和生活中要如何去做？这些都要及时地做好书面评价，有不懂的地方及时向班主任请教。通过有效的评价还可为下一次与班主任的沟通做好准备，如想沟通的内容，通过什么方式沟通，想达到怎样的沟通目的等，这样更利于沟通工作的开展。所谓有反思才能有收获，学生应及时进行沟通评价，避免将沟通流于形式，导致沟通工作的反复。

三、学校为师生沟通提供保障

（一）配置结构合理的班主任队伍

作为学校，应该充分响应国策，在班主任配置、班主任工作量等方面给予合理安排。

减轻班主任的工作量。第一，缩小班级规模，不仅有助于减轻班主任的工作量，同时有助于沟通效果的提升。当前有些热门学校生源较多，每班多达60人，减少每个班级的人数，控制在40人上下，这样就可以适当地改变座位的排列方式。经调查发现，学生更喜欢半圆形以及U形两种排座方式，这两种排座方式最能相互作用也更能调动学生的积极性。第二，可以让班主任少教一个班级，以班主任工作为他们的主职，这样他们就会有更多的精力处理沟通问题。

班主任工作需要花费大量的精力，为提高班主任工作的积极性可适度增加班主任的工作津贴。对于年龄较大或者身体状况不佳的老师应避免让他们担任班主任工作，学校方面更不应该硬性指定，这容易导致他们从内心深处产生排斥情绪，不利于沟通工作的开展。

对于一些年轻、沟通经验不足的班主任可以通过"青蓝结对"的办法：一个老班主任带一个新班主任，传帮带的方式有助于年轻教师的快速成长。科学配置班主任队伍，减轻班主任的工作量，调动其工作的积极性，将那些年轻力壮的、责任心强的、干劲十足的教师放到班主任的位置上，为班主任队伍注入持续的动力。

（二）开展必要的沟通培训

1. 班主任培训

有些班主任思想上不重视师生沟通，学校应对这类班主任进行沟通认识方面的相关培训，让他们从观念上重视与学生的沟通，提高沟通认识；有些班主任沟通技巧不足，可对其进行相关技巧的培训，如：开设优秀沟通案例讲座、班主任例会等进行相关经验技巧的交流；有些班主任沟通评价缺失，可就沟通评价这部分进行专项培训。

2. 学生培训

学校通过大会的形式，对学生进行沟通知识方面的培训。

第一，提高学生对沟通作用的认识，鼓励学生不要成为沟通的客体，可以反客为主，主动与班主任沟通，将沟通的主动权掌握在自己手中，增强沟通的主动性。

第二，围绕沟通评价可设专题提高他们对沟通评价的认识，系统地教授学生沟通评价的方法，鼓励学生积极地进行反思评价。

第三，可通过情景剧、德育讲堂等形式潜移默化地渗透沟通技巧，引导学生积极有效地与班主任进行沟通，让学生认识到只有通过有效的沟通，才能够让班主任了解自己的想法，便于在今后的教学中采取相应的措施，帮助自己获得全面发展。

（三）完善外部机构评价机制

班主任跟学生的沟通，很多时候是班主任心血来潮式的，一阵想起来就实施，这样沟通完后双方能够进行反思评价的必然不多。班主任在沟通中只顾着自说自话，沟通完以后又投入到备课教学中去；学生回到教室以后，好的学生会三分钟热度，不好的学生没有任何效果。如果沟通过后双方不能够及时地进行评价反思，这样的沟通是低效的，只能够成为班主任宣泄情绪的途径。班主任与学生的沟通评价包括主体评价和外部评价。针对班主任对沟通不重视、随意性较大、缺乏系统性等特点，学校要建立相应的外部机构评价机制，设置相应的沟通评价标准，建立相应的考核办法，督促他们进行沟通。考评的内容可以围绕班主任对沟通的认识、沟通技巧的使用、沟通评价的落实、沟通方式的选用等展开。该考评量化可以每学期组织一次，有专门的领导小组，其间可以不定期地督促相关部门落实沟通评价考核工作。

（四）提供必要的沟通支持

青少年可塑性强，持续发展的势头足，发展潜力大，仅用考试分数对学生进行分类，限制了学生的全面发展。学校应打破"唯分数论"的考核标准，坚持科学发展观的要求，做到"以人为本，树立全面、协调、可持续的发展观"，关注学生的全面发展。唯有如此才能从根源上改变班主任沟通工作功利性强的现状。学校应为班主任开展多样化的沟通提供必要的支持，具体包括物质和管理两方面。

1. 物质支持

班主任需要进行家访，产生的交通费和差旅费学校方面要给予适当的补助；班主任进行电话沟通，产生的电话费，学校应给予适当的补贴；教室环境的布置、筹办运动会的经费、开展主题班会时的音响设备等都离不开学校的支持。

2. 管理支持

学校不能一味追求升学率，有条件的应尽可能开足开齐所有的课程和活动。一年一度的校运动会是拉近师生距离的重要时机；五月鲜花歌唱比赛让学生感受青春，放飞理想，这些好的沟通机会都需要学校的管理支持，不能让学生成为学习的机器，应积极给班主任与学生创造沟通交流的机会。

四、家长为孩子树立沟通榜样

（一）加强家校联系，关心学生成长

目前家校联系的方式主要有：家长会、电话沟通、微信（QQ）群、来学校直接面谈、家访等形式，家长应积极配合学校工作，选择适合自己的沟通方式，加强与班主任的联系，关注学校的教育动态，把握子女的教育方向。通过与班主任的沟通，掌握必备的教学理念，与班主任在关键问题上保持思想认识一致，配合学校共同做好孩子的思想工作，齐心协力促进学生的积极发展，必然会对师生沟通起到良好的促进作用。

（二）以身示范，营造良好的沟通氛围

家长是孩子的第一任老师，家长的言行会地折射到自己的孩子身上。家长们应该规范自己的言行，营造良好的家庭沟通氛围。具体来说：第一，家长可以阅读沟通艺术方面的相关书籍，以此来提升自己的语言水平和沟通技巧；第二，对孩子有不利影响的言论不应当着孩子的面表达；第三，在孩子面前不应发表对班主任不利的言行，影响孩子的判断；第四，与孩子沟通时应讲民主、讲和谐，切不可简单粗暴。家长应力求以好的形象影响、熏陶子女，营造良好和谐的家庭沟通氛围，定会对班主任与学生的沟通效果有明显的提升。

第三节　营造班级良好的德育氛围

环境具有广义的含义，是指能从视觉、听觉等感官方面刺激学生、感染学生的环境氛围。

一、班级环境感染

青少年对于爱国、节能减排等这些概念的认识，仅停留在课本故事和宣传口号上，对于如何落实到自身行动上还未有准确的判断。因此，班主任可将其细化到班级环境中，让学生对德育先产生感性认识。例如：组织学生制作新颖独特的标识，将其运用在班级环境的布置上，一方面装饰环境，一方面引导学生高高在上的节能理念可以落实到哪些细小方面，启发学生的思考，从而让学生自发找到更多虚实结合的落脚点。

（一）建立良好的师生关系

创建出新型的师生关系才能营造出良好的德育氛围。所以在日常教学中教师就要给予学生一定的关心与理解。教师平常往往以权威的形象展现在学生的面前，学生不敢与教师进行交流。在这种状态的影响下，教师与学生之间的距离逐渐变远，在课堂中学生也很容易出现无精打采的现象。在长期的发展中，教师一直占据了主体的地位，片面地认为学生只能无条件听从自己的安排。这样使得课堂教学只能从教师的主观意愿出发，最终也就难以从学生的角度思考问题。在新型师生关系下，教师不论是在其他学科教学中还是在德育教学中都要与学生处于平等的地位，突出学生的主体性。如在课堂中鼓励学生发表自己的见解，让学生通过讨论与辩论等方法来实现思想上的碰撞。教师自身也要尊重学生的主体地位，帮助学生的思维实现快速发展，同时还要与学生一起找出思维中的合理因素，避免限制学生思维发展，让学生主动说出自己的想法。同时，教师要对学生进行正确的引导，避免挖苦与打击学生，要组织学生进行讨论与交流，从而提高学生的辨别能力，认识到道德教育并不是强制灌输，而是要学生自己内化于心。

（二）让学生产生积极的德育期待

教育是教育者与受教育者心灵不断交流的过程。所以教师的期待效应要从师生之间的真挚情感上体现出来，也可以说教师的期待已经成为教育中的潜在力量之一。心理学也充分证明了这种期待有极为重要的影响与意义。所以想要突出德育的效果，教师就要正确运用这种期待，从而发挥出其应有的功能，建立浓厚的德育氛围。

首先，教师可以从班级出发，向学生讲述对班集体的期待，以此来帮助学生形成团结的整体。

其次，教师要坚持以身作则，将自己当成班级中的一员，以此来让学生感受到来自教师的关爱。如教师可以组织学生开展班会，及时对学生进行情感教育，以此来引起学生情感上的共鸣，唤起学生对班集体的爱。

最后，教师也可以从比赛中来鼓励学生，让学生感受到来自教师的期待与关怀，从而保证师生之间情感上的一致性。

（三）从信任出发，实现德育氛围的升华

教师只有让学生明确自身的期待，才能让学生感受到来自教师对自己的关心，从而产生上进心，提高学习的效果。可以说信任不仅是一种态度，同时也是一种道德关系。其主要是从诚实、正直以及可靠的基础上发展起来的，同时也是教师与学生之间实现高质量沟通的起点。师生之间产生信任，学生才能产生勇气，从而不断地向前发展。在信任中学生可以主动与教师进行沟通，这样也就提高了德育的效果。在这一阶段中学生对教师的信任与依赖性较强，所以教师要及时与学生进行对话，以此来拉近学生与自己之间的距离，来帮助学生学习与发展。在学生出现问题时，教师要设身处地地与学生进行交谈，满足学生的需求，以此来帮助学生学习和转变思想，从而实现更好的发展。学生只有真正地信赖教师，才会主动学习，养成良好的学习习惯。

从实质出发，避免表面化现象，为了促进学生的学习与发展，小学德育要坚持从实际出发，做好深入的研究与分析工作，避免出现表面化与形式化的现象。随着社会的不断发展，社会经济虽然得到了提高，但是依然存在着许多问题；虽然有着一定的外部力量在规范，但是想要真正实现健康长远的发展，还是要从实际出发，借助道德的力量来约束，借助法律等来实现相互配合，以此来满足发展的要求。在小学德育中，就要从班级管理上出发，具体体现在日常的学习生活中。从细微之处来进行德育，以此来杜绝德育表面化的现象。学生只有真正认识到德育的重要性，才能在日常的学习中主动遵循道德上的要求，明确行为准则。

（四）采取丰富的教学形式

教师在创建德育氛围的过程中要认识到单一教学方式会打击学生的学习积极性。因此，针对这一现象，教师要做好改革与创新工作，坚持从时代发展的角度出发，运用有效的信息技术，以此来丰富学生的学习生活。

首先，教师可以借助多媒体来进行教学。通过实践可以看出，多媒体教学可以激发出学生的学习积极性，而传统的教学模式已经不能满足当前教学的需要。因此，在教学中教师就要正确利用多媒体，节省课堂教学的时间，同时还要鼓励学生积极参与到学习中去，提高课堂教学的效果。

其次，教师可以组织学生进行小组合作学习。在素质教育的影响下，合作学习模式也开始得到了广泛的运用。但是在小组合作学习中，教师要保证每一个小组中人员的数量，这样才能帮助学生适应小组学习节奏，从而实现个体与团体之间的合作共存。在小组中，教师还要鼓励学生展示个性，通过有效协调与完善等来提高团体的整体性，帮助学生营造出独立的空间，以此来满足学生的学习需求，促进学生的健康长远发展。从学习的角度上来说，教师还要避免采取传统的教学方法，而是要充分地向学生进行讲解，鼓励学生进行

思考，让学生发表自己的意见，从而满足学生的学习需求。

（五）树立学习榜样

这一阶段的学生不仅有着强烈的好奇心，同时也有较强的模仿能力。因此，在教学中教师就要从这一层面出发，及时采取有效的应对措施。教师自身要起到带头作用，对于一些日常生活中比较常见的道德问题，要坚持以身作则，如爱护花草树木等。在学生出现不良行为时，教师就要及时进行劝阻，同时也可以将其转变为教学案例在课堂中向学生讲解，以此来实现言传身教。在进行班级管理时教师也可以让表现较好的学生在课堂中讲述一些日常生活中的道德事件，并制定出相应的奖励制度，从而激发学生主动参与的热情。只有充分利用学生的好奇心与模仿心理，才能帮助学生养成良好的自制力，从而满足发展的需求。

（六）做好心理健康教育工作

在教学中班主任要认识到心理健康教育工作的重要性，坚持做好学生的引导工作，帮助学生正确认识自己，确立切合实际的目标。因此，在班级管理中班主任要帮助学生明确自己的人生发展目标，从而让学生具备坚强的意志，养成健康的心理，实现个性化的发展。如果学生在心理上发展不成熟，那么也就难以应对挫折，在遇到困难后很容易出现不良的心理倾向。所以在日常教学中，班主任要及时对学生进行心理辅导，同时还要做好实践教学引导工作，让学生主动进入到实践活动中去。如在课堂教学中，教师就可以组织学生开展"我能行"的主题活动，以此来帮助学生塑造良好的品德意志，同时还要让学生在实践中接受教育的影响。只有让学生主动参与到活动中去，才能帮助学生养成健康的人格，实现长远的发展。

同时，教师要在班级管理中注重激发学生的爱国情怀。如教师可以利用班会的时间来对学生进行爱国教育，向学生宣传我国的民族精神，激发学生的爱国情怀，提高学生的民族自信心与自豪感。在现阶段中学生的认知方面还是比较广泛的，在思想上也比较活跃，所以教师要帮助学生形成正确的世界观与人生观，以此来对学生产生正确的影响。

在教育中班主任应及时发现学生存在的问题，提高学生的认知能力，借助我国传统美德来对学生进行引导，让学生养成优良的品质，实现长远的发展。如在升旗仪式中，教师就可以要求学生统一着装，保证自身仪容仪表的整洁，让学生在国歌中感受我国的强大，借助这种活动来增强学生的爱国情怀。在教学中教师也可以组织学生开展"倡导文明礼仪新风尚"的活动，以此来帮助学生改变自身的不良行为习惯，养成正确的行为习惯。教师只有创设良好的德育氛围，才能让学生真正受到德育的感染，从而提高思想层次，实现更好的发展。

（七）做好感恩教育

现阶段的学生大多是独生子女，在家庭中受到了许多人的关爱，做任何事情都习惯以自己为中心。这种心理必然会成为学生成长与发展过程中的重要问题之一。因此，在实际教学中教师就要做好感恩教育工作，让学生具备一颗感恩的心，这样才能让学生正确面对周边的事物与变化，学会感谢别人。

责任感，是学生在与人交往中所应当承担的一种义务与情感体验。所以也可以说培养学生责任感是实现其健康成长的动力。但是通过调查可以看出，现阶段许多学生因缺乏责任感，难以满足健康发展的需求。所以教师要做好学生的教育工作，让学生对自己负责，同时还要珍惜自己的生命，诚信待人，主动承担起自己的责任与义务。

（八）开展好德育实践

首先，教学工作对于这一阶段的学生来说，处于心理与思想还不成熟的阶段，加之其心理承受能力相对较低，所以就需要在开展德育教育的过程中给予学生一定的关爱。可以说教师不仅要承担起教书育人的责任，同时也要从学生的心灵上入手，帮助学生解决存在的问题。所以在教学中教师要采取不同的方法，以此来掌握好学生的实际情况。如可以主动与学生家长进行交流，明确学生的状态与特点，在此基础上来做好德育教育工作。对于一些家庭情况相对较为特殊的学生来说，由于其心灵上相对较为脆弱，所以教师要给予更多的关心，保护好学生的心灵，避免让学生受到伤害。

其次，教师在开展德育教育的过程中，还要把握好学生的心理，帮助学生接受正确的德育观念，在指出学生存在的不足时，要保证语言上的合理性，分析好学生的心理承受能力，借助委婉的方式来告知学生，从而实现德育教育渗透的目标，为学生营造出良好的德育氛围。

最后，在开展德育教育的过程中，要避免单纯依靠口头讲述，而是要将德育教育与实践教育结合在一起，借助具体的实践活动来加深学生的印象。如教师可以组织学生开展"爱心月月捐让"活动，通过积少成多的方法，让学生可以感受到帮助他人的乐趣。

此外，教师也可以组织学生进行德育主题教育班会，或是开展爱心义卖等活动，为学生创建出浓郁的氛围，帮助学生认识到保护环境的重要性。可以说只有真正为学生创建出浓郁的德育氛围，才能让学生受到德育教育的影响，实现更好的发展。

二、情感感染

人类的情感非常丰富，同时也更容易被感动。而学生的心智尚处于发展阶段，用情感感染的方式可以更好地触动他们，实现良好的德育教育效果。比如：在班级中树立互帮互助、自觉学习类的榜样人物，不仅在班级中讲述他们的小故事，以情感感染其他学生，还要为他们粘贴榜样标志，增强感染效力。每个学生身上都有闪光点，班主任切忌以成绩论高低，更多地挖掘出学生身上的优良品质，充分实现学生之间的优势互补，增强学生的自信心，同时将榜样引领作用发挥到最大。所谓立德树人，班主任自身的感染作用也不能忽视。班主任要严格要求自己，尤其细节方面要能体现出自己的道德修养，以此来感染学生，实现立德树人的目的。另外，班主任还要用情感撬动学生的心灵，给予他们关爱，尤其要帮助学生建立起应对挫折和困难的强大心理，获得学生更多的认可，进一步增强自身的感染力。

（一）树立榜样激励

现在社会家庭中大多是独生子女，家长给予了他们过多的关注和尊重，所以一些学生缺乏对荣辱感的认识。为了更好地开展德育教育，班主任可以在教学当中运用树立榜样激励的方法，以激励学生向更好的方向发展。

例如，在组织班级主题会议时，班主任组织同学参与优秀班级同学评比活动，在活动中，通过学习环节、生活环节、纪律环节等多个环节的对比，让学生发现优秀学生在评比中的优势和劣势，进而使学生从自身角度出发，发掘自身的优缺点，思考这个阶段的学习是否努力、行为是否符合学校和班主任的要求等，然后让学生们互相讨论来回答。然后班主任给学生制定一个学习目标，要向榜样学习，下次要争取到前三名，积极调动学生的主观学习能力。班主任正确的教育方式可以培养学生拥有想要成功的意识，不能因为成绩而评判学生的好坏，但可以因为成绩评判一个学生有没有用心学习。在日常生活学习中，班主任要注意选取合适的人和事物作为榜样激励学生，做好沟通、互相帮助，互相激励，不断地改进，这样才能让榜样法发挥实际作用和价值。

（二）给予荣誉激励

制定相关荣誉奖励，可以提升学生的荣誉感和自豪感。在德育教育实际教学中，有针对性、科学性实施荣誉激励法，可以让更多的学生感受到荣誉带来的光环，培养学生的个人荣誉使命感。例如，在户外体育课堂中，有学生在操场跑步时捡到了一块手表，学生积极地将捡到的手表交予教师，这种拾金不昧的精神，班主任就应当给予荣誉奖励，开班会时可以在班上对该学生进行表扬，让学生叙述整个事情的原委，然后班主任对其精神给予高度赞扬，并授予拾金不昧徽章。这种荣誉感不是任何时候都可以拥有的，班主任给予的赞美和肯定使学生体会到前所未有的殊荣。中小学阶段是学生成长的关键期，可以说敏感的中小学生各方面能力都在建设与成长中，外部环境给他们个人身心发展带来极大影响，教师思想品德、校园环境、管理制度等都会直接影响学生的个人成长，学生大部分时间都在校园中度过，教师在学生成长过程中发挥的作用较明显。这就需要教师加大关注力度。

从学生管理工作来看，学校应当结合学生的成长需求制定相应的校规校纪，在对学生考核评价时，不应当只关注成绩，而是要涉及方方面面，了解学生的敏感心理，也要把握当前校园环境给学生带来的影响。另外，班主任在日常的道德教育工作中要科学运用荣誉激励法不断提高学生的道德修养，这不仅对提升学生个人素质有着重要的作用，还可以实现对学生德育教育上的指导。

（三）特殊学生给予特殊激励

班主任在道德教育中采取的教学方法必须与学生的实际情况相结合，必须采取科学的激励方法，充分调动学生对事物的主动性。考虑到每个学生性格特征不同，班主任必须根据教学实际情况，制定有效的情感爱护策略和激励目标。例如，对于一些平时表现不好的学生，为更好地鼓励他们学习，教师应该给予他们适度的心理疏导激励，以增强他们的信心。然后根据学生的具体情况组织考试，对成绩更好、进步更快的学生给予特殊的奖励，对成长较慢的学生给予特殊激励。使用这种方法可以帮助那些成绩好的人更好地发展，同时也激励那些成绩相对较差的学生更加努力学习，从而实现学习成绩不同的学生共同进步。"成才先成人"的理念一直影响着班主任的教学。

在班主任德育工作当中，班主任应当从思想品德、学习能力、实践能力等各方面着手，全方位了解中小学生的学习与生活情况。班主任开展德育工作目标要明确，学生随着年龄的增长，他们的心理特点以及生活与学习方式都在改变，要在尊重学生的前提下进行德育教育，培养学生的荣誉感，激发学生潜在的学习动力，要以赏识的眼光看待每一位学生，增强学生对班主任的信任度，以此才有利于获得德育工作的实效性进展。

班主任在学生德育中发挥着关键作用，想要进一步提升教育效果，应当加大班主任培训力度，将当前最先进的教育方法以及心理健康理论融入教育工作中，并配置相应的心理检测软件，为开展后续工作创造条件。对于班主任来说，应当明确当前学生的成长压力，增强与学生之间的沟通，打破学生心理防线，让他们增强对班主任的信任度，从学生的兴趣出发进一步引导他们。教师可以引导学生勇敢表达个人内心想法，明确个人未来发展方向，也能够进一步突出心理健康教育的作用，规范学生思想，避免外界环境影响给学生心理上带来较大冲击。可以说在学生的成长过程中，心理健康教育具有的优势也越来越突出，需要教师发挥合力作用，帮助学生塑造健康的心理，为学生未来发展奠定良好基础。与此同时，班主任也要有效运用当前的网络资源，统计相关数据和案例，在开展学生德育工作时能够以启发式的教育方法帮助学生正确看待心理问题，缓解学生的紧张情绪，让他们能够以平和乐观的心态融入班主任为其创设的教育环境。

三、互联网环境感染

班主任工作是学校教育教学工作的重要组成部分，班主任工作的重要内容是做好学生的德育工作。班主任要坚持"教育为本、德育先行"的工作理念，以培养"四有"新人为目标，以学生的全面发展为出发点和落脚点，培养学生良好的行为习惯，建立健全学生人格，全面加强未成年人思想道德建设。在互联网时代，信息技术给班主任德育工作带来了新的机遇和挑战，如何在"互联网+"背景下做好班主任德育工作，是班主任应该深刻思考的问题。

（一）"互联网+"背景下班主任德育工作的优势

1. 互联网开辟了班主任德育工作的新途径

依托互联网开展班主任德育工作是社会发展的需要，也是新时代教学的需要。当前，电脑、智能手机、平板等学习终端已融入人们的生活当中，各种教育 App 也被广泛应用到学生的学习当中，互联网正悄然改变人们的生活质量、学生的学习质量和教师的教学质量，同时也影响着学生的学习方式。互联网开辟了班主任德育工作的新途径，成为德育工作的新阵地。班主任可以通过建立电子邮箱、班级网页、家校联系群、师生网上互动窗口等网络应用平台来践行班级德育工作，通过开展丰富多彩的德育活动，利用网络平台展示和宣传班级德育成果，促进德育工作的创新与改革，实现学生多元化的德育评价，多途径提高德育成效。

2.互联网改变了班主任德育工作的方式

如今，在快速发展的互联网时代，班主任德育工作不能仅仅依靠以"教师、课本、课堂"三者为中心的传统德育方式，而应该借助互联网平台开展德育工作，促进德育方式由灌输式向引导式、启发式、体验式转变。传统的德育更注重教会学生判断对和错、是和非、美和丑、真和伪，这个过程中缺少正面引导、实例感受、真实体验，强行要求学生必须服从和执行等，虽然也能达到"传道、授业、解惑"的教育目的，但是这样的德育工作缺少创新性和实践性。由于过去的德育方式单一、内容贫乏，教育过程缺乏趣味性和吸引力，难以吸引学生的兴趣。互联网时代强烈呼吁班主任改变德育工作方式，用新途径培养学生高尚的道德品质和健全的人格。

3.互联网扩展延伸了班主任德育工作的空间

班主任德育工作在互联网的发展和信息技术的推动下发生了全新的变化。班主任可以借助先进的教育软件、网站博客、信息技术等教育资源和教育平台引导学生共同进入"红色文化网""德育天地""德育讲堂""中小学德育课堂"等德育空间，接受德育的洗礼与熏陶。传统的德育空间相对狭小，互联网的应用扩展延伸了班主任德育工作的空间。如今，德育工作空间由课内扩展延伸到课外，由校内扩展延伸到校外，由国内扩展延伸到国外，德育空间越来越广阔，越来越开放。

（二）"互联网+"时代班主任德育工作创新与实践

1.依托网络优势，拓展德育内容

现行的班主任德育工作中，德育内容大多空洞且乏味，往往共性教育多，个性教育少，学生是否理解暂且不说，只能单方面被动接受，这样的教育活动未能充分尊重学生的个体差异性和主观能动性，未能贴近学生的情感世界，未能真正做到因材施教和满足学生的个性发展。互联网的发展为德育内容扩展开辟了一片新天地，为德育提供了资源保障。班主任可以依托网络优势，通过互联网平台搜寻生动形象、有效可信的关于爱国、道德与法治、生命与健康、公共安全、传统节日、美育、劳动、环境保护等德育资源，供学生学习和实践，提高学生的认识水平和思想道德素质。

2.借助网络空间，开辟德育阵地

互联网空间呈现出多元性、共享性和开放性的特点，而传统的班主任德育空间狭窄且有局限。因此，班主任要借助互联网，建立班级德育空间，开辟新的德育阵地。例如班主任可以鼓励学生利用"今日头条""知乎""学习强国"等平台收集相关信息；可以通过QQ、微信、钉钉等软件与同学和教师互相交流学习；可以通过"智慧课堂""德育讲堂""红领巾爱学习""教育部全国青少年普法网""青骄第二课堂""一起学习吧"等平台强化认识，从而培养学生良好的道德素质；还可以通过创设贴近生活的情境，如"地球的眼泪""学生早恋的苦果""金钱、权力与道德""毒品与生命""文明礼仪与校园霸凌"等主题，通过互联网观看视频节目，使学生获得身临其境的感受，从而领悟深刻的做人道理。

3.建立班级网站，拓宽德育途径

班主任除了可以利用黑板报、橱窗、文化长廊、班级德育栏、学习园地、自由天地、评比台等这些传统的德育资源，还可以利用互联网，拓宽班级德育途径。

（1）在班级网站中建立"网络聊天室"

这是一个供教师、学生、家长三者之间交流互动的平台，通过开展线上沟通交流、讨论协商、解惑答疑等德育活动，增强德育的实效性。

（2）在班级网站中开设"心理咨询信箱"

邀请学校心理辅导教师进行网上心理辅导，运用电子邮件进行交谈，缩短师生之间的距离，通过心与心的沟通，情与情的交流，有利于学生克服心理障碍。

（3）在班级网站中设立"网络开放日"

现在的学生自尊心很强，不愿意接受班主任的当众批评。"网络开放日"可以是星期六或星期天，这一天班主任放下手中的工作，轻松地与学生进行网络聊天谈心。通过师生"面对面""一对一"的交流，班主任更能掌握和了解学生的思想动态、困难和焦虑之处，才能对症下药，不断改变学生的德育行为，摆脱消极思想的束缚，使学生产生积极向上的动力。

（4）开设生生互动窗口

学生实名注册，班主任审核通过。每个学生都可以向自己想要互动的对象发起邀请，也可以在班级平台内，表达自己的主张和想法，倾听别人的看法和意见，最终对某种事物达成共识。

4.优化德育环境，渲染德育气氛

良好的德育环境是班主任依托互联网开展德育工作不懈的追求。一要充分发挥互联网的优势，加强德育宣传工作，用好宣传阵地，用学校橱窗、展板、校园网、红领巾广播站等阵地，播报文明礼仪、社会主义核心价值观、学生守则、学生日常行为规范、安全常识等，宣传校园新闻、德育故事、先进学生事迹、民族文化、民主与法治、人道主义与社会公德等德育内容，塑造一个个优秀的学生形象，供学生互相学习，让他们明白德育在自己成长中的重要作用；二要充分挖掘和筛选互联网中的优质德育资源，与班级德育工作相结合；三要甄别和屏蔽不良德育因素，净化德育环境；四要制定班级上网公约，优化德育环境，倡导学生绿色上网、文明上网；五要通过班队会、辩论会、征文活动等形式引导学生正确认识网络的双面性，提高学生自我控制能力和对负面信息的辨别能力，做到不沉迷网络，也不远离网络，而是正确地运用互联网资源，充实和发展自我；六要加强班级文化建设，通过电子班牌家校互通，宣传班级名片、班风学风、班级风采、好人好事、文明礼仪、德育精彩瞬间等，加强爱国主义、集体主义、民主法治、人文关怀、劳动艺术等教育。

5.围绕课堂教学，渗透德育活动

实施德育的重要载体就是课堂教学活动。课堂教学活动是进行德育的良好契机，也是丰富的德育资源。班主任和任课教师要以课堂教学为抓手，深入挖掘德育资源，有计划、有目的地渗透德育，并贯穿于课堂教学的全过程。班主任要关注学生特点，发挥学科优势，结合课堂教学内容，运用互联网资源精心备课，深入挖掘德育素材，在教学过程中采用潜移默化、熏陶感染、点滴浸润的方式巧妙地渗透德育，让学生经历探索实践、获得真知、品味成功、培养习惯的过程，使学生在提高学科素养的同时获得人文素养、道德素养的提升。例如就道德与法治学科来说，它是系统地、全面地、直接地向学生进行思想品德教育的一门重要课程，所以学校要求教师在施教过程中彰显其德育功能，结合学生学习和生活实际，加强道德认识，提高道德判断能力，培养学生良好的行为习惯和高尚的道德情操。课堂教学与品德教育有效融合，事半功倍，使德育的成效内化于心、外化于行，班主任和任课教师既完成了教书的任务，又达到了育人的目的。

6. 开展多元评价，巩固德育成果

班主任要努力改革和完善学生评价体系，打破常规的分值量化评价，开展多元化德育评价。多元化德育评价是培养学生良好行为习惯的重要手段，也是班主任做好德育工作的有效途径。班主任借助"希沃班级优化大师"软件对学生在学习、纪律、卫生、安全及活动等各个方面进行评比，并授予相应的德育称号，如道德标兵、进步学生、文明之星、十佳少年、安全卫士、美德少年、环保能手、优秀少先队员、新时代好少年、三好学生等。班主任多元化的德育评价具有激励性，有利于增强学生的竞争意识，鼓励学生扬长避短、言行一致，有效地巩固了德育成果。

7. 紧密联系生活，推动德育实践

班主任德育工作要以主题活动为载体，着眼于学生的全面发展；以实践体验为途径，致力于崇尚净化学生心灵和塑造完美品格。班主任要为学生搭建德育实践平台。社会实践活动是对课本知识的拓展、延伸、检验。适时借助网络平台，结合重大节日开展生命与健康教育、爱国主义教育、安全教育、革命传统教育、劳动教育、环保教育等专题教育活动。例如3月5日是学习雷锋日，借助互联网平台开展读雷锋故事、唱雷锋歌曲、学雷锋精神、争做新时代的小雷锋活动。清明节组织学生上网祭奠先烈，观烈士陵园，看爱国主义影片，写祭英烈寄语，感受幸福生活来之不易，引导学生懂得珍惜今天的幸福生活，报效祖国。7月1日是建党日，组织学生上网了解党的光辉历程，认识伟大的中国共产党，歌唱中国共产党，懂得没有共产党就没有新中国，激发学生爱国、爱党、爱人民的深厚情怀。元旦组织学生开展网上送祝福活动，通过制作电脑绘画作品、电子板报、电子贺卡、发送电子邮件等，书写祝福之情，感受幸福生活，展望美好明天。班主任要组织学生参加有意义的社会实践活动，学以致用，逐步提高学生践行德育的意识，实现自我人格的提升和德育成果的升华。

8. **构建德育网格，提高德育质量**

班主任德育工作要建立"学校—社会—家庭"三结合的教育网格，学校是德育的主要渠道，家庭是德育的第一场所，社会是德育的重要桥梁，一头连着学校，一头连着家庭。

在学校教育方面，班主任要加强学校和家长的联系，要利用互联网平台，通过建立家校联系群、成立家长委员会、召开线上家长会等，将资源信息及时推送给学生及家长，让德育打破时间和空间的限制，融合家庭和社会的力量，全方位塑造学生人格，培育新时代的"数字公民"，教导学生践行社会公德。在家庭教育方面，家长要以身作则，给学生树立良好的榜样。在社会教育方面，国家要建立和完善网络法律法规，减少负面影响，创建良好的网络环境。只有真正地将学校教育、家庭教育、社会教育紧密结合起来，织成一张密而严的德育大网，才能最大限度地发挥德育的功效。

四、开展德育主题班会

德育主题班会是德育与主题班会相结合的教育活动，对于学生的全面发展、学校教育的发展都具有非常重要的作用。

（一）确立有关德育主题班会的学校管理制度

学校是实施德育、培养学生成人成才的关键场所，主要通过课程、课内与课外活动等渠道对学生进行德育教育，可见学校在德育实施中的重要性。但学校对德育主题班会在管理制度等方面的重视程度还有待加强，主要从以下三个方面进行有关德育主题班会管理制度的确立。

1. 制定明确的教育目标

德育主题班会是学校对学生进行德育教育的重要途径，要想主题班会做好对学生的德育工作，就要以学生为中心，围绕学生确定适合学生发展的德育目标，根据该目标去发现学生学习和生活中存在的问题和困惑，并以此为主题开展有针对性的主题班会。

其一，以中学生年龄及身心发展特点为依据，制定明确的教育目标。根据年龄的变化，学生的成长阶段是不同的，每一个成长阶段又都呈现出不同的身心发展特点。因此，学校和教师首先要根据中学生身上所呈现的身心特征来制定明确的适合学生身心发展及满足学生生活与学习需求的教育目标。不同的阶段制定不同的教育目标，而主题班会为了有针对性和取得德育实效就要依据不同阶段的教育目标来设计和开展。教育目标层层递进，以主题班会为教育平台，使学生各阶段的发展逐步完善。

其二，从学生心理健康着手，发现问题。学生的心理健康教育是德育教育的重要部分。主题班会中要重视对学生的心理健康教育，更要及时得当地发现并解决学生可能出现的心理健康问题。尤其处于中学阶段的学生，与小学阶段相比较，其课业负担加重，学习难度相对提升，刚步入中学的学生可能不堪课业负担而产生心理压力；且中学年龄段的学生心理正向成熟期过渡，与异性的相处出现变化，或产生好感或厌恶，无论是哪种心理，都需要引导其正确对待及处理与异性的关系；另外，面临中高考的高年级学生有其升学压力，教师需要多关注学生的日常情绪，注意发现学生面对升学压力有无心理变化，以便及时疏解其心理压力。不同的年级有不同的心理压力和需求，教师应给予重视，以所发现的问题为主题，对学生进行针对性的心理健康教育，及时引导学生健康发展。

其三，围绕学生的学习和生活，选取和确定主题。对学生进行德育教育就是为了解决学生的问题，而学生的问题主要就是学习和生活两大类，每一类都涉及学生的道德发展，并且都有可能存在或已经存在问题。但是存在的问题并不会明显呈现出来，也不是单独存在于某一处，而是隐含在某一处或多处，这就需要教师不断地洞察问题，不断地总结问题，最终提炼并选取针对性较强且更符合学生需要的主题，围绕这种主题开展的主题班会更具教育意义。

2. 制定合理的班会课课时制度与规则

虽然主题班会被作为学校对学生进行德育教育的活动之一，但是并没有真正将其纳入学校正常的教育工作轨道上，也就是说有关于主题班会的学校制度与规则尚未完全确立，致使主题班会的开展时间一直得不到保障。因此，德育主题班会要想真正得到时间和行动上的落实，就要制定合理的班会课课时制度与规则。班会开展的时间一直以来都是一周一节，基本都在每周一下午最后一节课，这样的时间安排较为合理，但却并不能保证主题班会如期开展，且主题班会开展之前、开展过程中以及结束后的相关工作都还未制度化，还需在目前已有的制度和规则上做补充和完善。

其一，主题班会要想如期开展，必须得有时间作为保证，因此，学校必须强制性地保证班会课正常进行，即教师必须将班会课按照课表时间安排，进行正常的教育教学活动，不能被其他课程或者其他教师占用，一般情况下不能将其搁置供学生自习使用。与此同时，需对教师开展主题班会的工作予以绩效考核，尤其考核组要实地进行考察与监督，将其列为主题班会顺利开展的保障制度之一。其目的并不是给教师施加压力，而是优秀之处加以表彰以示鼓励，不足之处及时给予指导和修正，以此促进主题班会真正落到实处。

其二，主题班会的开展需要学生与教师的共同参与，因此教师不能将主题班会的开展工作一手包办，而应该让学生也参与策划和设计。同时，学校应该强调要围绕学生生活，结合德育知识作为开展主题班会的素材或主题，并将以上内容作为保障学生参与主题班会的规则来遵守和执行，也可将其作为教师主题班会工作考核内容之一，真正将主题班会搭建成师生互动、增强学生主体性的平台。

除此之外，学校要规定，教师开展主题班会要像其他学科课程一样做教案设计，使主题班会的开展有据可依，有踪可寻。如果要让主题班会顺利开展，并且做到真正的德育与主题班会相融合，相关的制度与规则就必须确立与完善，这样才能使主题班会有效发挥其为了学生发展的作用。

3. 建立德育主题班会监督和评比机制

学校应该从德育的角度出发，建立德育主题班会监督和评比机制，即对班级与班级之间开展的主题班会进行严格监督和评比，监督是过程，评比是结果，亦可同时进行，相互作用，这样有利于德育与主题班会更好地结合，也有利于主题班会的发展。对班级主题班会的监督与评比一方面可由负责学校德育工作的领导组织监督与评比小组进行专门性的监督和评比，也可以让班级与班级之间互相监督，互相评价，还可以交叉进行，即监督由领导负责，评比由评价对象互评产生，或者监督由评比对象之间互相监督，评比由领导进行。具体监督和评比的内容主要可从各班主题班会的准备工作、开展过程、开展效果、参与情况等四个层面进行：

首先，主题班会开展前的准备工作是主题班会成败的关键，各班主题是否符合既定德育目标，是否具备了开展主题班会的条件，其条件是否成立、是否充分是监督和评比的主要内容。

其次，在主题班会开展过程中，其内容应取材于学生，贴合学生实际，道德知识应服务于学生现实生活；主题班会形式应该以学生兴趣为前提，其设计新颖多样；整个开展过程应该有针对性、逻辑性和连续性。另外，主题班会开展效果是评比的重要一环，主题班会开展结束后，关键在于学生是否真正接收与理解了德育知识，对其思想观念有无影响，能否帮助学生解决现实生活中的问题并产生主动性的反思与修正行为。

最后，学生是主题班会主体，所有学生有没有真正参与其中，教师是否合理地引导了学生和整个班会流程，师生有无互动，可用于整体衡量各班主题班会的开展情况。与此同时，建立奖罚机制，这是对评比结果进行的总结和升华。对主题班会进行适当的监督和评比，对教师和其所带班级有激励作用，可以鼓励他们以积极和认真的态度面对和准备主题班会，有利于主题班会更好地开展以及后续的发展，使学生逐渐接收到真正的道德教育。

（二）营造理想的德育主题班会教育环境

主题班会不仅要完善德育评价体系，重视落实学校关于主题班会的管理制度，还要拥有良好的教育环境。但现实中的教育环境却过于看重规则教育和以批评为主的教育，教师课堂权威依旧盛行。因此，主题班会开展过程必须强化道德教育，鼓励、引导学生在课堂上积极发言，积极思考，在平等、自由、开放的语境中达成师生间的相互理解与道德共识。

1. 主题班会中要强化道德教育

德育主题班会要将发展学生内在的道德品性作为出发点和落脚点，不仅要重视学生是否遵守了规则，更需要重视的是学生能否理解规则背后真正隐含的思想和意义。

（1）引导学生从道德视角思考问题

在平常的班级生活中，我们经常可以见到一些同学进入本应安静的教室之后发出很大的声音，不仅破坏了安静的学习环境，吸引了同学们学习的注意力，也损坏了学生自己在同学心中的形象，更重要的是破坏了学生行为守则等一系列规则。针对这样的问题，教师完全有必要以此为主题开展一次主题班会，借此了解学生的思考方向，并且让违反规则的同学明白自己错在哪里。遗憾的是，教师一般都是点到为止，并不会对学生的回答给予指导和引领，忽视了学生的道德情感和态度。

因此，在教育目标上，教师应从学生自身、他人以及班级整体等方面来引导学生思考自己的所作所为造成的影响。比如，学生破坏了规则，使得其他同学的注意力转移，全班秩序混乱，学生自己也受到了全班同学的指责；若学生遵守了规则，自己可以很快静下心学习，也不会影响到其他同学，保证了班级的安静。但对比性的思考，不仅要让学生明白遵守规则利大于弊，还要最终上升到道德层面：学生遵守了规则是出于对班级同学的尊重，同时也是为了被人尊重，规则的制定不仅仅是为了约束人，也是为提升道德水平。

（2）借助主题班会增加学生的情感体验

情感体验包括积极和消极两个方面，无论哪个方面的体验，对学生来说都是促进其道德水平提升的宝贵财富。作为学生，必须接受老师的训导，做错事被老师批评，与同学相处也难免产生摩擦；作为社会公民，不可避免见到世间令人讨厌之人、引人愤慨之事。然而，面对这些影响情绪的人或事，学生应该思考什么、怎么思考以及得出怎样的结论呢？这就需要教师借助主题班会中很少运用的形式，即现场体验，也就是利用学生的切身体验来引导学生思考自己为什么会遇到不愉快的事，为什么这些事会让自己产生消极情绪，以及在这些事的发展过程中自己有无过错，是否自己的行为也给他人带来了困扰。让学生设身处地感受消极情绪，是为了更好地让学生去体会他人的消极情绪，这样可以使学生在以后的处事中考虑得更周到，从而避免给他人带来不便。

与此同时，教师也应为学生创设体验积极情绪的环境。在教室里，为学生在学习上创造互相指导课程的条件与时间，让学生互相分享自己的学习经验与方法，让学生体验被帮助的感动和帮助别人的快乐；在班级中，经常举行有利于学生团结合作、凝聚力量的活动，让学生体验合作带来的成功的喜悦。教师还可以利用主题班会为学生创造校外活动的机会，真正让学生到社会中体验服务社会、奉献社会的精神愉悦。积极的情绪体验不仅可以使学生不总以自我为中心思考问题，也能真正使学生在精神上得到满足。

（3）培育道德习惯增强学生的道德理性

道德教育是为了使学生将道德知识内化于心，继而以外在行为显现，也就是说要让学生在面对问题时，从"我该怎么做"经过"我要这么做"的教育阶段，最终到达"我应该这么做"的理性阶段。

其一，学生处于"我该怎么做"的阶段时，说明学生的道德判断能力还有待提升，还不具备自主独立的思考能力。因此，教师要在对学生的道德教育中充分体现学生的自主性，引导学生运用理性的思维对待问题，用科学的方法解决问题。学会自己面对问题时，要冷静思考、注意观察，进而分析问题出现的原因，最终找到解决方法。

其二，"我要这么做"就是将学生所内化的道德知识通过经常性的实践而逐渐养成一种道德行为习惯，这时候学生的道德理性尚未形成。但中学生已经有了自身的想法，对教师不全是言听计从，规则的权威性对他们来说越来越弱，但他们还只是以自身习惯去处理问题，所做决定的对与错还未能多加思考。因此，要让学生道德行为习惯养成的同时，增加一份道德理性。

其三，"我应该这么做"就是培养学生的道德理性阶段，这时候的学生不仅道德习惯已经养成，且道德判断能力也得到了提升，从而在面对问题时，学会了从多方面思考利弊，清楚自己所做决定是否符合规则，且是否与公民道德相符，自己应该承担哪方面的责任以及能否承担得起，真正懂得该如何处理问题更为妥帖。

2. 主题班会中师生要理性参与

在主题班会开展的整个过程中，要处理好主导和主体之间的关系，即教师和学生的关系。在主题班会开展过程中，学生应该占据主体地位，真正成为德育主题班会的教育对象。因此，班主任要带好头，做好主导者的榜样，班主任要对主题班会的准备、设计、组织、实施等情况全部了解，根据情况对学生进行必要的指导，不能不闻不问、置之度外，更不能要求学生完全接受自己的经验之谈。而学生要发挥自己的主体作用，不屈服于教师权威，积极主动地参与、学习、思考、分析主题班会中学到的德育知识，牢记在心而后化为行动。只有教师和学生认清自己在主题班会中所扮演的角色，且分工明确、各司其职，才能达到主题班会的德育效果。

首先，师生平等参与，教师要允许学生质疑与论证。青少年已经在一定程度上有了自己独立的想法，因此，在主题班会开展过程中，不可避免地会质疑班会的某些内容，产生自己的想法。此时，教师就应该鼓励学生大胆表达自己的观点和意见，或进行师生之间的交流，或进行学生之间的探讨，但学生在提出质疑后，必须给出自己的理由，无论这种理由是否正确、能否说服众人。整个班会就应该形成平等和谐的氛围，而不应该因为学生对主题班会内容表达质疑，教师就认为学生在挑战自身权威，或者否定自己，从而压制学生的思维，使其失去表达观点的自信和勇气，反而丧失了主题班会的德育作用。

其次，尊重学生的道德偏好，允许学生持有自身的道德立场。主题班会是为了对学生进行道德教育，是对学生的道德认知进行一定的指导和深化，也就是说，学生在接受主题班会的道德知识之前就已经形成了自己对道德的一定认识，主题班会中德育的实施只是在学生原有道德认知的基础上，给予指导和加强。因此，主题班会中的德育内容与学生原有的道德认知难免产生冲突，这时候教师要理性地对待问题，不能为了面子而否定学生。道德两难问题一直都存在于我们的日常生活中，对于此类问题学生有自己坚持的道德准则，教师不能以自己的意志直接否定，而是在尊重学生道德立场的基础上，学生考虑不周全就给予指导，学生道德方向没有问题就帮助其继续深化和加强。

最后，师生、生生之间要形成非排斥性、包容的氛围。青少年有自己的主张、见解和道德立场是值得鼓励并使其持续发展的，但他们很多思想和观念都还不是特别成熟，因此，学生提出的质疑和观点以及所坚持的立场难免会有偏误。遇到这样的问题时，教师不能因为学生不成熟就批评学生，甚至终止其对道德问题的探讨；而要持包容的态度去对待学生，引导学生向着正确的方向转变观念；也可以从其他角度表扬学生敢于提出自己的观点、坚持自己的立场。同时也要引导学生在进行道德问题的探讨时，以尊重、理解对方为原则，以德育目标为依据，不可有轻视、侮辱等词语排斥任何学生，也不能以争个高低为目的进行辩论，要在肯定对方的同时，积极表达自己的观点和主张，通过和谐、友善的交流和探讨，最终达到主题班会制定的德育目标。

3. 主题班会中班主任要宽严相济

班主任宽严相济是促进学生积极参与主题班会的重要法宝。主题班会中要解决的问题都与学生有关，学生是主题班会活动的主体。

一是要对学生宽严相济，"严"要"严"得能使学生认识到错误，并对学生进行教育、引导和监督，使学生明确如何对、如何错，错在哪里、怎么改；"宽"要"宽"得恰到好处，对表现好的学生以普遍表扬为主，点名表扬为辅，对学生进行适当的表扬与赞许，肯定优于鼓励，激发学生为班集体做贡献的积极性。

二是班主任要放权给学生，让学生自主总结、评价班级近期生活。很多学生在班级中总是默默无闻，总在低头做自己的事，以致在任何活动中都很少有存在感，看似对班级的人和事漠不关心，但往往这部分学生对班级的人和事看法最多，也看得最清楚。因此，班主任要创造机会和条件，鼓励这部分学生大胆表达自己对班级的看法，勇敢提出班级存在的问题。在谈学生对学生的看法时，由于青少年正处于半成熟时期，他们对于许多事物正确与否的判断尚未完全形成，对问题的考虑和分析还不够周全，对同学的看法和评价带有主观性无可厚非。此时班主任要引导学生坚持实事求是的原则，要说真话，不在无凭无据的情况下对自己讨厌的同学妄加评论，也不夸大跟自己关系亲近的学生有多遵规守纪、努力学习，而要实事求是，在自己验证过"真伪"的基础上，给存在问题的学生提出问题和改正意见，再针对事情做有理有据、真实的评价，不因私人感情去迎合事件本身。此时班主任要保持清醒的辨别力，只以观察和注意的方式听取学生的意见和建议，让学生在轻松的环境下参与主题班会。与此同时，无论是班主任还是学生，对班级的人和事进行评价时，不应该为了评价而评价，对不好的现象只是一味说不好，而不究其原因为什么不好，也不思考应该怎么修正。提出问题不是重点，提出修改意见并最终得以改正才是重点和落脚点。因此，班主任和学生都应该以恰当的措辞结合适量的情感因素，对班级不容乐观的现象和表现较差的同学给予适当的批评，重在说出真实问题，进而引导其重视问题、解决问题，既保护学生发言的积极性，也保护表现不好的同学的自尊心。

（三）增强学生在德育主题班会中的主体参与意识

学生应是主题班会的主体，教师为引导者，而现实中的主题班会，教师几乎主导了主题班会的整个流程，学生的主体地位被边缘化，仅仅以看客的身份参与主题班会。因此，学生对主题班会似乎不那么感兴趣，主题班会的德育作用便无法呈现在学生身上。只有主题班会以学生为中心，围绕学生进行德育教育，增强学生的主体参与意识，才能使学生"主人"的身份真正融入到主题班会中。

1. 德育主题班会活动以更具体、更直观的方式进行

主题班会要想真正被学生接受、真正走进学生心里，就要一定程度上满足学生需求，使主题班会程序具体化，以此使学生乐于参与到主题班会活动中，这样才能使活动更具有教育意义，主题班会质量也才能进一步提高。

主持人是主题班会得以循序渐进的重要引导者，关乎主题班会的成败，而如何进行主持人的选择，就要看班主任是否重视学生主体性的发展，以及是否重视主题班会对学生的德育作用。有的班主任为避免事务烦琐，一般情况下都是自己担任主持人的角色，或者只

是让班级干部或个别优秀学生担任；而有些班主任比较注重学生思维、语言、组织等能力的提升，通过各种方式将主题班会作为每一个学生展示自我的"舞台"。一是采用竞争或竞争与合作结合的方式。竞争即学生个人若拥有足够的自信和能力，可以"单枪匹马"与其他同学争当主题班会主持人；竞争与合作即学生可组成合作小组，推选适合的人竞争主持人，其他组员则要发挥团体的力量，为被推选出的同学竞争主持人建言献策。二是让每一位同学都进行一次主持人的体验，让自信的学生更加自信，害羞内向的学生能经过锻炼变得开朗、自信起来。但因主题班会次数有限，让每一位学生都能担任主持人的角色不切实际。无论以哪种方式选择主持人，都要从学生的全面发展、以学生为主体的方向出发。主题班会主持人的选择之所以重要，其作用在于：其一，主题班会的主题需要主持人做出郑重宣布，这样不仅可以吸引学生的注意力，也可使学生心里有所准备。其二，主题班会中主题所蕴含的意义、主题班会活动开展的意义需要为学生进行详略得当的阐述，学生才能明确自己将要接收哪方面的知识以及如何接收，而主持人就是传递信息的最佳人选。其三，主持人是活动顺利开展的关键，为避免开展活动过程中出现混乱，需要主持人宣布活动进行的项目，学生的思维也可进行适当调整。其四，一项活动若死气沉沉、气氛凝重，便会影响学生的情绪，整个活动本身的教育作用也难以保证，而一个优秀的主持人总能调动参与成员的积极情绪，从而使气氛活跃起来。同样，主题班会中的主持人也应具备随机应变、灵活变通的能力，带动学生的积极情绪，使学生乐于参与其中，使主题班会向着既定的方向发展。

除此之外，要为主题班会创设一个开阔的地理环境，而不应该将主题班会封闭在教室。比如培养学生尊老爱幼的爱心教育，要在适当的条件下带领学生去养老院或福利院亲身感受老人的孤独与孤儿的无助，如此不仅能使完整而又真实的画面呈现在学生面前，更能使学生感同身受，激发学生的善良和热心，引起学生的情感共鸣。因此，教师应该在开展德育主题班会时，适当地使用多媒体、带领学生进行实地体验，以期达到预期的教育目标。

2.鼓励学生自主确定德育主题班会的主题、内容和形式

主题班会中，学生是发展主体，是主题班会活动的教育对象，因此，学校和教师可根据中学生的年龄特点及认知程度，拟定适合学生发展的德育目标，而主题是整个班会的灵魂。从调查结果来看，主题班会的主题选择基本由学校确定。学校在学期初就有计划地制定出明确的德育目标，根据德育目标提炼班会主题，或者学校会根据一些特殊的具有教育意义的节日确定主题。这样的主题确定方式可以保证德育目标按计划完成，较为系统化，但对学生的实际生活置若罔闻，达不到应有的教育效果。因此，学校应该组织教师去鼓励学生自主确定班会主题，具体实施中教师可以将学生分成若干小组，每个小组选出具有组织能力的组长，由组长带领并分配组员，或对班集体进行现状调查和分析，或对同学生活所需进行观察和总结，或关注社会热点等，而后进行评估所调查到的问题有无必要开展班会，以此最终确定班会主题。由学生确定的主题，不仅可使学生都有一个清晰的认识，也

可以让学生轻松参与到班会中来。

要想充分发挥学生的教育主体地位，组织学生对主题班会进行内是容与形式的自主设计至关重要。学生对内容和形式的设计必然符合其自身的需求，同样也是其所感兴趣的，因此，班主任首先要在引导学生充分了解班会主题教育意义的基础上，给予学生自由空间，让学生自己依据主题去搜集相关材料，并加以整理；或者考虑到学生学业繁忙，班主任可以对学生进行分组，由小组组长将收集、整理等任务分配给小组成员。其次，在主题班会开展前可进行小组汇报，师生可以通过讨论的方式，以与学生生活联系紧密、有教育意义、与时俱进为讨论依据确定主题班会内容。在此基础上，班主任可组织学生依据主题和内容讨论主题班会开展形式，引导其选择自己感兴趣、有益于其身心健康发展的形式。最后，班主任需对各个小组所做的工作进行评比，使认真完成任务、付出努力的小组和学生个人得到鼓励和表扬，同时以此鞭策部分"浑水摸鱼"的学生以后认真对待每一次班级活动所分配的任务。鼓励学生自主确定班会主题、内容和形式，是要在班主任大胆相信每一个学生的情况下，让每个学生都能发挥自己的才能，以分工、合作、讨论等各种方式使学生参与到活动中，积极建言献策。

第四节　重视德育的理论与实践相结合

德育教育是班级工作的主旋律，是班级管理工作的灵魂。对学生进行思想品德教育，是做好班级工作的前提，它贯穿于班级教育教学工作的整个过程和学生日常学习生活的各个方面，渗透在智育、体育、美育和劳育之中，与其他教育相互促进、相辅相成，对学生的全面发展、培养正确的价值观起着主导作用。班级管理的好坏直接影响着学生的人生观、价值观和世界观的形成。为此，教师要更新教学理念，以学生为班级管理的主体，把德育教学融于班级管理中，培养学生的综合素养。

一、德育与教学结合

将德育与学科教学有机结合，把德育渗透到各科教学中，以此作为德育工作的切入点，并作为德育工作的课题来研究，会使学校各项工作起到优势互补、相得益彰的功效。

（一）开展民族精神教育和爱国主义教育

1. 开展民族精神教育

班主任工作是学校教学工作的重要组成部分，班主任能否做好班级工作直接影响学校的教学成绩和各项工作的顺利进行。为了做好民族精神教育，班主任首先要提高自身的素质，学习跟民族精神相关的各种知识，把自己对民族精神的认识提高到一个新的高度，新的起点。在这基础上，对学生进行以下教育工作：

对学生从小就注重抓爱国主义教育，教育他们热爱祖国，维护祖国统一，维护民族团结,跟各民族和谐相处,时刻准备为了祖国牺牲自己的一切,等等。

加强学生的政治思想教育,对学生进行维护民族团结,反对民族分裂,尊重各民族的风俗习惯、民族传统和生活习惯。进行互相关心,互相帮助,共同进步等方面的教育。

根据班里学生的年龄特点对他们进行民族历史、语言、文化教育以及对社会所做的贡献,即现在的发展等方面的教育。

对学生进行心理学教育,教育学生树立正确的世界观、人生观和价值观。帮助他们培养在碰到困难和曲折时,不放弃,能够调整情绪勇往直前、坚韧不拔的心理素质。

对学生加强法律教育,明确告诉他们什么样的事情违反法律,什么样的事情会对国家和社会有害,才能培养他们从小养成遵纪守法的好习惯。只有这样我们才能为依法治国做出贡献。

加强思想品德教育,培养学生的自我约束能力,努力学习,和其他学生和睦相处,互相帮助的好习惯,在班级和学校努力创造和谐的学习环境,在各班级之间积极开展各项活动,互相学习,取长补短,规范学生的言谈举止,在班级里努力创造公平竞争、宽松愉快的学习环境。

2. 开展爱国主义教育

爱国,历来被看作一种"大节"。中国人民历来崇尚气节,注重情操。爱国主义思想培育了中国人的正义感和是非观,形成了民族的浩然正气,出现过无数仁人志士,如"北海牧羊"的苏武、"精忠报国"的岳飞、"虎门销烟"的林则徐以及爱国诗人陆游等,这些仁人志士至今仍受到人们的称颂。班主任老师应通过讴歌爱国志士和他们感人的事迹激发学生的爱国之情,从而增强学生建设祖国、振兴中华的责任感。

(1)在学科教学中高扬起爱国主义旗帜

毋庸置疑,爱国主义教育的主渠道是学科教学,在各科教材中蕴藏着取之不尽的爱国主义素材,这些素材犹如粒粒闪光的珍珠,但要穿起来绝不是教师在课堂上面无表情地喊几声令学生坠云入雾的"伟大、崇高、优秀"之类的言辞就可以办到的。

无论是语文课中讲到人物形象的美丑、善恶的交锋、故事情节的跌宕起伏,还是历史学科中谈到辉煌灿烂的文明史、卑躬屈膝的屈辱史、忠臣英烈的悲壮和阴险小人的可耻,教师都应用深沉的情感带动学生的情感起伏,使学生如临其境,深感其情。

像这样将爱国主义教育渗透于学科教学中的例子不胜枚举。爱国教育是一个永恒的主题,也是一项千秋伟业,我们应将爱国主义教育与教材内容结合起来,充分发挥各学科的优势,培养学生的爱国情操。

(2)创设情境,激发爱国主义情感

爱国主义情感的渗透是一种心与心的呼唤,心与心的感应,心与心的碰撞,硬性灌输是难以奏效的。这要求教师必须饱含真情,用富有磁性的语言和极具感染力的表情,创设一种情境,营造一种氛围,和风细雨般感染学生的情绪。

爱国主义教育内容的实在性和丰富性,决定了其教育形式的灵活性与多样化,其中最主要的是要让学生在具体的活动中去体验，去感受。因此，教师通过创设一定的情境并开展一定的活动，可以有效地激发学生的爱国主义情感。

开展爱国文艺作品赏析活动。如"读百部爱国故事书""唱百首革命歌曲""观百部爱国优秀影视片""赏百首爱国诗词"等，借助生动的视频形象和荡气回肠、慷慨激昂的文字来激发学生的爱国主义情感。

结合重大节日开展活动。结合清明节、五四青年节、国庆节等节日开展主题鲜明的活动，如凭吊先烈、文艺演出、歌咏比赛、书画展、征文等。这些活动寓意深刻，寓情于景，寓教于乐，可使学生耳濡目染，动心动情。

开展寒暑假社会实践和调查活动。组织学生走出校门参观革命圣地、历史遗迹，访问老红军老战士；还可邀请有关部门同志来校做乡情和形势报告；开展一些爱国实践活动，如"我为残疾人献爱心""我与灾区小朋友心连心"等。这些贴近现实的活动更容易培养学生的爱国主义情感。

（3）以校园文化为载体，开展爱国主义教育

校园文化作为第一课堂的补充和完善，包含了政治、学术、文艺、体育等文化知识，覆盖了学生的学习、生活、娱乐等各个方面。良好的校园文化能潜移默化地影响学生，具有很强的感染力。

净化美化校园。很显然，在一个整洁优雅、妙趣横溢的环境中进行爱国主义教育会显得和谐统一、相得益彰，而在一个纷乱嘈杂的氛围里大讲道理，则显得苍白无力、格格不入。由此可见，激发学生爱国情感的一个必不可少的外部条件即校园的美丽和宁静。

布置环境。环境布置上应突出爱国主义教育主题，在各种宣传阵地（宣传栏、黑板报、走廊、教室墙壁等）张贴国旗、国徽图案、革命领袖和历史杰出人物的肖像、爱国名言等。同时还应充分发挥艺术感染力的作用，用直观鲜明的艺术形象拨动学生的心弦，如油画、壁画、连环画等。有条件的学校还可以建造爱国人士纪念亭和塑像等。

发挥环境作用。让学生留下对美好环境的"感性印象"固然重要，引导学生爱护环境，人人动脑、动手，积极参与建设也不可忽视。因为在这些活动中，包含着许多陶冶学生情操的契机。

爱国主义是中华民族的光荣传统，是推动中国社会前进的巨大力量，是各族人民共同的精神支柱，是社会主义精神文明建设主旋律的重要组成部分，同时也是我国培养四有新人的基本要求。弘扬和培养爱国主义精神要与时俱进，爱国主义精神的内涵需要随时代的发展而不断丰富、发展。作为一个教育工作者，应把握时代脉搏，抓住教育契机，弘扬民族精神，更新教育内容，增强初中生的爱国意识。总之，爱国主义教育是中学教育工作者尤其是班主任工作必不可少的重要内容。

（二）扎实推进养成教育工作

养成教育是学校德育工作的中心内容，是形成良好校风、学风的关键，良好习惯的培养是学生健康成长的需要，然而良好习惯的养成不是一蹴而就的，需要一个漫长的过程，

更需要我们做一系列深入细致的工作。

1. 组织活动，树立意识

良好的习惯是知行结合的结果，教师培养学生的好习惯，应先从思想上树立意识，让学生明白为什么这样做的道理。班主任在教学时，可以组织一项专门活动，开展具体教学，下面就一个"拒绝零食，杜绝垃圾"的主题班会活动具体展开，班会议程可以如下：

首先出示幻灯片并用导语引出问题。引入方式尽量贴合实际，可以用以下语句导入：每天清晨，当我们迎着阳光，怀着愉快的心情踏进我们优美的校园，走进宽敞明亮的教室，我们是多么喜欢这整洁美丽的校园啊！然而在这美好的背后，还有许多与校园文明格格不入的行为正在校园的某一个角落上演……

班主任出示数张乱扔垃圾与环保不协调的图片并讨论校园垃圾的主要来源，引导学生说出校园的主要垃圾：果皮、坚果壳、落叶、塑料袋、纸屑等。

班主任用幻灯片显示某零食的生产环境及流程，让学生目睹并明白零食的制作环境极其简陋，无任何卫生防疫措施，食品原料上带有很多的细菌甚至病菌，严重影响同学们的智力与健康，让同学们意识到吃零食的危害并拒绝零食。

最后讨论"拒绝零食，杜绝垃圾"的方法。在学生讨论后，班主任老师可以给出总结：校园环境关系到我们每一个人，所以我们要像爱家一样爱护校园，从你我做起，拒绝零食，不乱扔垃圾，建美丽和谐校园。

2. 以身作则，树立榜样

首先，"身正为范"，榜样有着无声的力量，是孩子习惯的典范。因此，学生打扫卫生时，班主任老师要一边指导，一边做示范。比如：教室清扫后用拖把拖地，教师就手把手地教他们拖地，并解说拖地的方法："应该先扫后拖，半干半湿逐步拖，拖竖不拖横。"同时边说边做"弯弯腰捡张纸，动动手摆桌凳"。若看到地上有纸屑，教师就不动声色地走过去捡起来，这时，凡是看到老师这一举动的学生会不由得朝自己的座位下面瞅——看看有无纸屑等垃圾。这既是一种榜样的力量，也是一种无声的批评，应该说，这是一种艺术的批评。所以打扫卫生时班主任老师尽可能地当"战斗员"，而不是当"指挥员"，和学生们"同甘苦，共劳动"。"大道无痕"，教育的"大道"自然也应该是"无痕"的。其次，在工作中，如果班主任发现一些女同学打扫卫生比较积极并且在做好自己事情的同时还不忘提醒本组的男生，教师就大力地表扬这部分女学生。"榜样是一把尺子，一盏明灯"，把孩子们身边的同学作为典型，以典型引路，抑制不良行为。

3. 循循善诱，持之以恒

一种良好习惯的养成有一个过程，需经常性地进行诱导，训练；一种不良行为的纠正，也需反复地进行指导、教育。所以对学生的养成教育要有耐心，要持之以恒，因为"习惯成自然"是需要时间的。作为班主任老师，应该坚持每次进教室看看走廊、教室的地面，有垃圾就伸伸手、弯弯腰，立刻捡起来。将这一简单的事情重复地做，就自然会对学生产生潜移默化的影响。

4. 开展评比，激励上进

在养成"不吃零食，不乱扔垃圾"的习惯的过程中，班主任老师要始终坚持正强化的原则。对学生的优良行为要强化，不良行为要淡化，对好习惯用加法，坏习惯用减法。这样更容易形成学生的优良行为。身为班主任要有一双发现美的眼睛，一张传播美的嘴巴。因此，班主任发现良好习惯，只要有机会就要不吝啬地表扬。在教室的墙壁上可以贴一张"我行动，我收获"的表扬栏，班里同学分成了多个小组，每个小组有自己的组名，卫生打扫每周一组承包。每周一做卫生检查结果通报，哪一小组的卫生检查结果是"清洁"的话，就给此小组贴上一张苹果笑脸，如果是"最清洁"，就贴上两张苹果笑脸。其次，在平时只要发现教室及走廊干净无纸屑，班主任就及时竖起大拇指，肯定这一小组今天卫生打扫做得好，随即给此组贴上一张苹果笑脸。

班主任要尽可能地创造一切机会，来欣赏学生的好行为。比如：每周五的阅读汇报，每个小组派一名代表，只要站在台上讲，就奖励数量不等的苹果笑脸；统计某一次作业交送哪些小组交送按时又齐全，奖励苹果笑脸；统计某一周哪些小组无一人迟到的，奖励苹果笑脸……在教育教学中，班主任尽可能地以表扬欣赏为主，以批评教育为辅。把同学们身上的闪光点变成大光环。班级在这样一个个美好的光环的映照下，他们的好习惯会得到一次次的正面强化，同学们自然会变得积极向上，良好习惯也就水到渠成。

（三）营造良好的班级氛围

好苗离不开沃土，学生成绩的提高，肯定离不开良好的学习氛围。班级是学生最重要的成长环境之一，班级学风直接关系到学生的发展。营造健康、和谐、奋发向上的班集体，对学生具有潜移默化的教育影响力和感染力。

1. 良好学习环境的建设

班主任要营造良好的学习氛围，离不开环境的布置。比如有的老师就提出，让每一面墙壁都说话。这些具体的做法老师们都很熟悉，学校里也有具体的要求，比如在教室里张贴具有激励作用的名言警句，如"业精于勤，荒于嬉；行成于思，毁于随""黑发不知勤学早，白首方悔读书迟"等，激励孩子们学习，久而久之这些思想就会内化为他们自身的意识。有的班主任在教室里布置图书角引导学生们读书，在走廊展示学生们的特长风采，增加他们的自信。一个比较好的做法是把学生们自己写的格言挂起来装饰教室。学生每天走来走去都能看到自己的话都被当成名言了，那是什么感觉，学生的自豪感和上进心一下就激发出来了。总之，要想尽办法把教室及周围的环境都赋予教育功能。

2. 确定目标

一个班级没有目标，它将失去航向，要把班级目标张贴在班级显眼的地方，时刻提醒同学们。班主任还要把班级的目标分解到每个同学的身上，尤其是在每次大型考试之后，班主任要带领学生分析成绩，查找原因，同时制定下一步的目标。不断强化学生的目标意识，引领和督促学生为自己的目标而奋斗，并且让他们在奋斗中找到成功和快乐。苏格拉底就说过："世界上最快乐的事，莫过于为理想而奋斗。"考试之后可以用学生目标和行为习惯养成表,这个表格分三部分:第一部分是一个月后的目标,第二部分是为了实现目标每天需要做到的事情,第三部分是一个自我检测评价表格。

3. 培养班级骨干力量

一个良好的班集体,必须拥有一批团结在班主任周围的积极分子,组成班集体的核心。有了这个核心,才能带动全班同学去努力实现集体的目标。一个班的集体面貌如何,很大程度上是由班干部决定的。班干部对班集体有着"以点带面"和"以面带面"的作用,他们是"班主任的左右手",也是同学们的好朋友,能用好班级骨干是形成优秀班集体的一个重要条件。良好学习氛围的创设离不开班干部的参与。班主任的很多思想教育通过他们的传播示范不断影响到全班同学,他们在班级有话语权有影响力,他们是班级主流意识的代表。所以班干部的选任是一项关键的工作。班主任一定要选出那些热爱学习,乐于助人,责任心强,在同学中有威信的同学作为班干部,把他们树立为班级的学习榜样,让他们在班级中传播热爱学习、积极向上的能量。与小组合作学习的形式相结合,班干部通常也是组长,在小组活动中他们本身就是学习的领导者、参与者,也是合作者和监督者。每周召开小组长会议。指导他们如何开展小组合作学习,如何影响其他同学,就是在建立一个个的学习堡垒。

4. 小组合作学习,共同进步

"小组合作学习"这一教学模式的应用给课堂教学注入了活力,它不仅可以使师生之间、学生之间更有效地进行语言交际,而且还可以培养学生的合作意识、团队精神,进而促使学生相互学习,共同进步,有力促进课堂效率的提高,也在不断提升学生们的学习兴趣。班主任要利用小组的合作来促进学生们学习,更要利用小组的竞争来激发学生们的学习。

二、德育与日常管理结合

(一)融德育教学于班级纪律管理中

新时代的素质教育要求在班级管理中强调德育教育,实施"以德育人"的教学战略,把德育教育融于各项教学活动中,从根本上提升学生的素质。当前,素质教育和新课标要求课上课下的班级规范有序。因此要告诉学生,一心不能两用,上课时要认真听讲,要尊重教师的工作,尊重教师的教学行为。另外,要告诉学生"尊重别人就是尊重自己",尊重了教师的教学工作,你就在学识上有所收获。而在该活跃的时候,要互动交流,告诉学生交流是为了消化知识、取长补短,能够提升自己的学识,只有这样才能够逐渐提升自己的素养。将德育教育融于班级管理,势必能够打造优质的高效课堂。教师需要通过各种手段管理好班级,规范学生的言行举止,让学生之间和睦相处,使班级形成良好秩序。

1. 学校纪律的德育价值认识

(1)家庭教育无法完成的任务

学校德育要培养孩子学会对规范的尊重和履行其义务,这样一种训练在家庭中是非常不完善的，必须由学校来培养。尽管道德健全的家庭对孩子的道德生活做了必要的准备，但是，它并不能有效地帮助孩子适应学校纪律，更无法达到学校纪律所旨在培养的"对规范的尊重"的德育境界。今天的三口之家，家人之间都非常亲密，家庭中总有一种自由自在的气氛，为了温馨的家庭环境，他们会互相迁就。家庭成员的义务，不可能通过那些始终适用，并以同样方式适用的明确条规一劳永逸地得到确定。这些特征，决定了孩子入学后对"规范的尊重"的德育能力需要学校教育来培养。

（2）学校和课堂拥有自己的道德

人们通常在想象学校纪律时，赋予其更多的是管制功能，进而忽视了其本应拥有的德育诉求。有些学校或者教师找到了一种能够保证课堂在表面上平静与有序的简单方法，学校纪律由此演化为推进学生管理工作四平八稳地滚动下去的手段。这种手段往往是带有强制性质的，它的目的就是使教师很容易整齐划一地完成其任务。我们抵制这样单一的做法，因为这样一种体系在学生心中唤起的是对学校和教师的敌意，而非应该能够刻画师生关系的那种"温情脉脉的信任"。学校或者课堂都是一个小社会，它们有自己的道德，这种道德与它的规模、各个要素的特征以及它的功能相适应，这既是很自然的，也是必要的，学校与课堂的纪律便是这样的道德。

（3）学校纪律的真正功能

学校与课堂的纪律是围绕学生学习的义务展开的，要让学生肩负起学习的职责。学生们必须按时上课，他们必须守时，还得有适当的举止和态度，在课堂上他们不可以捣乱，他们必须学完他的功课并完成家庭作业等。因此，有许多义务需要学生去承担，所有这些合在一起，就构成了学校与课堂的纪律。我们期望能够通过对这些纪律的实践，培育起学生们心中的美好德行。可以想象，学校或者课堂规范无法以像家庭规范那样的灵活性来顺应或者提供各种各样的环境，这种规范不能迁就特殊的气质，更多关注的是理性而非学生的感受。尽管我们时刻警惕学校纪律对学生容易造成的伤害，但是依然有必要使学校纪律保持其应有的一切，并充分地发挥它的功能。因为，只有这样，学校教育才可以在富有感情的家庭道德与更严格的公民生活道德之间起到中介作用。只有尊重学校规范，学生们才能学会尊重普遍规范，才能养成自我约束和控制的习惯，这只是因为他们应该控制和约束自身。这便是学校纪律的真正功能。

2.学校纪律德育价值的实践

（1）规范

当教师从根本上和细节上检视必须强制执行的行为规范时，学生们则往往认为这些规范是让他们恼火的过多、过分的要求。此时，教师要提醒自己，规范的目的不是强制他们执行，而是帮助他们履行在学校里理应承担的义务，这些细碎的义务他们必须尽心尽力地去完成，这是他们应该具备的德行。如果在一个特定的班级里，违抗纪律造成了部分的道德败坏，教师至少可以期待它只是一种暂时的现象。然而，如果这种混乱又成为普遍的趋势，从舆论和经验来看，整个班级的名声可能都要被破坏了，那就会冲击到公共道德，这是教师必须要禁止和避免的。

一方面，学校或者班级的生活有必要通过规范的约定在很大程度上固定下来；另一方面，把规范搞得极为琐细，也是没有必要的。学生的态度、举止，他们走路或者听课、背诵课文的方式，他们写作业或者记笔记的方式等，都无须预先精确地规定。因为，如果规范这样扩展开来，学生就会感受到这些规范对他们的约束和滋扰，而无奈和消极的服从将最终消磨掉他们身上最为可贵的创造精神。在学校或者课堂里，教师需要抵抗自己，抵制可能会滥用纪律的本能倾向。

为了培养学生对规范的履行，用强力实施纪律或使他们机械地服从，都是不合适的做法。教师必须要引导学生感觉到，在这些规范中，究竟什么是他们应该自觉遵守的东西。学生必须感受到规范中的道德权威，这种权威为规范赋予了值得尊敬的价值。学生的服从除非是一种内在的尊重感的外部表现，否则就不是真正合乎道德的。这种意识和能力的具备是教师能有效发挥学校纪律的德育价值的基本前提。

（2）暗示

涂尔干的儿童心理学思想认为，孩子至少存在两个与生俱来的本性使他非常容易接受教育的影响，其中一个就是容易接受暗示影响的特征，学生对教师的暗示几乎是完全开放的。学校的纪律规范必须通过教师展示给学生，规范本身并不具有什么权威，除非教师为它赋予了权威，也就是教师要把这种权威的意念暗示给学生。

含而不露的期望具有无穷的教育力量。它是一种含蓄的期待，是一种信念的点燃，是一种"自我诱导"。真正的道德教育，不是把社会现存的道德规范和行为准则灌输给学生，使学生成为一个个"美德的集合体"，而是启发和唤醒学生的道德自觉和道德良心，使学生树立道德理想，领悟人生真义。而"启发"和"唤醒"的方法就是暗示期待。教师用含蓄、抽象诱导的间接方法对学生的心理和行为产生影响，能够有效诱导学生按照一定的方式去行动或接受一定的意见，使其思想、行为与教师期望的目标相符合。如有的老师在集体场合对好的行为进行表扬，就对其他同学起到了良好的暗示作用；有的老师常常针对学生的某一缺点和错误，选择适当的电影、电视、文学作品等同学生边看边议论，或给学生讲一些有针对性的故事等，都能产生较好的效果。

（3）坚决与坚信

学校纪律在本质上并非是学生易于受教或者是节省教师时间和精力的简单程序，而是一种道德教育的工具，这种教育取决于教师的决心。为此，教师在传递或者执行规范时必须做到果断，应该具有某种意志力。犹豫地使用规范，将极大地削弱学生对规范的信任，这是教师在执行规范时值得注意的问题。同时，学生并不是成人，教师应该按照符合学生作为一个孩子的天性的方式来对待他。此时的德育意义引导不过是一个开端，一种最初的介入过程。教师的权威要用慈爱来调和，从而使严格和坚决永远不至于堕落为粗鲁和严酷。

最本质的是教师要在自己身上找到对规范的感受，必须发现自己身上存在必须传达的权威，而且也要传递对这种权威的感受。那么，教师的权威从哪里来呢？来源于某种有形权力和拥有奖惩权的权威其时效性都是有限的，真正的教师权威来自教师的内心深处。一是教师要相信他的任务及任务本身所具有的伟大性，引导学生与教师一起"为伟大事物魅力所凝聚"。教师是他的时代和国家伟大的道德观念的诠释者。二是教师要尊重和忠实于自己的职业角色。这种尊重又通过语言和手势从他的心灵传递到学生们的心灵，铭刻在他们的内心。

（4）共同遭遇

教师作为学校或者课堂纪律的代言人，他所扮演的个人角色极易使学生产生一种必须予以警惕的误解。那就是学生会狭隘地把规范与教师个人联系起来，把具体的学校或课堂规范当作是教师意志的表达。为此，教师不能把规范表现为像他个人制定的准则，而是表现为一种高于他的道德诉求，他不过是这种道德权力的执行者，而不是它的创造者。

教师必须使学生明白，规范不仅强加给大家，也同样强加给他本人。教师也不能随意取消或者修改规范，他也必须去适应规范的要求。只有在这种条件下，教师才能唤起一种感情，在当今倡导和践行民主精神的学校里，这种感情就会成为公共良知的基础。它启示学生理解规范是学校与课堂生活中每个人相处的需要，而并非某个或者某些特殊个人的意志体现，这样学生的心灵就自然会逐步地掌握某种普遍和抽象的规范观念，并以这种方式尊重它。

这便是教师与学生在规范面前"共同遭遇"的道德价值和意义，要实现这样的诉求教师必须放弃专制和灌输，而以更具德行的方式与要求跟学生相处。如果教师漠视这一任务或者逃避其挑战，学校或者课堂纪律就无法实现其本应具有的德育功能，也无法为学生在后续生活中的规范履行奠定认知和行动上的基础，显然，这与学校给出的培养社会需要的人才要求是相违背的。

事实上，学生相信规范是因为他们相信教师。他们尊重规范是因为老师声称规范值得尊重，老师也尊重规范。但是，一旦学生看到存心偏离规范之举，而老师竟然不加以干预，这样一种容忍就会严重削弱规范的影响力，使学生觉得老师不再以同样的信念相信和尊重规范，这不但会从根本上动摇纪律，还会引发真正的道德损害。因此，在面对某种违规行为时，教师必须斩钉截铁地证明，他的感情没有变化，他的承诺一如既往地坚定，规范在他的眼里依然是规范，其价值分毫无损且仍然尊重它。

（5）惩罚与奖赏

不存在任何没有制裁的规范，学校或者课堂纪律也一样。这种制裁有两类：一是惩罚，一是奖赏。惩罚虽然不能赋予纪律权威，但它可以防止纪律失去权威。非常真实的情况是，惩罚有补偿过失的作用，可以纠正因过错而产生的恶。关键的问题不是学生在惩罚中遭受痛苦，而是他的行为受到了严厉的责备。唯一能够造成补偿效果的，正是这种针对特定行为的责难，它使学生对自己的行为是否违背规范进行确证，并告诫他某种应该服从的规范。

既然惩罚就是斥责，那么最好的惩罚便是尽可能采取最富有表现力的、代价又最低的方式进行责备，这便是惩罚的本质所在。其目的就是规范与学生的义务受到侵犯时重新来确认是否违反规范或者尽到义务，从而对学生形成有效的强化。一切无益于这个目标的做法，都是不道德的。

惩罚中的体罚是责备的一种暴力体现，在今天已经成为一种十分严重的道德障碍。因此，学校惩罚中禁止体罚是正当的。道德教育的首要目的就是在学生身上激发出一种人类尊严感，体罚则使其陷入了道德混乱的境地。除了禁止体罚，还必须禁止所有可能伤害学生健康的惩罚。惩罚要越来越多地渗透人道，要越来越成为一种教育的再造。

有时，惩罚的方式比惩罚本身还要重要，教师要掌握一些惩罚的艺术。比如，绝不在生气时惩罚学生。这种情况足以使惩罚失去信用，失去全部的道德含义。教师必须要让学生感受到惩罚是深思熟虑和冷静判断的结果。教师要防止自己草率决定，要给学生在违规与受到惩罚之间进行反思留有必要的时间间隔，不管这段时间有多短。如果是在班级里实施惩罚，教师也要帮助班上的同学们理解该惩罚的实情。再比如，要防止过度冷静和冷漠的惩罚。惩罚就是责难，责难就是抗议，它应该表达被学生违规行为所激起的强烈反感，此时的指责带有不满的情绪是需要的。过度冷静和漠视使惩罚不带有一丝感情，也就失去了一切道德内容。因为学生只看见了惩罚，别的什么也没有看见，也就起不了任何内在的效果。相反，它还有引发更多反叛的危险。因此，教师要保持对惩罚的敏感，必须在实施惩罚的过程中把自己对学生违规行为的感受加以情绪或者情感的公开表明。

与惩罚相比，奖赏在道德教育中所起的作用明显要小一些。在学校里奖赏主要被当作激励智力的手段来使用。好的成绩、分数、奖项以及荣誉都是留给最聪明的学生，而不是留给最正直、最敏感的良知和美好的心灵及性格等品性。惩罚涵盖了学生所犯的全部过错，而奖赏却远未扩展到学生所能做的一切好的值得表扬的事情。学校里的一切似乎都是为了促进智力竞赛，而没有设计出任何东西来促进道德竞赛。教师给予德行良好的学生以友谊和关爱便是最好的奖赏。

（二）融德育教学于卫生管理中

新时代的学生虽然受家庭和社会风气的影响，有自己的卫生意识，但"以个人为中心"的个体意识有可能造成对班级卫生的损害。为此，班级内的卫生需要教师通过德育教育来引导，让学生认识到班级的卫生情况不是哪一个学生的事情，维护班级卫生是每一位同学的责任，并让其形成爱干净讲卫生的生活习惯。比如，对于丢垃圾、随地吐痰等不文明行为，要及时纠正，并且告诉学生，好的卫生习惯会受益一生，坏的卫生习惯则会带来疾病，影响身体健康。在卫生管理中融入德育教育，不仅对班级工作有好处，而且对于形成干净卫生的教室环境也有积极意义，且能够培养学生的责任感。

（三）融德育教学于主题班会中

班会是一个班级正常运转的工作流程，也是德育在班级管理中的集中体现。而德育管理是中学班主任教学工作的重要一环，是提升学生道德品质，促进学生身心健康成长的重中之重。作为一名优秀的班主任，必须积极转变教育观念，落实立德树人的教育方针，引导学生开展德育主题班会活动，提高学生的自律能力，提升学生的心理健康水平。因此，中学班主任要在日常教学管理中优化班风，促进学生个体的良好发展，提升班级整体德育水平。

1.转变传统观念，坚持以学生为主体

在新课程改革的背景下，班主任首先就要转变自己的传统观念，充分激发学生的主观能动性和积极性，让学生在班会中更加活跃，积极表现自己，引导学生在班会中进行自我表达，让学生在班级德育主题班会中认识到自身存在的不足，从而有针对性地进行自我改善。还要求班主任管理工作要坚持学生主体地位，将学生放在工作优先地位来处理学生的德育问题，从而树立学生正确的三观。

首先，在德育主题班会中会遇到和学生产生分歧和矛盾的现象，此时就要求班主任要以学生为主体，包容学生，换位思考，学会体谅学生。班主任还要注意在开展德育主题班会时要在学生主体性的基础上，巧妙地避免冲突的发生，动之以情，晓之以理，让学生得到思想层面上的教化。同时，德育主题班会和学生的生活以及个人心理发展情况息息相关，这就要求班主任在进行德育主题班会工作之前充分了解学生的想法和生活情况，分析学生的不同心理发展水平，联系学生的日常生活情况，开展有针对性的、精准的德育主题班会活动。在这个过程中，少不了对学生主体地位的认同，只有这样才能尽可能地从实际情况出发，以高效的德育方式取得良好的班会效果。在设计主题班会的时候，还应该根据学生的发展需求和身心特点，给予学生更多的主题选择，让学生选择合适的德育主题内容，这样既可以提高学生参与的积极性，还可以满足学生的学习需求，使其充分融入主题班会活动中，最大限度地发挥班会的德育作用，实现主题班会的预期目标。

2.选择适合班级实际的主题班会内容，制定德育主题班会特色方案

在开展主题班会的时候，班主任应该对德育主题班会有一个整体的方向认知，并且能够在制定德育主题班会特色方案的同时，融入符合实际的德育教学内容。通过确立班级德育主题的教育目标，将德育知识充分渗透到班会活动中，实现班会的德育功效，从而逐步提高学生的思想品德修养和文化素质。在主题班会中，班主任应该积极将德育知识融入班会开展的每个流程中，使班会主题教育内容更加丰富多彩，让学生在班会学习和参与的过程中，逐步受到德育知识的良好影响。在实际的班会开展过程中，班主任还应灵活地根据实际情况进行调整。另一方面，在开展主题班会的过程中，要激发学生的学习积极性。为了实现这样的目标，班主任应该和学生一起制定合理的、有特色的班级德育主题班会方案。在确定班会主题目标的同时，制定实施过程和人员安排的计划，给每一位学生布置相应的任务；班主任还应有充足的准备，解决学生在班会中提出的各项问题；还要对班会中出现的意外情况随机应变等。在开展主题班会的过程中，班主任可以让学生策划主题班会环节和班会实施方案，然后自己再根据班级实际情况进行调整和补充，使其更符合班级实际的教学要求。

3. 德育主题班会具体案例

处于青春期的中学生，相对于其他阶段的学生来说更加敏感，或多或少存在着心理上的一些问题。在这个时期，学生容易出现心理和行为上的偏差，如果班主任不能对他们进行正确引导的话，就会导致学生学习积极性下降，甚至养成不好的行为习惯。在实际的教育过程中，有些学生喜欢将自己的心理问题隐藏起来，不愿告诉别人。因此，班主任要在班级管理过程中细心观察，并主动地与学生进行沟通交流，缓解学生的心理压力，对学生进行健康的行为引导。为了能降低学生心理方面的负担，班主任可以开展以中学生心理健康为主题的德育班会。在班会中，将一些中学生心理问题的具体案例作为德育的渗透内容进行分析，提出自己想要提的问题，然后班主任通过分析具体学生的问题，使学生认识到心理健康对于自己成长的重要性。在班会教育过程中，班主任还要对学生进行有针对性的教育，例如有学生在中学阶段出现早恋、沉迷电子游戏和小说、爱打群架以及不爱学习等情况，班主任就要通过设立相关主题的班会对学生进行正确的行为引导，让学生能够辩证地看待相关的行为问题。对于早恋的情况，班主任可以通过具体的案例进行分析，让学生明白早恋的危害，清楚地认识到自己的行为存在的问题；对于沉迷电子游戏和小说的学生，班主任可以通过循序渐进的过程对学生进行引导，使其能够摆脱电子游戏和小说构建的虚拟世界，明白沉迷电子游戏和小说对自身身体健康的危害，从而引导学生更加积极地投入到学习中，为学生未来的发展打下良好的基础。

4. 构建多元化的德育评价体系

德育评价是学校德育工作中的重要组成部分，关乎学校德育实施的有效性。但现实情况下，有些学校对德育评价的认知及实践存在一定的误差，导致出现了学校德育评价体系与现实发展状况"脱轨"的现象，德育效果便有所下降。为此，加强学校对德育评价形成正确的认知，真正落实到行动上，不断完善德育评价体系迫在眉睫。学校德育评价到底评价什么，有些学校在对这一问题的理解上存在一定的缺陷，在实践中一定程度上脱离了德育评价本身包含的评价内容。事实上，在德育评价中，教育对象是主要评价内容，德育的结果至关重要，德育的过程也是不可或缺的关键因素。对此，教育者应该重视德育评价内容的扩充与完整，使德育评价内容多元化。

具体来说，一是参与德育教育的对象，即教师、学生以及除此以外的其他德育教育参与者，也就是说德育评价不仅要对学生进行评价，还要对教师等其他教育参与者进行评价。二是从德育的整个过程来说，首先要对德育中的人做诊断性评价，即学生在接受道德教育时，要对学生本身的知识、情感、技能等状况进行预测，了解学生的知识基础和准备情况，考查学生原有的道德水平。其次要在德育进行时，对学生"学"的过程进行评价，即学生学习的过程是否完全经历学习、强化、反省、修正等阶段。同时还要对教师"教"的过程进行评价，即教师进行德育教育时是否遵循中学德育原则，所使用的德育方法和途径是否合理，是否适用于中学阶段的学生。最后还要对德育教育的结果进行评价，即德育活动的开展对学生的道德有无提高和强化，教师所设计的德育内容是否具有教育性和道德性，对德育资源，如多媒体资源等教学资源的使用是否充分，整个过程的运行是否有制度保障，使其平衡和稳定发展。对德育评价内容的明确并不能说明学校德育评价内容体系的完善，更重要的是，在明确评价内容的基础上，以一定的评价标准为依据，尊重评价对象的特性和需要，寻求和使用理性的分析方式，进行恰当、合理的德育评价。对学校德育评价内容进行全面的审视和重整，有利于学校德育评价内容的完善和系统化，也有利于构建科学完善的学校德育评价体系。

班主任德育管理是一个需要长期努力的过程，作为一名班主任，要及时发现学生存在的疑惑和问题，积极开展德育主题班会，并帮助学生解决生活上面临的诸多道德层面上的问题。因此，中学班主任要不断实现自我管理水平的提升，注重在班会中进行道德观念的渗透，从而整体提升学生的道德水平，促进学生全面发展。

三、德育与道德知识结合

（一）道德知识的情境化教学

德育在生活德育理论的指导下，其教材中的道德知识主要以"主题"的形式加以呈现。这一形式既整合了道德的概念、原理、规律等理论性知识，也涵盖了具体的道德原则、具体规则等规范性知识，还包含了风俗习惯和道德行为方式等日常实践性知识。这一方面使抽象的道德知识构成了课本内容的主体支撑，另一方面又采取个人叙事的方式，将知识融入事件、观点、评述等多种生活载体形式之中。

课堂教学中教师通过对教材或生活素材内容所组成的"话题"进行挖掘和展现，以引导的形式引起学生对现实问题的体验、反思和评价，在联系学生经验的过程中，将抽象的道德知识具体化，从而使学生自然地理解道德知识。

（二）道德知识的冲突性教学

生活是复杂的，时刻充满着冲突和矛盾。个体道德之所以会成长，是对道德矛盾解决的结果。当个体解决某个自己认知结构中尚未包容的冲突性内容，这种冲突性内容会被纳入自己已有的认知结构中，从而为以后遭遇到的类似冲突，做好前提准备。生活又是"连通"的，类似的情境会在生活中一再上演。当个体掌握解决这类情境冲突问题的原则、尺度等内容时，就可以从容应对生活中类似的情境冲突。从中我们可以看出，冲突和矛盾在个体成长中扮演着重要的角色。

生活中当我们面对挫折和失落，别人所传达给我们的总是"要乐观、要坚强、会好的"等蕴含正面和积极倾向的态度和情感，而这些正能量的传达却是始终未能脱离"冲突"的藩篱。而反之，如果我们一味地回避冲突，面对挫折和失落，我们拒绝"乐观"，逃离"坚强"，否定"会好的"。不难想象，个体所需的道德成长能够实现吗？恐怕只能使个体逃离现实，逃避困难和挑战。

当前处于社会转型期，一方面传统道德价值的指导作用日渐式微，另一方面新的道德价值体系尚未成型。面对生活中的冲突和矛盾，个体早已形成了道德困境，困境的解决与否，以何种方式解决，这些内容成为制约个体道德成长的关键。而这些问题无一不源于个体的道德认知冲突，无一不是个体可能随时都会遭遇的道德困境。课堂教学要"回归生活"，就需要回归生活的冲突和矛盾，脱离冲突和矛盾的回归，只是雾里看花、水中望月。恰如有学者所言，"首先就要让学生直面生活世界的矛盾、冲突和变异，否则德育的生活化只会停留于肤浅的、形式主义的水平"。

生活德育理论下的德育教材编排一改传统集体叙事的风格，采取个人叙事的方式来呈现教材内容。这种叙事方式，紧密联系生活实际，具有生活逻辑性。观点评论、记者问答、典型案例等生活性内容成为了教材的亮点。而这些内容又无一不与生活事件直接关联，生活事件则构成了德育教材的主要内容。

德育课堂教学引入的典型案例、生活事件，创设的情境体验活动等反思性、体验性内容都具有事件的性质。既然是事件，则事件之中就蕴含着冲突。当前的课堂教学对于事件运用的误区就在对事件冲突过程的规避与忽略。有些冲突的选择并非课堂学生亲身经历后的抉择，而只是作为学习和印证既定价值知识的材料，在印证的过程中，事件冲突选择的复杂过程被完全抽离了。而抽离了复杂事件的抉择过程和抉择过程中的丰富情感所形成或需印证的道德知识，其内容建构无论多么合理，都难以直接调动个体丰富的经验，形成深层次的体验和多层面的理性反思。而这也将直接导致冲突事件对道德知识的印证流于形式，而无法走进学生的内心。简言之，课堂教学中的冲突事件，需重视对其冲突过程的情境创设和多层面解读，以冲突过程贯通道德知识。

（三）道德知识的反思性教学

分寸是日常生活语词中一个常用词汇，指"说话或做事的适量标准或限度"。当一个人能以恰当的方式来处理具体问题时，我们常说他做事有分寸。若个体处理的是道德问题，我们则可以说他有道德分寸。道德分寸的形成既需要个体熟练掌握情境化的道德知识，也需要个体直面生活中的冲突和矛盾。它是"个体""知识"与"矛盾"三者相互建构的结果。然而在日常生活中，个体若要掌握道德分寸却也并非易事，它需要个体经历大量的冲突事件，并从事件经验中抽象出具有情境适用性的道德规范，乃至伦理精神。单就道德原则被抽象出的过程本身而言，它就要受到现实多方面条件的限定，既要受到个体身心成熟程度的限定，也要受到社会多元价值影响的限定，还要受到人、事、时等客观因素的限定。即便是面对具体道德问题，生成具有情境问题针对性的具体分寸，也要受到生活现实性因素的制约。因为个体"在进行道德选择时很难摆脱利害关系的羁绊"，再加上生活道德具有自发性、破碎性、随意性等特征，使得个体对道德分寸的把握，更是难上加难。真实生活情境直接制约着个体道德分寸的有效掌握。

德育课堂教学是学校育德的重要途径和方式，其创设的情境是虚拟道德情境。这种情境是基于学校德育需要而人为优化创设且具有典型意义的道德环境或场景。"人为优化""典型意义"是这一情境的突出特征。这一情境下的道德知识教学则能突破现实生活中诸多因素的限制，将具有情境适用性的道德规范和各不同时空、情境、年龄阶段中的道德冲突或矛盾，都一并纳入课堂情境。在教师的引导下，让学生的已有经验与规范、冲突之间进行充分的互动、对话和反思，从而把握道德分寸。

课堂教学要充分把握学情，如此开展的德育教学才更具有针对性。顺同此理，对于"经验、规范和冲突"三者之间的互生关系，我们也需要详细分析。首先，就学生的经验而言。德育教材中的许多知识，例如关于勇敢、诚实、信用、关爱、坚强等内容的德行知识，学生早已通过日常生活的电视媒介、朋友交往、父母教育等途径获取了不同程度的理解。这也意味着，当学生走进课堂，走进教学时，他们其实完全可以从自我经验出发，以自己个性化的理解与教学过程中的教师、文本、同学等进行对话。当然这种对话并非传统一问一答式的问答式回答。而是蕴含着内在的个体思考性和外在的文本评价性的对话。它一方面以学生的反思性评价为基础，另一方面又以学生间的互动性评价为生成内容。个体就在评价性对话中感悟冲突，在评价性对话中反思经验，在评价性对话中印证或修正对规范的理解。其次，就规范和冲突而言。学生要进行评价性对话，经验固然是对话的基础，但规范和冲突才是对话内容的核心与关键。个体需要直面规范和冲突，当然在课堂教学内容中，规范和冲突两者以事件为统一形式，直面规范和冲突也即直面事件。

学生在教师的引导下，通过对事件的多维解读，从而引发他们的深层次思考。当学生将这些思考的内容化作评价性的语言，彼此互动交流时，"经验、规范和冲突"三者之间就会相互建构。个体的道德分寸也就在这些评价性对话中生成。具体到课堂教学实际，学生个体道德分寸的生成可以从如下两方面着手：一是教师要对道德事件进行多维化、深层次、多角度的问题设计，使之具有全面解读冲突问题和生成性地印证道德规范的可能。二是充分激发学生已有的经验，让评价性对话成为孕育个体道德分寸的源泉。

（四）道德知识与道德行为的合一化教学

道德知识本身的情境化，使得道德知识具有直接指导道德问题的适用价值。而在个体经验参与下对道德事件冲突过程的解读，也使得事件能够带给学生以深层次体验和多层面的理性反思，道德知识也在这种解读冲突的过程中，形成了丰富、灵活和具体的含义。同时道德分寸也在"个体经验、道德知识和解读冲突"这三者的融合建构中生成。个体道德分寸的生成可以保证个体能以更好的方式来处理生活中的道德问题，进而使个体能更好地适应生活。但个体对道德的需求性，并不仅仅是为了适应生活，为生存之所必需；个体还需要超越生活，对幸福生活，乃至更高境界生活进行追寻，借以更高的境界生活来审视生活现实，从而具有圆通的人生智慧。

由道德知识而生成人生智慧，这是学校道德知识教学的应然诉求。而这种诉求达成的关键便是道德境界，个体借由对更高道德境界的追寻从而逐渐向道德智慧靠拢。但个体对这种境界的追寻却远非易事，纵观当今教育，学校德育在功利主义、科学主义、学科化等思想的影响下，使原本应追求长效效果的道德教育，沦为单纯知识教育的附庸。即便在新课程改革理念遍及学校角落的今天，德育生活化依旧是学校道德教育所追寻的目标，而并非常态。在现实生活中，人总是生活在一定的境界之中，不同的人生活于不同的境界之中。

境界始终指引着个体的发展方向。可以毫不夸张地说，人的生活也即人的境界。恰如有学者所言："教育应该将人生境界问题纳入到自己的视野之中，致力于强化人们不断地提高自己人生境界的愿望，帮助他们树立起提升人生境界的信心，并激励和引导他们不断地走向更高的人生境界。这是21世纪教育人道主义的一个重要任务。"教育要回归生活，知识要回归生活，自然道德境界也应回归生活。

冯友兰将人之境界分为四层：自然境界、功利境界、道德境界和天地境界。其中前两种境界可以由个人在日常生活的风俗习惯中受自然熏陶而自发形成，而后两种境界则依赖于理性，在理性的引导下自觉形成。我们当前社会突出的道德问题是物质享乐主义，而人之精神价值诉求失落。若以人之境界的四层次与之对应审视，人之精神意义诉求的失落也即后两层境界未能在道德问题上开花结果，理性审视下的道德境界和天地境界未能内化为个人的道德结构，对个体的道德行为进行指引。而后两种境界却是可以经由个体的理性审视所达到的。作为以培养人之理性为主的学校教育，自然可以引导个人深化理性认识，形成较高的人生境界，以较高的境界审视现实问题，从而化解当下的道德困境。但反观以往学校道德教育的实效和不曾间断的质疑之声，似乎学校道德教育在理性和实效的张弛之间依旧难有出路。其实并非是学校教育本身的问题，而是学校教育未以更广阔的视野、更宽广的途径、更有效的方式来定位教育。像人们对学校教育的认识长期存在"学校中心论""专门德育论""即时效果论"等误区，就是对这一问题的最佳说明。以往的知性德育，采取道德知识与学生经验相分离的方式来实施育德活动。

道德灌输、死记硬背等教学方式，一直为人们所诟病。学生的理解源于生活，源于经验，脱离了生活和经验，学校道德教育想要取得实效，这本身就不太现实。生活德育在批判知性德育的基础上，注重了生活的经验性，使学生走向经验，贴近了生活。但这反而使生活德育易陷入这样一种误区，生活德育需要经验，那就从生活中择取经验。这些择取的生活经验则极容易等同于生活本身，使它从根本上抹杀学校德育的自觉性和过分肯定生活德育的自然性，从而导致生活对教育的僭越而使学校教育消解于生活之中。

如果确实如此，那么课堂育德的过程也只是对生活的过程本身的重复，重复生活本身的课堂德育也就难有多少育人的价值。对于德育回归生活这一问题的担忧，很早就有学者指出："回归生活的德育理念，并不是把德育简单地等同于个体生活，从而消解德育'育德'的可能性。"而高德胜教授则在发文中专门强调："生活德育从生活出发、在生活中进行，并不意味着德育等同于生活、在生活中消融，而是要求德育高于生活，回到生活就是对生活进行指导，使人过更美好的善的生活。"这就在理论上澄清了德育对生活的回归，不是简单的对生活本身的重复，它是源于生活而又高于生活的，最终还要以高于生活的姿态回归生活。然而理论上的严谨与明确，却并不一定能给予教学实践层面以明晰的指导。

生活中的每种道德境界都是一种系统的、结构化的且带有个人烙印的完整体系。与个体对应的境界体系已为个体自身所深刻理解（内化），个体不仅会以这种境界结构来审视周围世界的人、事和物，还会以这种境界结构来指导自己的行为实践，更会以这种境界结构为标准来作为衡量自身以外世界的尺度。生活世界的德育具有自发性特征，会促使个体自发以自然境界和功利境界为建构核心。德育回归生活，要以高于生活的姿态回归生活，就需要个体能以后两种境界来解释、审视和反思前两种境界，德育如此回归生活才是真正的回归。而生活中的前两种境界不仅会自发完善，更是个体在接受学校理性教育前自身行为所依持的标准。它们会以全方位渗透的形式渗透于个体道德的结构中。换言之，前两种境界虽在生活中自发形成，却对个体具有"根深蒂固"的惯性作用。为此，要使个体能以后两种境界来审视和指导前两种境界，需要学校教育提供不同于或高于前两种境界的认识，以此来促进个体道德境界的提升和道德成长。同时，由于生活的空间和时间是连续的、贯通的，学校教育与生活自发道德之间具有天然的联系性，个体所秉持的两种境界也会自然走进学校生活，走进课堂教学。借由学校教育，尤其是课堂教学形式以道德境界和天地境界来对个体的道德发展进行方向和价值指引，便可使个体产生追求更高道德境界的迫切愿望，逐渐向大智慧靠拢。道德知识也就在个体追寻更高境界的过程中，由知识而转变为智慧。

就个体而言，提升道德境界的关键是知行合一，当个体在生活中积极追寻更高的道德境界时，个体就打通了知与行之间的路径。而在课堂教学中，当教师采取以动态境界引导学生来审视具体生活事件的教学策略时，则能为个体积极追寻更高的道德境界做好认知和前提准备。

参考文献

[1] 周三多. 管理学 [M]. 北京：高等教育出版社，2018.

[2] 吴映红. 浅谈德育教育和安全教育在小学班主任工作中的重要性 [J]. 学周刊，2020（12）：170-171.

[3] 姜桂萍. 论德育和安全教育在小学班主任工作中的重要性 [J]. 考试周刊，2019（51）：180.

[4] 于海峰. 德育教育和安全教育在小学班主任工作中的重要性 [J]. 才智，2017（9）：200.

[5] 姚夏清. 谈小学班主任安全教育工作的有效开展 [J]. 信息周刊，2019（50）：1.

[6] 王岩花. 一枝一叶总关情：刍议中小学班主任如何做好安全教育工作 [J]. 中国教师，2010（20）：16-18.

[7] 王芳，来春旭. 谈德育教育和安全教育在小学班主任工作中的重要性 [J]. 中国校外教育，2016（11）：56.

[8] 刘明. 小学班主任工作中的德育与安全教育探讨 [J]. 新教育时代电子杂志：学生版，2017（7）：60.

[9] 张晓姣. 班主任如何做好学生的安全教育工作 [J]. 平安校园，2014（7）：52-53.

[10] 邓仕玲. 德育工作在小学班主任班级管理中的渗透 [J]. 新课程：小学，2016（8）：1.

[11] 王会. 德育在小学班主任班级管理中的作用与实践 [J]. 散文百家：新语文活页，2015（8）：36.

[12] 李侃衍. 小学生理想信念启蒙教育的班级实践 [J]. 江苏教育，2021（92）：62-63.

[13] 贺秋蓉. 中小学教师恰当行使批评教育权对策思考 [J]. 中学教学参考，2020（21）：67-69.

[14] 蔡丽红. 耐心等待，静待花开 [J]. 中小学心理健康教育，2019（13）：1.

[15] 潘富军. 核心素养背景下班主任工作的思考 [J]. 当代家庭教育，2019（30）：40.

[16] 王会平. 基于项目驱动下的中小学班主任师德资源研发 [J]. 吉林省教育学院学报，2022，38（6）：1-4.

[17] 周伟. 新时代中小学教师培训中师德教育的优化路径探析 [J]. 福建教育学院学报，2021，22（11）：1-3.

[18] 王耀东，李昊灿，杨卓，等. 新时代加强体育教师师德建设的价值意蕴、维度指向与对策思考 [J]. 天津体育学院学报，2022，37（5）：511-517.

[19] 蒋蕊冰，李雪，蔡佳，等. 师范生师德教育路径的创新研究：以成都师范学院为例 [J]. 科技创新与生产力，2020（12）：83-85.

[20] 孙中华，刘学智. 党的十八大以来高校师德建设的历史方位、核心体系与保障机制 [J]. 现代教育管理，2022（10）：33-40.

[21] 李园园，朱洪博，何进武. 加强与改进新时代教师师德师风建设研究 [J]. 中国成人教育，2022（19）：71-74.

[22] 佘天拓，张晓梅，陈晨. 加强新时代农村教师师德师风建设：评《教师怎样让师德师风落地生根》[J]. 语文建设，2022（12）：84.

[23] 吕增艳. 成仿吾师德师风建设理论、实践及其当代价值 [J]. 北华大学学报：社会科学版，2022，23（1）：124-131.

[24] 何振. 全面落实新时代师德师风建设要求 [J]. 新湘评论，2022（17）：45-46.

[25] 周斌. 师德师风建设探微 [J]. 长春教育学院学报，2020，36（12）：78-80.

[26] 高永平. 充分发挥学校家长委员会的功能 [J]. 现代教学，2005（4）：59.

[27] 鹿永建，赵怀进. 现代学校制度视角下家长委员会的本质、特征与功能定位 [J]. 中小学德育，2012（5）：18-23.

[28] 蒲玉红. 春风化雨 立德树人：初中班主任德育工作策略谈 [J]. 考试周刊，2021（14）：17-18.

[29] 欧阳钜洲. 成功教育，从赏识与信任开始：初中班主任德育工作策略探讨 [J]. 中华少年，2017（20）：2.

[30] 梁康才. 初中班主任德育工作实效性的强化策略 [J]. 科学咨询：教育科研，2021（3）：145-126.

[31] 李启英. 浅谈班主任德育教育中如何有效实施激励策略 [J]. 作家天地，2021（12）：164-165.

[32] 何颖红，李鹏. 充分发挥主题班会在德育工作中的作用 [J]. 当代教研论丛，2016（1）：116-117.

[33] 谢坚. 运用主题班会的方法增强学校德育工作实效 [J]. 中小企业管理与科技（上旬刊），2014（6）：245-246.

[34] 张艳萍. 中小学生主题班会课现状分析及应对措施 [J]. 课程教育研究，2019（25）：211.

[35] 施睿. 小学家委会在家校合作中职能发挥的现状研究 [D]. 昆明：云南师范大学，2017.

[36] 张艺. 芜湖市区小学家长委员会功能发挥的现状调查研究 [D]. 合肥：安徽师范大学，2018.